초등학교 수학의 지도내용 체계화와 평가

– 수학적인 생각을 기르기 위하여 –

카타기리 시게오 지음

이용률·정동권 옮김

KM 경문사

역자 서문

수학적 사고 교육이야말로 수학교육의 본질입니다. 수학교육의 충실한 과정을 통해 학생들의 수학적 사고 능력을 함양해야 함은 당연합니다. 이러하기에 수학적 사고의 육성은 수학교육이 항시 지향해야 할 목표이며, 그 자체가 구체적인 교재 내용이고 교수·학습의 주요 방법입니다. 전문가들이 내다보듯이, 미래사회는 자주적으로 생각하고 판단하며 행동하는 창의적인 사람이 주도하는 쪽으로 더욱 심화해갈 것입니다. 따라서 지금의 교육, 특히 수학교육은 이와 같은 미래사회의 수요에 걸맞은 인재, 지속가능한 새로운 지식으로서의 수학적 사고 능력을 갖춘 인재의 양성에 주력해야 할 것입니다.

이 책을 번역한 역자들은 지난 2013년에 《수학적인 생각의 구체화와 지도-수학의 진정한 학력 향상을 지향하여》라는 이름으로 카타기리 시게오(片桐 重男) 교수의 저술을 번역·출판한 바 있습니다. 그에 앞서 20여 년 전에도 같은 저자의 책을 번역하여 《수학적인 생각·태도와 그 지도 Ⅰ, Ⅱ》를 출판한 적이 있습니다. 이들 책에서는 모두 수학적인 생각·태도에 해당하는 내용을 구체화하여 밝히고, 또 이를 육성하는 바람직한 지도 원리를 제시함으로써, 교육현장에서 수학을 지도하는 교사나 수학적 사고를 연구하는 연구자에게 많은 도움을 주었다고 평가하고 싶습니다. 실제로 이 책들은 종래 구호만 난무했지 막상 그 교육의 불모지였던 우리 수학교육계에 수학적 사고의 참모습을 비춰주었으며, 수학적 사고에 대한 이론 포착은 물론 그 지도의 실제에 접근할 수 있도록 크게 이바지

하였음은 주지의 사실입니다.

이어서 이번에 출판하는 번역서《초등학교 수학의 지도내용 체계화와 평가》도 카타기리 교수가 반세기 넘게 이론과 실제를 넘나들며 연구한 수학적 사고의 총화를 정리하여 담은 것이라고 할 수 있습니다. 이 책의 핵심은 초등학교 수학의 모든 내용의 지도 체계를 수학적인 생각과의 관련으로 정립했다는 점입니다. 초등학교 수학의 지도내용 각각을 정의(定義)에 해당하는 '(교사가) 알려주어야 할 것'과 정리(定理)에 해당하는 '(학생이) 알아내도록 또는 설명하도록 해야 할 것'으로 대별하여 이를 명확히 하고, 그 하나하나의 내용에 어떤 방향으로 접근하여 이를 '어떻게' 가르칠 것인가에 대한 전략을 분명하게 제시하고 있습니다. 더욱이 공리(公理)에 해당하는 기초적인 경험의 중요성도 강조하고 있습니다. 이의 활용에 따라 발생적 원리의 구현과 구성적 관점에서의 교수·학습이 이루어지는 교실 문화가 점차 자리 잡아갈 수 있을 것으로 생각합니다.

이 책은 앞에서 언급한 지난 2013년의 '수학적인 생각과 그 지도' 시리즈 제 1권에 이은 제 2권을 번역한 것입니다. 초등학교 수학의 지도내용을 저자다운 특유의 통찰로 바람직하게 체계화한 최초 유일의 자료집인 이 책이 수학의 학습지도나 연구 활동에 종사하는 사람들에게 도움을 주고, 이로써 우리나라 수학교육의 발전에 힘을 보태는 기여자가 되기를 기대해마지 않습니다. 이 책에서 특히 수학적 사고의 지도 관련 내용에는 밑줄을 그어 돋보이게 하였으므로 이를 유념하여 읽어주시기 바랍니다.

끝으로 이 번역본 출판을 기꺼이 맡아 노고를 아끼지 않으신 경문사의 조경희 사장님을 비롯한 편집부의 여러분, 그리고 앞으로 어느 시점에 이 책을 읽고 계실 독자 여러분께 진심으로 감사의 말씀을 드립니다.

2015년 8월

역자 일동

저자 서문

제 1권《수학적인 생각의 구체화와 지도 - 수학의 진정한 학력향상을 지향하여》는 다음과 같은 것을 겨냥해서 저술하였다.

수학적인 생각을 기르는 것은 산수·수학과의 목표이다. 그럼에도, 이 '수학적인 생각과 그 지도'에 관해서 연구하고 싶다거나 공부하고 싶다는 생각이 들어도, 이에 관하여 상세하게 기술된 서적이 출판되어 있지 않다. 더군다나, 오늘의 일본의 교육은 학력저하를 가져온다는 것이 가장 큰 문제가 되고 있다. 특히 산수·수학과는 그 걱정이 현저하다.

급속한 발전이 이루어질 앞으로의 사회에서는, 스스로 생각하고 판단하여 스스로 자기의 행동을 결정하고 실행에 옮길 수 있는 능력이 없어서는 살아가기 어려워진다. 항상 연구·창조에 노력을 기울이고 조금이라도 새로운 것, 더 나은 것을 추구할 수 있는 능력이나 태도를 정착시키지 않으면 안 된다.

이와 같이 자주적으로 생각하고 판단하며 자력으로 문제를 해결하는 능력은, 단순히 형식적인 계산을 바르게 할 수 있는 힘만으로는 전혀 기대할 수 없는 것이다. 자력으로 문제를 해결할 수 있기 위해서는 어떤 지식이나 기능을 사용하여야 하는가를 판단하고, 때에 따라서는 그런 지식이나 기능을 떠올릴 수 있어야 한다. 이런 일을 가능하게 하는 힘을 정착시켜야 한다. 뿐만 아니라, 문제해결을 위해서는 어떻게 생각하는 것이 좋은가라는, 해결에 필요한 다양한 생각을 정착시키는 것이 곧 수학적으로 자주적이고 창조적인 활동을 해나갈 수 있게 하는 가장 중요한 학력의 지도이다. 다시 말해 수학교육에서는 수학적인 생각이야말로 바로 이러한 학력이라 할 수 있다.

앞에서 언급했듯이, '수학적인 생각으로는 어떤 것이 있는가, 그 지도는 어떻게 하면 좋은가'라는 것을 연구하고 실천해보고 싶어도, 이에 관련되는 서적이 거의 출판되지 않고 있는 것이 현실이다. 그래서 적어도 산수·수학교육에 관계하는 사람이라면 반드시 연구하지 않으면 안 될 '수학적인 생각과 그 지도'에 대해서, 지금까지의 졸저를 재검토하여 새로이 제 1 권이라는 이름으로 저술한 것이다. 그리고 그 밖에 또 하나의 중요한 학력인 '관심·의욕·태도'에 대해서인데, 이에 관한 지도는 고사하고 그 의미조차 제대로 파악하고 있는 것 같아 보이지 않는다. 그러기에 이 '관심·의욕·태도'의 의미와 지도법도 상세하게 고찰하였다.

그런데 실제의 지도에서는, '수학적인 생각'이 되었건 '관심·의욕·태도'가 되었건 간에, 일상의 수업을 통해서 이것들을 길러나가야 한다. 그러기 위해서는, 수업 시간에 다루게 되는 대부분의 내용에 대하여 '어떤 수학적인 생각이 길러질 수 있는가' 하는 것을 당연히 밝혀두어야 한다. 하지만 이런 것은 실제로는 거의 이루어져 있지 않다.

그래서 각 내용을 지도할 때, '어떤 수학적인 생각을 지도할 수 있는가' 하는 것을 명확하게 밝히기로 하였다. 그런데 이것을 명확하게 밝히려면 지도내용의 의미를 명확하게 파악하여야만 한다. 즉 가르쳐주어야 하는 내용과 생각시켜서 알아내게 하여야 하는 내용을 명확하게 구분하여야 한다. 이것이 명확하게 구분되지 않기 때문에 지도 그 자체가 혼란해지는 것이다. 산수과의 내용에는 기초적인 경험, 용어 등의 정의에 해당하는 약속, 아동들에게 생각하게 하여 알아내게 하거나 설명해 보이도록 하고 싶은 정리에 해당하는 내용이 있다. 이런 것들을 명확하게 밝히고, 산수의 내용을 체계화한 것이 이 책이다. 이런 일은 지금까지 어느 누구도 하지 않았다. 그런데 이런 것을 명확하게 밝힘으로써, 각 내용의 지도에서 길러질 수 있는 수학적인 생각을 명시할 수 있게 되었다. 날마다 하는 지도를 이 책을 근거로 삼아 생각해 보면, 어떤 수학적인 생각을 기를 것인가 하는 것을 확실하게 파악한 지도가 가능할 것이다.

이 책의 마지막에는 수학의 지도에서 중요한 '평가'에 대해서 언급하였다. 평가라고 하면, 테스트나 학력조사를 하는 것이라고 여기기 십상이지만, 평가는 더욱 나은 지도를 하기 위한 것, 더욱 나은 학습을 하기 위한 것이므로, '지도 과정에서의 평가'야말로 가장 중요한 것이다. 이 지도 과정에서의 평가를 함으로써 수학적인 생각에 대한 평가도 할 수 있게 되는 것이다. 여기서, 이 점에 관하여 상세하게 진술하였다.

이상에서 알 수 있듯이, 지금까지, 산수·수학교육에서는 수학적인 생각의 육성이라는 관점에서 볼 때, 지극히 중요한 것이었음에도 그 연구가 충분하지 못했던 지도내용의 체계화와 지도, 그리고 평가를 추가한 것이 이 책이다.

부디 이 책을 활용해서, '수학적인 생각이라는 진정한 학력의 향상'을 지향하기 바라마지 않는다.

2004년 6월

저자

차례

Chapter 4 지도내용 덧셈·뺄셈의 체계화

Chapter 5 지도내용 곱셈·나눗셈의 체계화

* 역자 주: 이후로는 초등학교에서 다루는 수학을, 기술의 편의상 '초등학교 수학'이라 하기로 한다.

Chapter 1

지도내용 체계화의 기본적 고찰

01 지도내용 체계화의 필요성

초등학교 수학의 지도에서는 지도할 내용을 지도자가 너무 잘 알고 있기 때문인지 모르지만, 학습의 전제가 되는 기초적인 경험으로서 아동들이 알고 있는 것을 마치 모르고 있는 새로운 것인 양 가르치는 일이 허다하다. 또 덧셈, 곱셈, 정사각형과 같은 용어의 의미를 제대로 가르치지 않거나, 곱셈구구 등의 계산 방법과 같이, 이것을 아동들에게 알아내게 하거나 설명시키거나 하지 않고서는 안 되는 것을 그저 가르쳐 버리는 경우를 자주 접하게 된다. 이는 가르쳐줄 내용과 알아보게 할 내용을 명확하게 구별하지 못한 채로 지도하는 데서 비롯된다.

수학에서는 무정의용어를 먼저 정하고 이것이 만족되는 공리를 설정하며, 이 밖에 필요한 용어에 대해서는 확실하게 정의한다. 이런 바탕 위에서 연역적으로 추론하여 정리를 증명한다. 이 정리의 증명은 위에서 지적한 무정의용어와 공리에 바탕을 두고, 정의한 대로의 용어를 써서 연역적으로 전개한다. 그리고 이 증명된 정리 위에 이미 증명된 정리를 이용해서 알아낸 더욱 더 새로운 정리를 차곡차곡 쌓아나간다. 이렇게 해서 체계가 형성되는 것이다.

초등학교 수학의 내용을 중·고등 수학처럼 체계화하는 것은, 아동의 발달단계로 보아서는 무리한 일이겠지만, 초등학교 수학도 수학의 일부 내지는 그 기초적인 경험이라고 볼 수 있으므로, 초등학교 수학에서도 무정의 용어와 공리, 정의와 정리에 해당하는 것으로는 어떤 것이 있는가 하는 점에 초점을 맞추어서 고찰하는 것은 빼놓을 수 없는 중요한 일이다. 이런 고찰을 함으로써, 바람직한 지도의 모양새도 명확해질 수 있다.

사실상, 이런 것에 해당하는 것이 초등학교 수학에도 존재한다. 그래서 각 개념을 명확히 하고 체계를 구성하는 일이 중요한 것이다.

02 체계의 구성요소

공리적 구성은 무정의 술어, 공리, 정의, 그리고 이것에서 도출되는 정리, 계(系)로 이루어지지만, 초등학교 수학에서는 이런 공리적 구성을 할 수 없다는 것은 자명하다. 그것은 이를 학습하는 아동들이 이런 고찰을 하는 단계까지에는 아직 한참 못 미치기 때문이다. 그렇지만 초등학교 수학의 지도내용과 학습의 전개 방법을 생각해보면 다음과 같은 것은 명확히 할 수 있을 것이다.

1. 기초적인 경험

초등학교 수학 시간에 수학의 어떤 내용을 학습할 때라도, 그 학습의 전제로서 그것을 생각하는데 바탕이 되며, 알고 있다고 보고 사용할 수 있는 경험이 존재한다. 이런 경험이 없다면 논의할 여지가 없다. 그래서 첫째로 할 일은, 아동들이 그 수학 시간 이전에 경험한 것이 어떤 상태로 되어 있는가? 어떤 상태로 되어 있다고 보아도 무방한가? 어떤 것은 경험하였는가? 경험하였다고 보아도 무방한가? 하는 것을 규정하는 일이다. 그리고 이런 것이 어느 아동에게나 정착되어 있는가 하는 것을 평가하고, 불충분한 경우에는 이것이 정착되도록 경험을 시켜두지 않으면 안 된다. 이런 경험이 초등학교 수학교육의 출발점이 된다. 즉, 이런 것이 초등학교 수학 학습의 전제(공리)가 되는 기초적인 경험인 것이다.

이런 기초적인 경험을, 초등학교 수학의 지도내용이라고 보고 이를 지도하는 것은 잘못된 것이다. 그래서 기초적인 경험이라 할 수 있는 것으로는 어떤 것이 있는가 하는 것을 명확하게 파악해 두어야 한다.

더욱이, 이 기초적인 경험과 유사한 것으로 전에 학습한 사항이라는 것이 있다. 예컨대 덧셈을 학습하는 경우라면, 어떤 범위의 수에 대해서는 학습하였다는 것이 전제가 된다. 그리고 구체적인 조작에 대해서도, 두 수를 합성하는 경험이 있는 편이 바람직하다. 이런 것은 덧셈 학습의 전제가 되며, 이런 의미에서 덧셈 학습의 기초가 되는 경험이라 할 수 있다. 그러나 이것은 수학 시간에 이미 학습한 것이므로, 전에 학습한 사항으로 보는 것이 적절하다. 그리고 새로운 내용이 전에 학습한 어떤 사항 위에 쌓아져 나가는가를 나타내는 것이 체계화라고 해도 무방하다.

2. 정의 – 약속에 관한 것

예컨대, 곱셈의 의미, '×'와 같은 기호나 '원'이라는 용어 등은 그 의미나 사용방법이 약속으로서 확실하게 정해져 있다. 이에 대해서, 예컨대 '5×6'이 '30'이라는 것은 곱셈의 의미를 바탕으로 하여 알아내고 설명할 수 있는 것이다. 이와 같이 초등학교 수학에서는 약속으로서 확실하게 규정되어 있는 것과 알아내거나 설명할 수 있는 것이 매우 많이 있다.

수학의 경우에는 이 약속에 해당하는 정의와 증명할 수 있는 것에 해당하는 정리라는 것이 명확하게 구분되어 있다. 그러나 초등학교 수학에서는 이 두 가지를 종종 혼동한다는 것이다. 즉, 약속으로서 가르쳐주어야 할 것을 증명할 수 있는 것처럼 알아보게 한다거나, 아동에게 알아내게 하거나 설명시키지 않으면 안 되는 것을 약속인양 가르쳐주어 버리는 일이 나타난다는 사실이다.

그래서 약속하여야 할 것은 무엇인가를 각 지도내용별로 명확히 하는 일이 우선 필요하다. 이와 함께, 아동들에게 알아보게 하거나 찾아보게 하거나 설명하게 할 것은 어떤 것인가 등을 명확히 하지 않으면 안 된다.

3. 정리 – 발견시키거나 설명시킬 것

앞에 언급한 바에서 알 수 있듯이, '약속할 것'을 명확히 함과 동시에 찾아보게 하거나 설명하게 할 것도 어떤 것인가를 명확히 하지 않으면 안 된다.

이것을 포착하는 방법은 항상 연역적으로만 할 수 있는 것은 아니며, 약속한 것을 바탕으로 하여 귀납적으로 알아내게 할 것이 많이 있다(연역적으로 설명시킬 수는 없다). 물론, 개중에는 연역적으로 판단하고 설명시킬 수 있는 것도 있으며, 유추적으로 발견시키고 그 바탕 위에서 귀납적으로 또는 연역적으로 파악시킬 수 있는 것도 있다. 뿐만 아니라 때에 따라서는 유추적으로 파악하는 데서 그쳐야만 하는 것도 있다.

그리고 무엇인가를 알아내거나 연역적으로 설명할 때는 위에서 지적한 기초적인 경험이나 정의에 해당하는 것과 함께 전에 학습한 사항(증명된 정리에 해당하는 것)을 이용한다. 이런 것은 대개의 경우 특별히 제시하지 않아도 알 수 있지만 경우에 따라서는 이것을 명확히 할 필요가 있다고 생각한다. 이와 같은 것으로 볼 수 있는 것에 대해서는 전에 학습한 사항으로서 명확히 해 두는 것이 좋다.

이런 것은 아동과 내용의 관련성에 의해서 결정된다. 이런 점이 수학에서는 볼 수 없는 초등학교 수학교육의 복잡한 대목이다.

03 체계 구성을 바탕으로 하는 지도방법의 원리

앞 절에서 언급한 바와 같은 논리적인 구성을 한 다음에는 각 내용의 지도에 대하여 내용의 측면에서 보는 지도방법의 원리를 생각하게 된다. 이것이 구체적으로 어떤 것인지는 다음 장에서 밝히겠지만, 먼저 초등학교 수학 학습의 전제로서 기초적인 경험을 필요로 한다.

지도의 첫 번째로, 이 기초적인 경험이 정착되어 있는가를 확인하고, 불충분한 점은 보완해 두어야 한다. 이를 보완하기 위해서는 아동들에게 이 기초적인 경험을 새롭게 경험시켜야 한다.

두 번째로, 초등학교 수학에는 정의에 해당하는 것이 있다. 예를 들면 '3'이라는 수를 읽는 방법이나 '평행사변형' 등의 개념 또는 '덧셈의 기호나 의미' 등, 초등학교 수학에서의 약속으로 가르쳐야만 하는 것이 있다. 이런 것은 약속이므로 아동들에게 어떻게 쓰는가, 어떻게 읽는가, 어떤 의미로 보는가 등의 견해를 말해보라고 재촉해도, 결국에는 정해진 대로 가르쳐주어야만 한다. 그러므로 이런 것은 가르쳐줄 내용이다.

다만 이 때 정해져 있는 것이라고 해서 이것을 가르쳐주기만 해서는 알아둘 필요성을 느끼지 못한다. 즉 그렇게 한다는 것의 좋은 점을 알지 못하게 된다. 이래서는 그 정착이 되지 않는다. 이를 알아둘 필요성을 강하게 느끼고 그 좋은 점을 알 때 비로소 이것을 외워두자, 정착시키자는 의욕이 높아져서 정착이 잘 되는 것이다.

그러므로 약속으로서 가르쳐주어야 하지만, 그 전제로 이것을 알아둘 필요성을 느끼게 하고, 좋은 점을 알아차릴 수 있도록 지도하여야 한다.

이러기 위해 유추하거나, 구체적인 예를 여러 개 들어서 고찰하게 된다.

세 번째로, 초등학교 수학의 내용에는 정리에 해당하는 것이 있는데, 되도록 이에 대해서는 아동들 자신이 그 성질을 알아낼 필요성을 느끼게 한 다음, 이런 바탕 위에서 귀납적으로 그 성질을 알아내게 하였으면 한다. 나아가 되도록 어떤 성질이 있음직한가 하는 전망도 세워보게 하였으면 한다. 이런 경우에는 유추적인 생각이 곧잘 그 힘을 발휘한다. 그리고 귀납을 계기로 삼아, 알아낸 것에 대해 더욱 자신감을 가지려는 마음에서 연역적으로 설명할 필요성을 느끼게 하고, 가능하면 연역적으로 설명하거나 판단시키는 것이 바람직하다.

이상에서 보듯이 각각의 내용의 자리매김을 명확히 함으로써, 각각의 내용에 대한 지도의 기본적인 원리를 포착할 수 있게 된다.

Chapter 2

지도내용의 체계

01 초등학교 수학의 지도내용

앞 장에서 살펴보았듯이 지도내용의 어느 영역에 대해서도, 각각의 내용이 기초적인 경험, 정의에 해당하는 내용, 정리에 해당하는 내용 가운데 어디에 해당하는가를 명확히 하지 않고서는 무엇을 가르쳐주고, 무엇을 알아보게 할 것인지를 바르게 포착할 수 없다.

이런 체계화가 지금까지 초등학교 수학에서는 전혀 이루어지지 않았다는 사실이 초등학교 수학교육의 크나큰 결점이었다. 그래서 초등학교 수학의 지도내용 체계화를 여러 해에 걸쳐 시도하여 가까스로 이를 만들어 낼 수 있었으며, 그 내용은 다음과 같다.

첫째, 기초적인 경험이라고 하는 것은 그 영역을 학습할 때 그 전제로서 아동들에게 정착되어 있다고 보는 내용이다. 이 기초적인 경험을 여기서는 Fundamental의 'F'라고 나타내기로 하였다. Fundamental은 수학의 체계화에서의 公理(Axiom)에 해당하는 것이다. 그러나 공리라고 할 만큼 형식적으로 정해질 수 있는 것은 아니며, 공리로서의 조건을 충족하는 것도 물론 아니지만 체계에서의 위치로서는 공리에 해당하는 것이라 할 수 있다.

둘째, 정의에 해당하는 내용은 기초적인 경험을 바탕으로 하여 여러 가지 내용을 학습하게 되는데, 그 중에는 초등학교 수학으로서 그 의미나 사용 방법이 정해져 있는 것도 많이 있다. 이와 같이 초등학교 수학에서 약속으로서 정해져 있는 기호, 용어 등에는 무엇이 있고, 이것에 어떤 의미가 주어져 있는가를 명확히 하고, 아동들에게 이 점을 바르게 이해시켜야만 한다. 이것은 일반적으로 定義(Definition)라고 일컬어지는 것들이며, 여기서는 이를 'D'로 나타내기로 하고, 초등학교 수학에서 정의라는 말은 사용하지 않기 때문에 '약속'이라고 하기로 한다.

셋째, 정리에 해당하는 내용(성질이나 법칙)은 정의를 바탕으로 하여 여러 가지 성질을 유도하게 된다. 지도할 만한 성질로서는 어떤 것이 있는가를 되도록 명확히 할 필요가 있다. 그러나 여기에는 이런 것이 있다고 단정적으로 말할 수 있을 만큼 명확하게 되어 있지 않다는 어려움이 있다. 이는 수학에서 定理(Theorem)에 해당하는 것이기 때문에 'T'라고 나타내기로 한다.

그런데 알아내게 하는 방법이나 정도는 성질이나 이것을 다룰 학년에 따라 동일하지 않다. 여기에는 다음과 같은 경우들이 있다.

(1) 유추적으로 추측만 시키는 것으로 충분한 경우
(2) 귀납적으로 알아내게 하는 것으로 충분한 경우
(3) 유추한 다음에 귀납하면 좋은 경우
(4) 유추하거나 귀납했을 즈음에, 이것으로 그치지 않고 연역적으로 설명하는 것이 바람직한 경우
(5) 연역적으로 생각하는 것이 바람직한 경우
(6) 위의 (5)를 위해, 새로 제시할 필요가 있는 이전에 학습한 사항

이와 같이 알아내게 한다고 해도 그 정도와 방법은 다양하다. 더욱이 이것은 아동의 힘에 맞게 이 성질은 이런 방법으로라는 모양에 따라 정해 나가지 않으면 안 된다.

그래서 일반적으로 이렇게 하였으면 한다고 제시하기도 하지만, 그것이 결정적인 것은 아니다. 그리고 위에서도 제시했듯이, 이 정리에 해당

하는 것을 유도할 때 이미 알아낸 몇 가지 정리에 해당하는 것을 전에 학습한 사항으로 이용하는 경우도 많이 있다.

앞으로는 이번 장에서 체계의 일람을 제시한 다음, 어떻게 이런 체계가 구성되었는가를 구체적이고 간결하게 설명하기로 한다. 즉 다음 장부터 8개 장에서는 아래와 같은 내용을 고찰하기로 한다.

Chapter 3 지도내용 수의 체계화
Chapter 4 지도내용 덧셈·뺄셈의 체계화
Chapter 5 지도내용 곱셈·나눗셈의 체계화
Chapter 6 지도내용 양과 측정의 체계화
Chapter 7 지도내용 도형의 체계화
Chapter 8 지도내용 식의 체계화
Chapter 9 지도내용 함수의 체계화
Chapter 10 지도내용 통계의 체계화

그리고 이 일람의 각 항목이, 3장 이후 어느 장의 어느 절에 대응되어 있는가를 알아보기 쉽게 하기 위해, 각 항목에 대응하는 장과 절의 번호를 매겨두었다.

02 지도내용의 체계 일람

여기에서 'F'나 'D'라는 것은 기본적으로 가르칠 내용이다. 그래서 이런 것은 왼쪽 칸에 제시하였으며, 아동이 알아내도록 할 내용으로 정리, 성질, 법칙에 해당하는 'T'는 오른쪽 칸에 제시하였다.

수의 체계 (Chapter 3)	
가르쳐야 할 내용 F(기초적인 경험), D('정의'에 해당)	알아내도록 할 내용 T('정리'에 해당)
01 세기와 그 기초적인 경험	
F1 간단한 경우에 대하여 어떤 조건에 맞는 모임(집합)을 만드는 것 F2 두 집합의 요소를 1 : 1로 대응시킬 때 나머지가 있는 쪽이 많다는 것, 어느 쪽도 나머지가 없을 때 개수가 같다는 것 F3 간단한 경우에 수량의 보존성을 인식하는 것(이동시켜도 개수가 달라지지 않는다) D1 숫자로 수를 표현하는 방법 D2 수사를 읽는 방법 D3 집합수와 순서수의 의미(몇 개, 몇 번째)	T1 셀 대상의 집합을 포착하는 것 T2 많다·적다라는 판단을 비교하기 쉬운 것으로 대체하여 내리는 것 T3 1) 수사나 숫자를 사물이나 사물의 집합과 1 : 1로 대응시킬 수 있을 것(수사를 셀 대상과 대응시킬 때, 마지막에 대응된 수사가 대응된 것 모두의 개수를 나타낸다는 것) 2) 간단한 경우에 수를 써서 나타낸 개수의 대소나 순서를 판단하는 것
02 수의 이용방법	
D4 수가 이용되는 경우 1) 사물의 개수를 나타낸다.	T4 수가 이용되는 경우(D4의 계속) 4) 사물을 분류하거나 정리하거나 할 때

2) 일렬로 정렬된 사물의 순서를 나타낸다. 3) 연속량의 크기를 측정하거나 값을 나타낸다.	의 결과를 나타내는 분류·정리 번호 5) 일렬로 정렬된 사물의 위치를 나타낸다. 6) 비율을 나타낸다(3몫, 어떤 크기의 $\frac{2}{3}$, 0.5 등).
03 세는 방법의 연구	
D5 세는 방법의 연구 2) 2씩, 5씩, 10씩 묶어서 센다. 3) 세기 쉬운 것으로 대체하려는 최초의 발상	T5 세는 방법의 연구 1) 적당한 관점에 따라 분류하여 센다. 2) 적당한 크기로 묶어서 센다. 나아가 10씩, 100씩, 1000씩 묶어서 센다. 3) 세려는 대상과 함수관계(1 : 1 대응)에 있는 세기 쉬운 것으로 대체하여 센다.
04 정수, 소수의 기수법·명수법	
D6 1) 1이 10개 모였을 때와 10이 1개 모였을 때의 표현방법(즉 234와 같은 세 자리 수까지의 표현방법)과 십의 자리가 비어 있다는 것을 203과 같이 0을 써서 나타내는 것 2) 소수의 의미 0.3은 0.1(1의 $\frac{1}{10}$의 크기)의 3배라는 것 D7 천만까지의 한숫자의 쓰기와 읽기, 억, 조 단위의 수의 쓰기와 읽기 D8 0의 의미 1) 없음을 나타낸다.	T6 십진 위치적 기수법의 원리 • 단위의 크기가 10개 모일 때마다 새로운 단위를 정하여 수의 크기를 나타낸다(십진 기수법의 원리). • 각각의 단위를, 그 단위가 몇 개 있는가를 나타내는 숫자를 적는 위치로 가늠한다(위치적 기수법의 원리). • 어떤 자릿값 크기의 것이 없다는 것을 나타내기 위해 숫자 0을 이용한다. T7 기수(記數)의 두 가지 의미 예컨대 2700은 100의 27배로 볼 수 있고 27의 100배로도 볼 수 있다는 것, 0.3은 0.1의 3배로도, 3의 $\frac{1}{10}$로도 볼 수 있을 것, 2700은 100을 단위로 보면 27이라고 할 수 있다는 것 등 T8 십억, 천조와 같은 큰 수의 쓰기와 읽기 T9 0의 의미 2) 빈자리를 나타낸다. 3) 기준을 나타낸다.

05 소수·분수에 관해서	
D9 소수·분수의 의미 1) $\frac{b}{a}$(0.b)는 어떤 크기를 a등분(10등분) 한 것 b개를 나타낸다. 2) 양의 측정치를 나타낸다. 예컨대 0.2cm가 1cm의 0.2개의 크기라는 것은 생각하게 하지만, 0.2cm라는 표기법은 가르친다. 3) 비율을 나타낸다(0.7배, $\frac{2}{3}$배 등). 4) $b \div a$의 몫을 나타낸다.	T10 소수·분수의 의미 5) 어떤 크기를 a등분(10등분)하고, 이 것을 b개 모은 것 6) 단위의 크기 $\frac{1}{a}$(0.1)의 b배인 크기를 나타낸다 ($\frac{b}{a} = \frac{1}{a} \times b$, $0.a = 0.1 \times a$).

06 수의 추상	
D10 소수·분수의 의미 1) 한 대상의 크기를 기준으로 하여 이것을 a등분(10등분)한 것 b개를 분수 $\frac{b}{a}$(소수 0.b)로 나타낸다. 2) 정수 n과 분수 $\frac{b}{a}$(소수 0.b)와의 합을 $n\frac{b}{a}$($n.b$)로 나타낸다. 이 분수를 대분수, $a > b$인 분수 $\frac{b}{a}$를 진분수, $a \leq b$인 $\frac{b}{a}$를 가분수라 한다.	T11 정수는 집합의 한 성질이다. 다른 성질을 사상하고, 이 성질을 추상한 것이다. 이 경우 두 가지 추상이 있다. ① 집합의 원소를 어떤 성질에만 주목하여 같은 것으로 보고 다른 성질을 사상한다. ② 몇 개의 집합에 대해 그 원소의 종류를 사상하여, 원소가 1:1로 대응하는 것은 동등한 집합으로 보고 같은 수로 나타낸다.

07 수의 모델	
D11 수직선 1) 수직선은 원점과 1의 점(또는 1의 길이)에 의하여 정해진다는 것 D12 이 밖의 모델 바둑돌, 수 막대, 띠 그림, 선분의 길이, 수도, 배열도, 면적도 등의 이용방법	T12 수직선의 성질 2) 원점 이외에 두 점, 또는 한 점의 좌표와 어떤 길이를 정하면 된다는 것 3) 소수나 분수에 대응되는 점을 얼마든지 조밀하게 잡을 수 있다는 것

T13 정수·소수의 대소

- 정수 부분의 자릿수가 큰 쪽이 크다.
- 자릿수가 같은 때는 위의 자리부터 차례로 숫자를 비교하여, 큰 수를 나타내는 숫자가 먼저 나타나는 쪽이 크다.
- 순 소수에서는 유효숫자의 자리가 앞에 나오는 쪽이 크며, 이것이 같을 경우는 같은 자리끼리 비교하여 큰 수를 나타내는 숫자가 나타나는 쪽이 크다.

T14 수직선에서의 수의 대소

원점에서 멀리 떨어진 점에 대응되는 수일수록 크다.

T15 수의 합성·분해

- 정수를 두 수의 합이나 차로 나타내는 것
- 어떤 수를 두 수로 분해할 때 한쪽을 1씩 증가(감소)시키면 다른 쪽은 1씩 감소(증가)한다.
- 정수를 두 수의 곱으로 나타내는 것

D13

1) 약수·배수
   - 어떤 수 a의 약수: a를 정제하는 수
   - 어떤 수 a의 배수: a를 몇 배한 수
2) 공약수·최대공약수
   두 수 a와 b의 공통인 약수를 a와 b의 공약수라고 하며, 가장 큰 공약수를 최대공약수라고 한다.
3) 공배수·최소공배수
   두 수 a와 b의 공통인 배수를 a와 b

T16

1) 최대공약수의 약수가 공약수, 최소공배수의 배수가 공배수
2) ① 2로 나누면 나머지가 0인 수가 짝수, 나머지가 1인 수가 홀수
   ② 수직선에서, 2로부터 양쪽 방향으로 하나 건너뛴 수가 짝수, 1로부터 하나 건너뛴 수가 홀수
3) 나머지에 의한 유별(類別)
   예를 들어 3으로 나눈 나머지에 의해 다음과 같이 세 가지로 유별된다.

의 공배수라고 하며, 가장 작은 공배수를 최소공배수라고 한다.

4) 홀수·짝수
- 짝수: 2로 나누어떨어지는 수
- 홀수: 2로 나누어떨어지지 않는 수

- 3으로 나누면 나머지가 0인 수
- 3으로 나누면 나머지가 1인 수
- 3으로 나누면 나머지가 2인 수

4) 약수, 공약수, 공배수를 구하는 방법

① 약수 구하는 법: 어떤 수 c의 약수를 구하려면 그 수를 두 수의 곱으로 나타낸다. 예를 들어 $c=a\times b$라면
- 두 수 a와 b가 모두 c의 약수
- 2, 3, 5, …와 같이 작은 수로부터 차례로 나누어서, 나누어떨어지는 수를 찾으면 된다. 이때의 몫도 약수이다.

② 공약수 구하는 방법: 두 수의 약수를 각각 구하고, 그 가운데 공통인 것을 구한다.
- 한 수의 약수를 구하고, 그 중에서 다른 수의 약수를 구한다.
- 한 수의 약수를 구할 때마다 그 수가 다른 수의 약수인지를 조사한다.

③ 공배수를 구하는 방법: 위의 공약수를 구하는 방법과 같다.

D14 통분·약분
- 통분: 2개 이상의 분수에 대해, 각각의 값이 달라지지 않게 분모가 같은 분수를 취하는 것
- 약분: 분수의 값이 달라지지 않게 더욱 간단한 분수를 취하는 것

T17

1) 크기가 같은 분수가 있다. 분모가 다르고 크기가 같은 분수를 만들 수 있다.
2) 분모, 분자에 같은 수를 곱해도, 같은 수로 나누어도 분수의 크기는 불변이다. 이에 따라 크기가 같은 분수가 만들어진다(약분, 통분이 된다).
3) 분모가 같은 분수에서는 분자가 큰 쪽이 크고, 분자가 같은 분수에서는

분모가 큰 쪽이 작다.

4) 수직선에 나타낼 때 원점에서 멀리 있는 분수가 크다.

09 어림수

다음과 같은 말은 일상적으로 사용한다고 보고 지도에 임해도 된다.

F4 '대강의 수', '어림으로'라는 말과 이를 구하는 방법

D15 어림수의 의미

대강의 수를 어림수라 한다.

D16 어림수를 구하는 방법

1) 반올림의 의미

어떤 자리, 예를 들어 만의 자리까지의 어림수로 손질할 때, 몇 만이라는 수 가운데서 가장 가까운(몇 만이라는) 수로 본다. 다만 꼭 중앙에 해당하는 수일 때는 큰 쪽의(몇 만이라는) 수로 한다는 것을 반올림이라 한다.

2) ① 올림 : 어떤 자리, 예컨대 십만의 자리까지로 손질할 때, 이 이상인 가장 가까운 몇 십만의 수로 손질한다.

② 버림 : 어떤 자리, 예컨대 십만의 자리까지로 손질할 때, 그 이하의 가장 가까운 몇 십만의 수로 손질한다.

T18 어림수를 형식적으로 구하는 방법

1) 반올림하는 방법

구할 자리의 다음 자릿수가 5 이상일 때는 그 자리를 1 크게 하고, 그 자리 아래의 수는 버린다. 4 이하인 경우는 그 자리 아래의 수는 버린다.

2) ① 올림 : 구하는 자리를 1 크게 하고, 그 보다 작은 자리는 0으로 본다.

② 버림 : 구할 자리보다 작은 자리는 0으로 손질한다.

덧셈·뺄셈의 체계 (Chapter 4)	
가르쳐야 할 내용 F(기초적인 경험), D('정의'에 해당)	알아내도록 할 내용 T('정리'에 해당)
01 덧셈·뺄셈의 기초적인 경험	
F1 덧셈의 기초적인 경험 구체적인 장면에서, 한 수량을 두 수량으로 나타내거나, 두 수량을 한 수량으로 나타내거나 한다(합성·분해). F2 나아가, 이 경험으로부터 발전하여 하나의 수량을 두 수량으로 나타낼 더욱 조직적인 방법을 알아낸다(한쪽을 1씩 늘리고, 다른 쪽을 1씩 줄이면 된다는 것).	
02 덧셈이 쓰이는 경우와 덧셈의 의미	
D1 덧셈이 쓰이는 경우 덧셈은 다음과 같은 경우에 이용되는 연산이다. (가) 동시에 존재하는 두 수량을 합친 것의 크기를 구하는 경우 (나) 처음 수량에 추가되거나 처음 수량이 증가했을 때의 크기를 구하는 경우 D2 덧셈의 식 예를 들어 $5+3$, $5+3=8$이라고 쓰고, 이를 "5 더하기 3, 5 더하기 3은 8"이라고 읽으며, 덧셈이라고 한다는 것, 그 답을 합이라고 한다는 것 D3 덧셈의 의미 원소가 각각 a개와 b개인 두 집합을 합병한 집합의 원소의 개수를 구할 때 덧셈 $a+b$를 이용한다. 이를 오른쪽 그림	T1 덧셈이 쓰이는 경우 (다) 어떤 번호 또는 순서로부터 다시 몇 번째 뒤의 번호 또는 순서를 구하는 경우 

과 같이 문제 장면을 바둑돌의 조작으로 대체했을 때, 바둑돌의 두 집합을 하나로 모으는 조작으로 볼 수 있으면(하나로 모아진 모임의 크기를 구하는 경우로 귀착되면) 덧셈이다.

D4 0의 덧셈(덧셈의 의미의 확장 ①)

지금까지의 덧셈이 쓰이는 경우와 장면이 같으면 한쪽 또는 양쪽의 수가 0일 때도 덧셈이 이용된다.

D5 덧셈의 의미의 확장 ②

1) 다음과 같은 띠 그림이나 수직선 그림으로 나타날 때 덧셈이 이용된다.

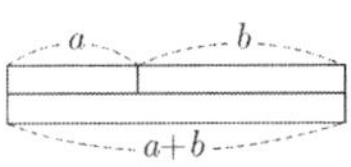

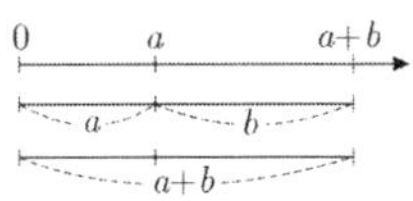

D6 세 수의 경우도 덧셈에 해당하는 조작이 두 번 반복하게 되면 $a+b+c$와 같이 나타낸다.

T2 덧셈의 의미의 확장 ②

2) 관계의 표현은 뺄셈이지만 덧셈이 이용되는 역사고의 문제도 왼쪽 그림으로 나타내어 보고 덧셈을 이용한다.

3) 연속량(수가 소수나 분수)일 때도 왼쪽 그림과 같이 나타날 때는 덧셈이 이용된다.

03 뺄셈이 쓰이는 경우와 뺄셈의 의미

D7 뺄셈이 쓰이는 경우

(가) 두 수량의 차를 구하는 경우

(나) 처음 수량의 크기에서 그 일부를 제거하거나 감소했을 때 남은 것의 크기를 구하는 경우

D8 뺄셈의 식

예를 들어 $8-3$, $8-3=5$라고 쓰고, 이를 "8 빼기 3, 8 빼기 3은 5"라 읽으며, 뺄셈이라고 한다는 것, 그 답을 차라고 한다는 것

T3 뺄셈이 쓰이는 경우

(다) 어떤 순서에서 몇 번째 앞의 순서를 구하는 경우나 두 순서의 차를 구하는 경우

D9 뺄셈의 의미

1) 원소의 개수가 a개인 집합에서 원소의 개수가 b개인 그 일부의 집합을 제거한 나머지 집합의 크기를 구하는 경우 뺄셈 $a-b$를 이용한다.
그리고 원소의 개수가 a개인 집합을 둘로 나누었을 때 한쪽이 b개이면 다른 쪽은 $a-b$로 구할 수 있다.

2) 원소의 개수가 a개와 b개($a \geq b$)인 두 집합의 원소의 개수의 차를 구할 때 뺄셈 $a-b$를 이용한다.
1)과 2)를 아동에게 이해시키기 위해 오른쪽과 같은 손의 조작으로 나타내고, 이를 약속한다.
문제의 수량을 바둑돌로 대체하여 나타낼 때, 바둑돌의 한 모임에서 그 일부분을 덜어내는 조작(손의 조작)으로 나타나면(이 때의 나머지 집합의 크기를 구하는 경우는) 뺄셈을 한다. 또한 바둑돌의 집합을 둘로 나누는 조작으로 나타날 때(한쪽의 개수에서 다른 쪽의 개수를 구할 때), 바둑돌의 두 모임으로 그 바둑돌을 1:1로 대응시키는 조작을 했을 때, 대응되지 못한 바둑돌의 개수를 구하는 것으로 귀착되면 뺄셈이다.

D10 0의 뺄셈의 식(뺄셈의 의미의 확장 ①)
뺄셈이 이용되는 지금까지의 경우와 같고, 빼는 수에 해당하는 수가 0일 때에도 뺄셈이 이용된다(3－0, 0－0과 같이).

T4 뺄셈의 의미의 확장 ②

1) 큰 수일 때에도 아래와 같은 띠 그림이나 수직선의 그림으로 나타나면 뺄셈이다.

($a-b=c$ 또는 $a-c=b$)

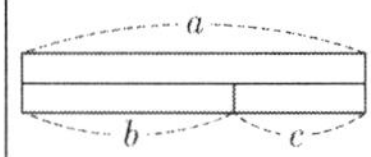

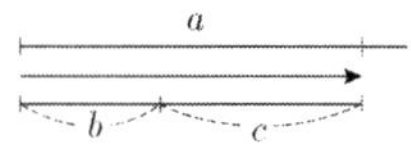

2) 관계의 표현이 $\square+c=a$, $a-\square=c$ 일 때에도 □를 구하는 것은 뺄셈 $a-c$가 된다(역사고의 문제).

3) 수량이 소수나 분수일 때도 마찬가지로 뺄셈이 된다.

T5 3개 이상의 수의 덧셈·뺄셈

$a-b+c$, $a-b-c$, $a-b-c-d$와 같이 하나의 식으로 나타내어진다는 것

04 덧셈과 뺄셈의 상호관계

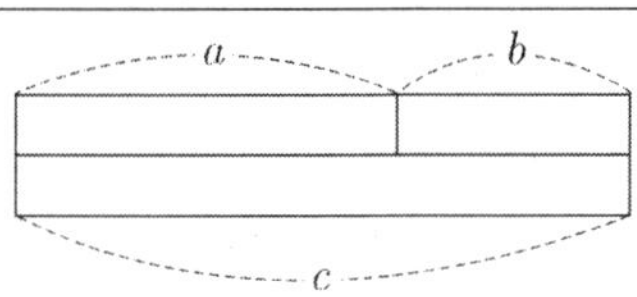

T6 덧셈·뺄셈의 상호관계

왼쪽 그림의 a와 b에서 c를 구할 때 덧셈 $a+b=c$가 이용되고, c와 $a(b)$에서 $b(a)$를 구할 때 뺄셈 $c-a=b$, $c-b=a$가 이용된다. 덧셈과 뺄셈은 위의 식의 두 수에서 다른 한 수를 구하는 연산이다.

05 덧셈과 뺄셈의 성질

T7 덧셈·뺄셈의 성질

1) 덧셈의 성질

① 교환법칙 : $a+b=b+a$
덧셈에서는 두 수를 맞바꾸어도 그 합이 달라지지 않는다.

② 결합법칙 :
$(a+b)+c=a+(b+c)$
세 수를 더할 때 앞의 두 수를 먼저 더하나 뒤의 두 수를 먼저 더하나 그 합이 달라지지 않는다.

③ $(a+1)+b=(a+b)+1$
$(a-1)+b=(a+b)-1$

	$a+(b+1)=(a+b)+1$ $a+(b-1)=(a+b)-1$ 피가수(가수)가 1 커(작아)지면 합은 처음 수 $(a+b)$보다 1 커(작아)진다. ④ $(a+c)+(b-c)=a+b$ $(a-c)+(b+c)=a+b$ 두 수의 한쪽에 어떤 수를 더하고, 다른 쪽에서 그 수를 빼면 계산 결과는 달라지지 않는다. 2) 뺄셈의 성질 ① $(a+c)-b=(a-b)+c$ $(a-c)-b=(a-b)-c$ $a-(b+c)=(a-b)-c$ $a-(b-c)=(a-b)+c$ 피감수가 커(작아)지면 답은 그만큼 커(작아)진다. 감수가 커(작아)지면 답은 그만큼 작아(커)진다. ② $(a+c)-(b+c)=a-b$ $(a-c)-(b-c)=a-b$ 피감수와 감수가 같은 수만큼 커(작아)지면 합이 달라지지 않는다.
06 한 자리 수끼리의 덧셈과 그 역인 뺄셈의 계산	
	T8 합이 10 이하인 덧셈과 그 역인 뺄셈의 결과를 구하는 것 T9 1) 합이 10 이상인 덧셈의 계산방법(가수 분해와 피가수 분해) 2) 이의 역인 뺄셈의 계산 방법(감가법과 감감법)
07 정수의 덧셈·뺄셈의 필산 방법	
D11 덧셈의 필산 형식과 그 방법	T10 뺄셈의 필산 방법

08 소수의 덧셈·뺄셈	
	T11 1) 소수의 덧셈, 뺄셈의 방법 2) 소수의 덧셈, 뺄셈의 필산 방법
09 분수의 덧셈·뺄셈	
	T12 분수의 덧셈·뺄셈의 계산 방법 T13 정수나 소수·분수의 덧셈·뺄셈의 계산 방법은 어느 것이나 1) 단위(자리)를 가지런히 한다. 2) 같은 단위(자리)의 계수(개수)를 가감한다. 이 결과를 아래 같은 자리의 위치에 쓴다. 3) 단위(자리) 사이에 관계가 있는 경우는 그 관계에 따라 받아올림, 받아내림으로 마무리(종합·정리)를 한다.

곱셈·나눗셈의 체계 (Chapter 5)

가르쳐야 할 내용 F(기초적인 경험), D('정의'에 해당)	알아내도록 할 내용 T('정리'에 해당)
01 곱셈·나눗셈의 기초적인 경험	
F1 구체적인 장면에서 어떤 사물을 같은 수씩 몇 번을 모아서 그 개수를 구하거나, 어떤 물건을 같은 수씩 나눌 때 몫의 개수를 구하거나, 개수가 같아지게 등분하는 조작	
02 곱셈의 의미	
F2 곱셈으로 해결되는 문제를 동수누가의 식으로 나타내고, 구할 수 있다. D1 곱셈의 의미 크기가 같은 것(a)을 몇 개(b개) 더했을 때의 크기(개수)	T1 1) 곱셈이 쓰이는 말의 식을 몇 개 만든다. 2) '배'라는 말로 표현되는 곱셈 $a\times b$의 뜻은 한 몫이 a인 것 b개 분 전체의 개수를 구하는 것으로 a의 b배하는 것임을 알며, 이것을 a의 b배라고 한다는 것을 안다.

$$\underbrace{a+a+a+\ \cdots\ +a}_{b\text{개}}$$

를 $a\times b$라고 나타내고, 이것을 곱셈이라고 하며, "a 곱하기 b"라고 읽는다.

D2 '배'라는 용어와 의미

어떤 크기 a의 두 몫, 세 몫, …을 a의 2배, 3배, …라고 한다.

3) 곱셈은 (한 몫의 크기)×(몫의 수)=(전체의 개수)라고 볼 수도 있다.

4) 다음 배열도에서 ○의 개수는 5×4 또는 4×5로 구해진다.

○○○○○
○○○○○
○○○○○
○○○○○

03 곱셈의 의미 확장 ① – 0의 곱셈 –

D3 0의 곱셈(곱셈의 의미 확장 ①)

피승수나 승수에 해당하는 수가 0일 때도 곱셈을 이용한다.

$$0\times a \quad a\times 0 \quad 0\times 0$$

T2 피승수나 승수가 0일 때는 답은 0이다.

$$0\times a=a\times 0=0\times 0=0$$

04 곱셈의 의미 확장 ② – 승수가 소수·분수인 곱셈 –

D4 소수의 곱셈의 의미(곱셈의 의미 확장 ②)

주어진 양을 나타내는 수 a, b(소수)와 구하려는 양 x를 수직선에 나타내면

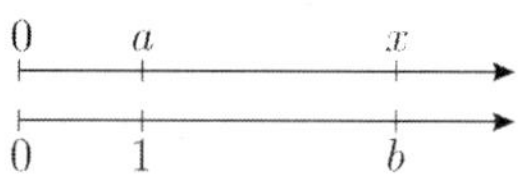

와 같이 나타날 경우, x를 구하기 위하여 $a\times b$를 이용한다.

D5 정수의 곱셈의 모델인 직사각형으로 나타날 때, 그 세로·가로가 소수로 나타나는 경우에도 공식 '넓이=세로×가로'가 이용된다는 것(확장)

D6 곱셈의 답을 곱이라고 한다.

T2 소수의 곱셈에 대한 말의 식

기준의 크기(바탕이 되는 것의 크기)와 비율에서, 비율에 해당하는 크기(비교할 양 또는 비교되는 양)를 구할 때 곱셈을 이용한다는 것과 이를 말의 식으로 손질한다.

(비율에 해당하는 크기)=(기준의 크기)×(비율)

T4 분수의 곱셈의 의미

앞의 소수의 곱셈의 의미가 그대로 이용된다.

T5 소수·분수의 곱셈의 모델

주어진 양의 크기가 소수나 분수일 때도 주어진 양과 구하는 양의 관계가 곱셈인 경우는 직사각형의 세로·가로와 넓이의 그림으로 나타내진다.

	T6 각종 공식을 양의 크기가 소수나 분수로 나타나는 경우에도 이용한다. • 삼각형이나 여러 가지 사각형의 넓이 공식 • 원의 둘레나 넓이 공식 • 나아간 거리=속도×시간 등
05 나눗셈의 의미	
D7 나눗셈의 의미 나눗셈 $a \div b$는 다음 경우에 이용된다. 1) 포함제 어떤 크기의 수량 안에 한 몫의 크기가 몇 개 포함되어 있는가를 구한다. ① 이것은 $b \times \square = a$의 □를 구하는 경우 2) 등분제 어떤 크기의 수량을 몇 등분할 때의 한 몫의 크기를 구한다. ② 이것은 $\square \times b = a$에서 □를 구하는 경우	
D8 나눗셈의 식 $a \div b$와 용어 나눗셈, 나누기의 의미	T7 나눗셈이 쓰이는 두 가지 경우에 대하여, 어느 경우도 똑같은 나눗셈이 이용된다는 것(통합)
06 나눗셈의 의미 확장 ① – 나머지가 있는 나눗셈 –	
D9 나머지가 있는 나눗셈(나눗셈의 확장 ①) 나눗셈이 다음의 경우에도 이용된다. 1) a를 b개씩 나눌 수 있을 때까지 나누는 경우 b개씩인 것의 수가 c이고 나머지가 r이 되는 경우 (1) $a \div b = c$ 나머지 r이라고 적는다. (2) $r < b$ 2) a개를 같은 크기인 b개씩으로 나눌	T8 나머지가 있는 나눗셈의 문제에서 • 식 $a \div b$의 답 c와 나머지 r을 구할 수 있을 것 • $a \div b$라는 식으로 나타낼 수 있다는 것

수 있을 때까지 나누었을 때 몫이 c 이고 나머지가 r이 되는 경우

$a \div b = c$ 나머지 r이라고 적으며 $r < b$

3) 이런 것을 '나머지가 있는 나눗셈'이라고 한다는 것. 나머지가 없는 나눗셈을 '나누어떨어진다'라 한다.

4) 나눗셈의 답을 몫이라고 한다.

07 나머지 0 및 곱셈과 나눗셈의 관계

T9 나누어떨어지는 경우를 '나머지 0'이라 본다.

T10 나눗셈과 곱셈의 관계

피제수=몫×제수+나머지(나머지<제수)

특히, 나누어떨어질 때는 피제수=몫×제수

08 나눗셈의 의미 확장 ② – 제수가 소수·분수인 나눗셈 –

D10 나눗셈의 의미 확장 ②

제수에 해당하는 수가 소수인 경우의 문제를 수직선에 나타낼 때

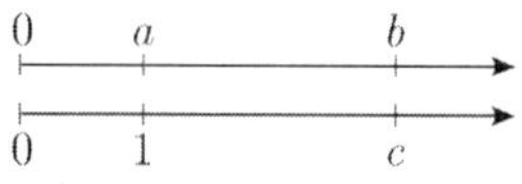

와 같이 나타나는 경우

a와 b에서 c를 구할 때 나눗셈 $b \div a$

b와 c에서 a를 구할 때 나눗셈 $b \div c$

를 이용한다.

T11 제수가 분수일 때도 나눗셈의 의미는 소수일 때와 마찬가지이다.

T12 비율과 비율에 해당하는 양을 알 때(이것이 소수·분수일 때도) 기준량의 크기를 구하는 경우는

기준량의 크기=비율에 해당하는 양÷비율

비율에 해당하는 양과 기준량의 크기에서 비율을 구하는 경우는

비율=비율에 해당하는 양÷기준량의 크기

09 곱셈·나눗셈의 성질

T13 곱셈·나눗셈의 성질과 그 식의 의미(읽는 방법)

① $a\times b=b\times a$(교환법칙)
두 수의 곱셈에서는 두 수를 맞바꾸어도 그 곱이 달라지지 않는다.

② $(a\times b)\times c=a\times(b\times c)$(결합법칙)
세 수의 곱셈에서는 처음 두 수를 먼저 곱하나 나중의 두 수를 먼저 곱하나 그 곱이 변하지 않는다.

③ $a\times(b+c)=(a\times b)+(a\times c)$
$(a+b)\times c=(a\times c)+(b\times c)$
$a\times(b-c)=(a\times b)-(a\times c)$
$(a-b)\times c=(a\times c)-(b\times c)$
(분배법칙)
한 수와 두 수의 합이나 차와 곱은, 그 수와 합이나 차를 나타내는 각각의 수와의 곱을 더하거나 빼면 된다.

④ $a\times(b\pm 1)=a\times b\pm a$
$(a\pm 1)\times b=a\times b\pm b$
승수(피승수)가 1 증가(감소)하면 곱은 피승수(승수)만큼 증가(감소)한다.

⑤ $(a\times b)\div c=a\times(b\div c)$
$=(a\div c)\times b$
곱셈과 나눗셈은 순서를 바꾸어서 계산해도 무방하다. 그리고 곱을 어떤 수로 나눌 때는 승수 또는 피승수를 그 수로 나누면 된다.

⑥ $a\times b=(a\times c)\times(b\div c)$
$=(a\div c)\times(b\times c)$
피승수(승수)를 몇 배하고 승수(피승수)를 그 수로 나누어주면 계산 결과는 달라지지 않는다.

⑦ $(a\div b)\div c=a\div(b\times c)$
$(a\div b)\times c=a\div(b\div c)$
두 수로 나눌 때, 그 두 수의 곱으로

	나누어도 된다. 또한 제수를 c배($\frac{1}{c}$) 하면 몫은 $\frac{1}{c}$(c배)가 된다. ⑧ $a \div b = (a \times c) \div (b \times c)$ $= (a \div c) \div (b \div c)$ 피승수와 승수에 같은 수를 곱하거나 나누어도 몫이 달라지지 않는다. ⑨ $(a+b) \div c = a \div c + b \div c$ 두 수의 합을 어떤 수로 나눈 몫은 각각의 수를 그 수로 나눈 몫의 합과 같다.
10 구구의 작성	
	T14 곱셈구구의 작성(구성)
11 두 자리 수와 한 자리 수의 곱셈 방법	
	T15 두 자리 수와 한 자리 수의 곱셈의 계산 방법 1) 몇 십×한 자리 수 2) 두 자리 수×한 자리 수 3) 한 자리 수×몇 십 4) 한 자리 수×두 자리 수 등
12 정수×정수, 소수×정수의 필산	
D11 곱셈의 필산 형식	T16 정수, 소수×정수의 계산 방법 1) 몇 십×몇 십 2) 두 자리 수×몇 십 3) 몇 십×두 자리 수 4) 두 자리 수×두 자리 수 5) 세 자리 이상의 수의 곱셈 6) 소수×정수 7) 끝자리에 0이 오는 수의 곱셈의 간편한 계산 방법
13 정수×소수, 소수×소수의 계산 방법	
	T17 정수, 소수×소수의 계산 방법 T18 소수를 곱하는 필산 형식

T19 곱과 피승수와의 관계

승수>1일 때　곱$>$피승수

승수$=1$일 때　곱$=$피승수

승수<1일 때　곱$<$피승수

14 분수의 곱셈의 계산 방법

T20 분수의 곱셈

1) 분수×정수의 계산 방법

$$\frac{a}{b}\times c=\frac{a\times c}{b}$$

2) 분수×분수의 계산 방법

$$\frac{a}{b}\times\frac{c}{d}\qquad\qquad \frac{a}{b}\times\frac{c}{d}$$

$$=\frac{a}{b}\div d\times c\qquad =\frac{a}{b}\times c\div d$$

이고, $\frac{a}{b}\times\frac{c}{d}=\frac{a\times c}{b\times d}$

T21 곱과 피승수와의 관계

승수>1일 때　곱$>$피승수

승수$=1$일 때　곱$=$피승수

승수<1일 때　곱$<$피승수

15 나눗셈의 계산 방법

T22 곱셈구구의 역(逆)인 나눗셈의 방법

1) $a\div b$는 곱셈구구를 써서 $b\times\square=a$ 또는 $\square\times b=a$의 $\square$를 구한다.

2) $a\div b$에서 나머지가 있는 경우 나눗셈의 의미를 바탕으로 구구를 써서 $b\times\square$나 $\square\times b$ 중에서 a보다 작고 a에 가장 가까운 $\square$의 값과 나머지를 구한다.

T23 몫이 두 자리 이상의 수이고 제수가 한 자리 수인 나눗셈의 답을 구하는 방법

16 정수의 나눗셈의 필산 방법과 그 알고리즘	
D12 정수의 나눗셈의 필산 방법	T24 필산의 알고리즘화(세우고, 곱하고, 빼고, 받아 내려서)
17 소수의 나눗셈의 계산 방법	
D13 '계속해서 나누기'에서의 필산 표기 방법	T25 '계속 나누기'의 방법과 몫의 끝을 처리하는 방법
D14 소수의 나눗셈의 필산 형식 제수와 피제수에 같은 수를 곱하여 제수를 정수화한다. 몫의 소수점은 피제수에 맞춘다.	T26 소수의 나눗셈의 계산·필산 방법 T27 몫과 피제수와의 대소 관계 제수 >1일 때 몫 $>$ 피제수 제수 $=1$일 때 몫 $=$ 피제수 제수 <1일 때 몫 $<$ 피제수
18 나머지가 있는 소수의 나눗셈에서 나머지를 구하는 방법	
	T28 소수의 나눗셈에서의 나머지를 구하는 방법
19 분수의 나눗셈	
	T29 분수의 나눗셈의 계산 방법 1) 분수÷정수의 계산 방법 $\frac{a}{b} \div c = \frac{a}{b \times c}$ 2) 분수÷분수(정수÷분수의 경우도) 계산 방법 $\frac{a}{b} \div \frac{c}{d} = \frac{a \times d}{b \times c}$ 3) $\frac{a}{b} \div c = \frac{a}{b} \div \frac{c}{1} = \frac{a \times 1}{b \times c}$
20 정수, 소수, 분수의 곱셈·나눗셈 계산의 통합	
	T30 정수, 소수, 분수의 곱셈·나눗셈의 계산을 분수의 곱셈의 계산으로 통합 →모든 수를 분수로 고치고 나눗셈을 곱셈으로 고친다.
21 곱셈·나눗셈의 어림셈	
	T31 곱셈과 나눗셈의 어림셈, 결과를 처리하는 방법

양과 측정의 체계 (Chapter 6)

가르쳐야 할 내용 F(기초적인 경험), D('정의'에 해당)	알아내도록 할 내용 T('정리'에 해당)
01 길이의 비교·측정	
F1 길이에 관한 기초적인 경험 1) 길이가 현저하게 다른 것은 그 차를 눈으로 보고 판단한다. 2) 간단한 경우는 길이를 직접 비교하여 어느 쪽이 긴가를 판단한다. 3) 간단한 경우에 길다, 짧다는 것을 나타내는 말을 가려 사용한다. 4) 간단한 경우에 어디에 길이가 있는가를 안다. 5) 위치를 바꾸거나 나열 방법을 달리 해도 크기가 달라지지 않는다(양의 보존성). 6) 분할하거나 몇 개의 대상을 한 곳에 모아도 전체의 크기는 달라지지 않는다(양의 가법성). 7) 물건을 옮겨도 크기는 달라지지 않는다(운동의 공리).	T0 길이에 관한 몇 가지 말을 안다(너비(폭), 높이 등을 안다).
F2 길이의 직접 비교 한쪽 끝을 가지런히 하고 두 대상이 될 수 있는 대로 많이 겹쳐지도록 한다. 포개지지 않는 부분이 생기는 쪽이 길다고 판단한다.	T1 1) 굽은 것은 포개지도록 펴서 비교한다. 2) 직접비교의 일반화 : 끝을 가지런하게 맞추고, 되도록 많은 부분이 겹쳐지도록 하여 비교하면 된다.
F3 길이의 간접 비교에 관한 기초적인 경험 $a=c$, $c \gtreqless b$이면 $a \gtreqless b$라는 것	T2 길이의 간접 비교 비교할 두 대상 또는 그 한쪽을 다른 것에 복사하고 이것을 포개서 비교한다.
F4 길이의 임의단위로의 측정에 관한 기초적인 경험	

1) 쌓기나무 등을 배열하면 길이를 만들 수 있다는 것 2) Archimedes의 원리 : 양 a를 몇 번인가 더하면 반드시 어떤 크기의 양 b에 가까워지며, 한 번 더 더하면 b를 초과하게 할 수 있다.	T3 단위로 삼을 적당한 것을 배열하고, 그 몇 갑절인가로, 길이를 수를 이용하여 나타낼 수 있다.
D1 길이의 보편단위에 의한 측정 1) 단위와 그 관계 cm, m, mm, km 1cm = 10mm, 1m = 100cm, 1km = 1,000m 2) 대자나 줄자 등의 계기가 있다. 3) 줄자 등의 눈금을 읽는 방법	T4 계기의 선택과 눈금을 읽는 방법 1) 여러 가지 눈금을 읽는 방법 2) 보편단위의 필요성 3) 계기로 잴 수 있는 최대·최소의 길이를 알아보고 계기를 선택한다(관습적으로 정해져 있는 것은 가르쳐준다).
02 넓이	
F5 넓이에 관한 기초적인 경험 간단한 경우는 보기만 하여 어느 것이 넓은가를 안다.	T5 모양이 같은 것을 몇 개 배열해서 되는 모양이나 종이를 반이 되게 잘라서 된 모양은, 모양이 같지 않아도 그 크기는 같다.
F6 포갰을 때 한쪽이 다른 쪽에 포함되면 포함된 쪽이 작다.	T6 넓이의 직접 비교 두 대상을 겹쳐지는 부분이 되도록 커지게 포갰음에도 겹쳐지지 않는 부분이 생기는 경우는, 그 부분끼리 포개서 비교한다.
	T7 넓이의 간접 비교 양쪽 또는 한쪽을 이동시킬 수 있는 것에 복사하여, 이것을 포개어서 비교한다.
D2 넓이의 보편단위에 의한 측정 1) 한 변이 1cm나 1m인 정사각형의 크기를 단위로 삼는다. 이것을 각각 1cm^2, 1m^2라 쓰고, 각각 "1제곱센	T8 넓이의 임의단위에 의한 측정 주변에서 볼 수 있는 적당한 크기의 것을 단위로 정하고, 이것의 몇 갑절인가로 넓이를 수로 나타낸다.

티미터", "1제곱미터"라 읽는다.

T9 $1cm^2$나 $1m^2$인 모양은 정사각형만이 아니라 여러 가지가 있다.

2) 넓이의 단위

cm^2, m^2, km^2, mm^2, a, ha가 있다.

3) 넓이의 단위의 관계

$1cm^2 = 10 \times 10mm^2 = 100mm^2$

$1m^2 = 100 \times 100cm^2 = 10000cm^2$

$1km^2 = 1000 \times 1000m^2$

$= 1000000m^2$

$1a = 100m^2$, $1ha = 100a$

4) 넓은 정도를 넓이라고 한다.

03 들이

F7 들이에 관한 기초적인 경험

1) 간단한 경우에 용기의 대소를 구별한다.
2) 같은 용기에 담은 물의 많고 적음을 물의 높이로 판단한다.
3) 한 용기에 가득 채운 물을 다른 용기에 옮겨서 두 용기의 대소(大小)를 판단한다.
4) 보존성·가법성

물을 다른 용기에 옮겨도 양은 달라지지 않으며, 몇 개의 작은 용기에 나누어 담아도 전체의 양은 달라지지 않는다.

T10 들이의 간접 비교

크기가 같은 용기에 옮겨 각각의 들이를 비교한다.

D3 부피·들이의 단위

1) mL, dL, L라는 단위가 있다는 것과 이들의 크기
2) 단위의 관계 1L = 10dL = 1000mL
3) 부피의 단위와 들이의 단위
4) 부피나 들이를 통틀어서 부피라고 한다.
5) 부피·들이의 단위 사이의 관계

$1cm^3 = 10 \times 10 \times 10m^3 = 1000mm^3$

T11 들이의 임의단위에 의한 측정

1) 컵 등을 단위로 하여, 그 몇 잔인지 수로 나타낸다.
2) 단위로 삼을 정육면체 등으로 입체와 크기가 같게 만들고, 그 정육면체의 개수로 부피를 나타낸다.

$1m^3 = 100 \times 100 \times 100cm^3$ $= 1000000cm^3$ $1L = 1000cm^3$ $1kL = 1000L = 1m^3$ $1mL = 1cm^3$	T12 $1cm^3$나 1L들이의 물건이 여러 가지 있다.

04 무게

F8 무게에 관한 기초적인 경험 양팔저울이나 시소(seesaw)에서 내려가는 쪽이 무겁다는 것	T13 무게의 임의단위에 의한 측정 양팔저울을 사용하여 1원짜리 동전 등 적당한 것을 단위로 삼아서 측정한다.
D4 무게의 보편단위에 의한 측정 1) 단위 g, kg 및 t, 또 이것을 읽는 방법 2) 단위 사이의 관계 $1kg = 1000g \quad 1t = 1000kg$ 3) 몇 가지 계기와 그 이용방법	T14 계기의 측정 가능한 최대·최소의 양에 주목하여 계기를 선정하거나, 눈금을 읽는 것

05 시간(시각)

F9 시각·시간에 관한 기초적인 경험 1) 제법 많이 기다렸다, 금방 끝났다는 등의 일상적인 경험 2) 시각에 대해서 특별히 경험한 사항	
D5 시각·시간의 보편단위에 의한 측정 1) 시계를 보고 몇 시나 몇 시 반을 읽기 (analog형과 digital형도 포함) 2) 분, 초 단위의 시각·시간을 읽는 방법, 오전, 오후의 사용 방법 3) 1시간=60분 및 1분=60초의 관계	T15 몇 시간, 몇 시간 몇 분을 구하는 방법 및 간단한 시간의 계산

06 각

F10 각의 크기에 관한 기초적인 경험 종이 등의 모가 뾰쪽하다거나 뾰쪽하지 않다는 말 등의 사용 경험(단위 '직각'의 의미)	T16 각의 직접 비교 각의 크기를 겹쳐보고 비교할 수 있다. T17 각의 간접 비교 각을 이동시킬 수 있는 종이 등에 복사

D6 각의 보편단위에 의한 측정 단위 직각의 의미 D7 단위 도, °의 의미 각도기의 눈금과 사용 방법	하여 포개서 비교한다. T18 1, 2, 3, 4직각을 알아내거나 조사하거나 한다. T19 각도기로 360도까지의 각을 읽는 방법 및 표기 방법
07 빠르기, 종류가 다른 두 양의 비율	
D8 빠르기, 시속, 분속, 초속의 의미 F11 빠르기에 관한 기초적인 경험 • 경쟁에서 빠르거나 느린 것을 시간으로 비교한다. 빠른 자동차는 느린 자동차보다 나아간 거리가 길다는 것의 경험 • 자동차의 빠르기나 제한 속도를 시속으로 나타낸 경험	T20 빠르기의 간접측정 1) 빠르기는 시간과 나아간 거리에 의존한다는 것 2) 공식 : 빠르기=나아간 거리÷시간
F12 종류가 서로 다른 두 양의 비율에 관한 기초적인 경험(예를 들면 크기가 같은 방이라도 사람 수가 많으면 비좁다는 것, 주스에 물을 많이 타면 묽어진다는 것 등)	T21 종류가 서로 다른 두 양의 비율로 비교할 수 있는 양이 있다는 것(예를 들면 인구 밀도, 수확률 등)
08 간접 측정	
	T22 간접 측정(발전적 내용) 함수관계, 특히 비례관계에 있고 측정하기 쉬운 양을 측정하며, 이것을 이용한다. 1) 길이를 구함에 있어, 이것과 비례관계에 있는 다른 길이를 이용하거나, 넓이, 무게를 이용한다. 2) 넓이를 구함에 있어, 이것과 비례관계에 있는 무게를 이용한다. 3) 부피를 구함에 있어, 이를 물이 가득 찬 용기에 넘쳐흐른 물의 양을 구한

	다(자연과에서 이 원리를 학습했다는 것이 전제). 4) 무게를 구함에 있어, 용수철이 늘어나는 길이를 이용한다(이상의 몇 가지에 대해서, 생각하게 하고 알아차리게 한다).
09 넓이·부피의 공식	
D9 넓이 넓은 정도의 것을 넓이라고 한다.	T23 직사각형·정사각형의 넓이를 구하는 방법에 관해서 • 직사각형·정사각형의 넓이는 단위 정사각형의 개수를 세면 된다. • 직사각형의 넓이=가로 1열에 놓인 단위의 수×열의 수 • 직사각형의 넓이=가로×세로 T24 정사각형의 넓이=한 변×한 변 T25 공식을 보는 함수적인 안목 1) 직사각형의 넓이는 가로와 세로의 길이에 의존한다. 2) 직사각형의 가로(세로)의 길이가 정해졌을 때, 세로(가로)를 2배, 3배, …하면 넓이도 따라서 2배, 3배, … 된다는 것(비례한다). T26 공식의 활용: 여러 가지 도형의 넓이를 구할 수 있을 것
D10 평행사변형의 넓이를 구하는 방법에 관하여 밑변과 높이의 의미	T27 1) 공식: 평행사변형의 넓이=밑변×높이 2) 높이의 발이 밑변의 연장선 위에 오는 경우도 공식이 성립한다. 3) 공식의 활용

① 넓이, 변의 길이, 높이를 구하는 것
② 넓이나 길이를 보는 함수적인 안목

D11 삼각형의 넓이를 구하는 방법에 관하여 밑변과 높이의 의미

T28
1) 공식 : 삼각형의 넓이=밑변×높이÷2
2) 둔각삼각형일 때도 똑같은 공식이 유도된다는 것
3) 공식의 활용
밑변, 높이, 넓이 중의 두 가지에서 다른 한 가지를 구하는 것

T29 사다리꼴이나 마름모 또는 다각형은 삼각형으로 분할하여 넓이를 구할 수 있다(발전적 내용).

D12 원주율=원주÷지름
원주율로 3.14를 이용

T30 원주의 공식
1) 원주는 지름에 의존한다.
2) 원주와 지름의 비율을 알아보는 것
3) 원주=지름×3.14

T31 원의 넓이
1) 원의 넓이는 반지름에 의존한다는 것
반지름×반지름과의 비율을 알아보면 된다는 것
2) 원의 넓이=반지름×반지름×3.14

T32 직육면체·정육면체의 부피
1) 직육면체는 단위인 정육면체를 가로로 a개씩 세로로 b열로 된 것을 c단(켜) 쌓아 올려서 만들어진 것
2) 직육면체의 부피=가로×세로×높이
3) 정육면체의 부피=한 변×한 변×한 변

10 미터법	
	T33 미터법의 종합 정리 1) 각 양의 단위를 적절하게 이용한다. 2) 어떤 양의 단위 사이에 상호관계가 있다. 3) 서로 다른 양의 단위 사이에 관계가 있다.
11 어림재기	
D13 '평균'의 의미와 평균을 구하는 방법 평균=측정값의 합계÷측정 횟수	T34 어림재기(개측, 概測) 모양이 불규칙한 것의 넓이는 단위 정사각형이 대강 몇 개 정도로 채워지는가를 알아보면 된다. 그리고 넓이를 구할 수 있는 몇 가지 모양으로 분할하여 대강의 크기를 구한다.

도형의 체계 (Chapter 7)

가르쳐야 할 내용 F(기초적인 경험), D(정의)	알아내도록 할 내용 T(정리)
01·02 무엇을 지도할 것인가, 기초적인 경험	
F1 주변에 있는 사물을 모양에 주목하여 분류하며, 세모, 네모 등의 적당한 이름을 붙여준다. F2 간단한 경우, 포개보거나 하여 같은 모양인가의 여부를 판단할 수 있다.	T1 1) 분류한 모양에 대해서, 모의 개수나 면의 모양 등의 특징을 포착한다. 2) 기능적인 면에서 본 모양의 특징을 포착한다.
03 삼각형·사각형	
D1 삼각형, 사각형의 개념 1) 3개의 곧은 선으로 둘러싸인 모양을 삼각형이라고 한다. 2) 4개의 곧은 선으로 둘러싸인 모양을 사각형이라고 한다(개념의 내포). D2 1) 곧은 선을 '직선'이라고 한다(무정의	T2 의미를 바탕으로, 여러 가지 삼각형, 사각형을 변별하거나, 그리거나 할 수 있다(개념의 외연). T3 삼각형의 성질 1) 내각의 합은 180도이다. 2) 세 변의 길이 사이의 관계 최대의 변<다른 두 변의 합

용어에 가깝다).

2) 삼각형이나 사각형의 곧은 선을 '변'이라고 한다.

3) 변과 변이 만나는 곳을 '꼭짓점'이라고 한다.

D3 사각형의 마주보는 꼭짓점을 이은 직선을 '대각선'이라고 한다.

T4 사각형의 성질

1) 대각선이 두 개 있다.

2) 대각선에 의해 두 개의 삼각형으로 분할된다.

3) 내각의 합은 360도이다.

T5 삼각형·사각형의 구성

- 3(4)개의 막대로 삼각형(사각형)이 만들어진다.
- 몇 개의 점을 이어서 삼각형이나 사각형을 그릴 수 있다.

04 직사각형·정사각형·직각

D4 직각은 종이를 아래 그림과 같이 두 번 접어서 되는 모양, 또는 삼각자의 가장 큰 각이다.

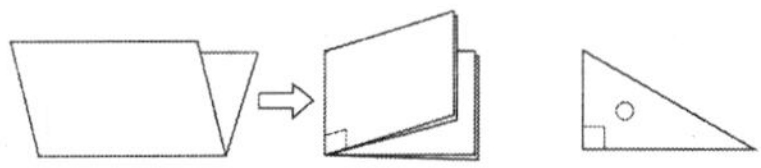

D5

- 직사각형 : 4개의 각이 직각인 사각형
- 정사각형 : 4개의 각이 모두 직각이고, 4개의 변이 모두 같은 사각형

T6 주변에는 크기가 다양한 직사각형, 정사각형이 있다는 것과 모양도 크기도 같은 직사각형, 정사각형이 있다는 것

T7 직사각형의 성질

1) 모양과 크기가 같은 2개의 직각삼각형으로 나누어진다.

2) 마주보는 변은 같고, 모든 각이 같다(직각).

3) 대각선의 길이가 같고, 서로 중점에서 만난다. 이 밖에 평행사변형에 있는 성질을 열거할 수 있다.

T8 정사각형의 성질

1) 2개의 대각선에 의해서 4개의 합동인 직각이등변삼각형으로 나누어진다.

2) 대각선의 길이가 같으며, 서로 중점에서 수직으로 만난다. 이 밖에 직사각형과 마름모의 성질을 열거한다.

T9

1) 직사각형임을 아래의 어느 것인가를 이용하여 판단한다.
   ① 4개의 각이 모두 직각이다.
   ② 대각선의 길이가 같고 각각의 중점에서 만난다.
   ③ 대각선에 의하여 나누어지는 2개의 삼각형은 크기가 같은 직각삼각형이다.
2) 정사각형임을 아래의 어느 것인가를 이용하여 판단한다.
   ① 위의 1)의 ①에 추가하여 네 변의 길이가 같다는 것
   ② 위의 1)의 ②에 추가하여 수직으로 만난다는 것

T10 정사각형·직사각형의 구성

1) 2개의 합동인 직각삼각형으로 직사각형이 만들어진다는 것
2) 2개나 4개의 합동인 직각이등변삼각형으로 정사각형이 만들어진다는 것
3) 4개의 각이 직각이 되도록 종이를 접어서 직사각형이 만들어진다는 것
4) 직사각형인 종이를 다시 이웃하는 두 변이 같아지게 접으면 정사각형이 만들어진다는 것

T11 상호 관계

직사각형의 변의 길이를 같아지게 하면 정사각형이 되고, 직사각형의 대각선을 수직으로 만나게 하면 정사각형이 된다.

05 이등변삼각형 · 정삼각형

D6 1) 두 변의 길이가 같은 삼각형을 이등변삼각형이라고 한다. 2) 세 변의 길이가 같은 삼각형을 정삼각형이라고 한다. 3) 한 각이 직각인 삼각형을 직각삼각형이라고 한다.	T12 이등변삼각형의 성질 1) 완전히 겹쳐지게 반으로 접혀진다. 2) 두 각(밑각)이 같다. 3) 꼭지각의 이등분선이 밑변을 수직 이등분한다(이등분선이라는 용어는 지도하지 않는다). T13 정삼각형의 성질 1) 완전히 겹쳐지게 접을 수 있는 방법이 세 가지 있다. 2) 세 각의 크기가 같다. 그 크기는 60도이다. 3) 어느 꼭지각의 이등분선도 대변을 수직 이등분한다. 4) 세 각의 이등분선은 그 길이가 같다. T14 삼각자의 하나는 이등변삼각형이고, 다른 것은 2개로 정삼각형이 만들어지므로 각은 60도와 30도이다. T15 이등변삼각형, 정삼각형의 상호관계 1) 이등변삼각형의 밑변을 등변과 같아지게 하면 정삼각형이 된다. 2) 이등변삼각형의 꼭지각을 밑각과 같아지게 하면 정삼각형이 된다.

06 평행사변형 · 마름모 · 사다리꼴

D7 평행사변형이란 마주 보는 두 쌍의 변이 나란한 사각형이다.	T16 평행사변형의 성질로는 다음과 같은 것이 있다. 1) 마주보는 변의 길이가 각각 같다. 2) 마주보는 각의 크기가 각각 같다. 3) 대각선이 서로 중점에서 만난다.

D8 사다리꼴이란 마주보는 한 쌍의 변이 나란한 사각형이다.

D9 마름모란 4개의 변의 길이가 같은 사각형이다.

T17 마름모에는 다음과 같은 성질이 있다.
1) 대각선이 서로 중점에서 수직으로 만난다.
2) 대각선에 의하여 4개의 각이 모두 이등분된다.

T18 D7, 8, 9 또는 T16, 17의 성질을 만족하면 평행사변형, 마름모, 사다리꼴이라고 판단한다. 그리고 이것을 사용하여 각각의 사각형을 그리거나 만들거나 한다.

T19 상호관계
1) 사다리꼴의 평행이 아닌 변을 평행이 되게 하면 평행사변형이 된다.
2) 평행사변형의 각을 직각이 되도록 하거나, 대각선의 길이를 같아지게 하면 직사각형이 된다.
3) 평행사변형의 변의 길이를 같게 하거나 대각선이 수직으로 만나게 하면 마름모가 된다.
4) 마름모의 각을 직각이 되게 하면 정사각형이 된다. 등

07 다각형(발전적 내용)

D10 다각형 등의 의미
1) 삼각형이나 사각형과 같이 직선만으로 둘러싸인 도형을 다각형이라고 하며, 변의 수가 5, 6, …인 다각형을 각각 오각형, 육각형, …이라고 한다.
2) 이러한 직선을 변, 변과 변이 만나는 점을 꼭짓점이라고 한다.
3) 다각형의 이웃하는 꼭짓점 이외의 꼭짓점을 이은 직선을 대각선이라고 한다.

4) 모든 변의 길이가 같고 모든 각의 크기가 같은 다각형을 정다각형이라고 한다. 변의 수가 5, 6, …인 정다각형을 각각 정오각형, 정육각형, …이라고 한다.	
08 원·부채꼴	
F3 둥근 모양을 인식한다. D11 1) 원 한 점으로부터 거리가 같은 점의 모임(한 점으로부터의 거리가 달라지지 않게 움직여서 되는 선)을 원이라고 한다. 2) 중심, 지름, 반지름 1)의 바탕을 이루는 점을 중심이라 하고, 그 거리를 반지름이라 하며, 중심을 지나는 직선의 원 사이의 부분을 지름이라 한다. D12 부채꼴 2개의 반지름과 원의 일부로 둘러싸인 부분을 부채꼴이라고 하며, 두 반지름이 이루는 각을 중심각이라고 한다. D13 컴퍼스의 사용 방법 1) 원을 그리기 위해서 컴퍼스가 있다는 것 2) 선분의 길이를 옮길 때 컴퍼스를 사용한다.	T20 원의 성질 1) 지름이나 반지름은 무수히 있으며, 지름의 길이는 반지름의 2배이다. 2) 중심 주위의 각(중심각이라 한다)은 360도이다.
09 각	
F4 주변에 있는 모(각)를 인식한다. D14 각은 한 점에서 출발하는 두 직선으로 되는 모양을 의미한다.	

D15 각의 크기의 확장
한 점을 중심으로 어떤 직선이 회전하여 되는 모양이 각이며, 직선이 회전한 크기를 각의 크기라고 한다.

10 평행·수직

D16 수직
2개의 직선이 직각으로 만날 때, 이 2개의 직선은 수직(의 관계)이라 한다.

D17 평행
한 직선에 수직으로 만나는 2개의 직선은 평행(의 관계에 있다)이라고 한다.

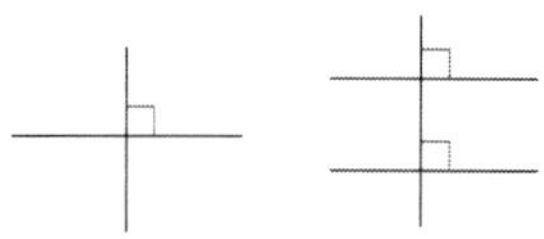

D18 평행인 두 직선을 평행선이라고 한다.

D19 평행선에 수직인 직선의 평행선 사이에 있는 부분을 평행선의 폭이라고 한다.

T21 평행선의 성질
1) 평행선은 만나지 않는다.
2) 평행인 직선에 수직인 직선의 평행선 사이의 부분은 어디서나 그 길이가 같다.
3) 평행인 직선은 다른 직선과 같은 각도로 만난다.

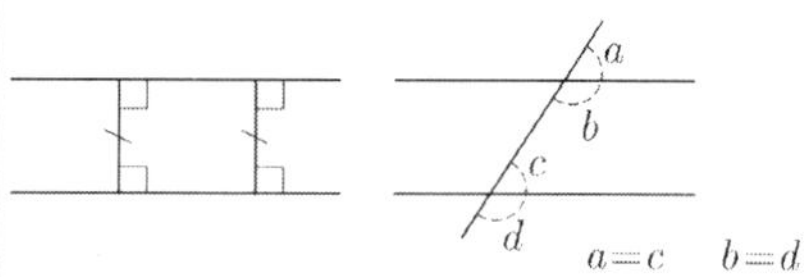

T22 수직 관계에 있는 두 직선의 판단·작도 : 삼각자의 직각인 각이나 각도기를 사용하여 수직 여부를 판단하며 수직인 두 직선을 그린다.

T23 평행 관계에 있는 두 직선의 판단·작도 : 아래 그림과 같이 삼각자 2개를 써서 평행인지를 판단하며 평행선을 그린다.

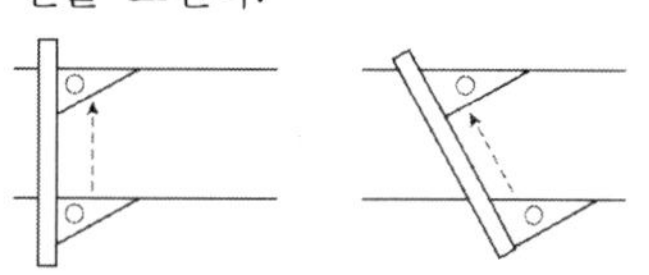

11 직육면체·정육면체

F5 입체에 관한 기초적인 경험
주변에서 정육면체, 직육면체, 원기둥, 구 등의 모양을 하고 있는 구체적인 사물의 전체적인 모양이나 기능적인 면을

T24 직육면체에는 다음과 같은 성질이 있다.
① 크기가 같은 면이 2개씩 3쌍 있다.
② 길이가 같은 모서리가 4개씩 3쌍 있다.

인식하는 것

D20

1) 직육면체의 의미
직육면체는 직사각형만으로 둘러싸인 모양이나 직사각형과 정사각형으로 둘러싸인 모양

2) 정육면체의 의미
정육면체는 정사각형만으로 둘러싸인 모양

3) 면
직육면체나 정육면체를 구성하는 직사각형이나 정사각형을 '면'이라고 한다.

4) 모서리
면과 면이 만나서 되는 곧은 선을 '모서리'라고 한다. 이 세 모서리를 각각 가로, 세로, 높이라고 한다.

5) 꼭짓점
모서리와 모서리가 만나서 되는 점을 '꼭짓점'이라고 한다.

D21 모서리와 면, 면과 면의 평행·수직 관계의 의미

직육면체의 모서리나 면의 관계를 이용한다.

1) 직선과 평면이 수직
직육면체의 서로 만나는 모서리와 면과 같은 관계

2) 두 면이 평행
직육면체의 마주보는 두 면과 같은 관계

3) 두 면이 수직
직육면체의 만나는 두 면과 같은 관계

③ 꼭짓점은 8개 있다.
④ 꼭짓점에는 3개씩의 변이 모여 있다(가로, 세로, 높이).
⑤ 길이가 같은 4개의 모서리는 평행이다.
⑥ 꼭짓점에 모여 있는 모서리는 서로 수직이다.
⑦ 평행인 면이 3쌍 있다.
⑧ 어느 면이나 다른 4개의 면과 수직이다.
⑨ 어느 면이나 4개의 모서리와 평행이다.
⑩ 어느 면이나 4개의 모서리와 수직이다.

T25 정육면체에는 다음과 같은 성질이 있다.

① 크기가 같은 면이 6개 있다.
② 길이가 같은 모서리가 12개 있다.
③ 꼭짓점은 8개 있다.
④ 꼭짓점에는 3개씩의 모서리가 모여 있다.
⑤ 모서리는 4개씩이 평행이다.
⑥ 꼭짓점에 모여 있는 모서리는 서로 수직이다.
⑦ 평행인 면이 3쌍 있다.
⑧ 어느 면이나 다른 4개의 면과 수직이다.
⑨ 어느 면이나 4개의 모서리와 평행이다.
⑩ 어느 면이나 4개의 모서리와 수직이다.

4) 두 면이 평행 직육면체의 한 모서리와 만나는 2개의 면과 같은 관계	
D22 겨냥도와 전개도 1) 겨냥도 전체의 모양을 알 수 있도록 보이는 모양을 나타낸 그림 2) 전개도 모서리를 잘라서 입체를 평면상에 펼친 그림	T26 1) 직육면체·정육면체의 겨냥도를 그린다. 2) 직육면체·정육면체의 몇 가지 겨냥도를 그린다. 3) 전개도를 조립했을 때 일치되는 모서리나 마주보는 면 등의 위치 관계를 안다.

12 기둥

D23 1) 각기둥 2개의 합동인 다각형과 몇 개의 직사각형으로 둘러싸인 입체를 각기둥이라 하며, 밑면의 모양에 따라서 삼각기둥, 사각기둥, 오각기둥, …이라고 한다. 2) 원기둥 2개의 합동인 원과 곡면으로 둘러싸인 입체를 원기둥이라고 한다. 3) 각기둥·원기둥의 밑면(바탕 면) 옆면, 모서리, 꼭짓점 및 높이의 의미 각기둥이나 원기둥의 바탕을 이루는 다각형 또는 원을 밑면, 둘레를 이루는 직사각형이나 곡면을 옆면, 면과 면이 만나서 되는 곧은 선을 모서리, 모서리와 모서리가 만나는 점을 꼭짓점, 2개의 밑면 사이의 거리를 높이라고 한다.	T27 1) 각기둥·원기둥에서 볼 수 있는 공통 성질 ① 밑면(바탕을 이루는 면)은 평행이다. ② 옆면을 전개하면 세로가 높이, 가로가 밑면의 둘레(원기둥은 원둘레)인 직사각형이 된다. ③ 밑면과 평행인 면으로 자르면 그 단면은 밑면과 합동인 도형이다. 2) 각기둥의 성질 ① 옆면은 어느 것이나 밑면에 수직이다. ② 꼭짓점의 수는 밑면의 꼭짓점의 수의 2배이고, 모서리의 수는 3배이며, 면의 수는 꼭짓점의 수보다 2 크다(이것은 일반화하지는 않는다. 몇 개의 각기둥으로 조사해 보는 정도). T28 각기둥, 원기둥의 겨냥도, 전개도를 그릴 수 있다.

	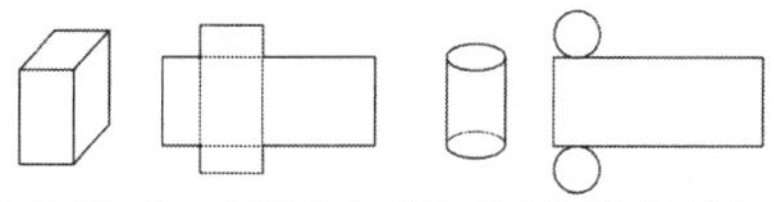
13 구	
D24 구의 의미 어디에서 보아도 원으로 보이는 모양을 '구'라고 한다. D25 구의 한가운데를 자를 때의 단면인 원의 중심, 지름, 반지름을 각각 구의 중심, 지름, 반지름이라고 한다.	T29 1) 어디를 평면으로 잘라도 그 단면은 원이다. 2) 구의 한가운데를 잘랐을 때의 단면이 가장 큰 원이 된다. 3) 구면 위의 점은 중심에서 같은 거리(반지름)에 있다.
14 점의 위치	
F6 사물이 한 줄로 정렬되어 있을 때 사물의 위치를, 어떤 사물을 기준으로 하여 위(아래)에서 몇 번째, 오른쪽(왼쪽)에서 몇 번째, 앞(뒤)에서 몇 번째라고 말할 수 있다.	T30 수직선에서, 기준점(원점)을 정하고, 여기서부터의 거리를 나타내는 수로 점의 위치를 나타낸다.
15 빈틈없이 깔기(메우기)	
	T31 합동인 삼각형 또는 사각형으로 평면을 빈틈없이 깔 수 있다. 이에 의하여 평면이 어디까지라도 확장되어 있다는 것을 느낀다(공간 개념).

16 도형에 관한 안목

수학적인 생각

M 도형에 관한 안목

1) 도형을 전체적으로 또 직관적으로 본다.
2) 도형의 구성 요소나 그 관계에 주목한다.
3) 개형(대강의 모양)을 포착하여 전망을 세우려고 한다.
4) 정확한 그림을 그려서, 이것을 바탕으로 판단하려고 한다.
5) 도형 사이의 관계에 주목한다.
6) 의미나 성질을 유추적, 귀납적으로 알아내려고 한다. 나아가 의미나 성질에 바탕을 두고 논리적으로 생각한다.

식의 체계 (Chapter 8)	
가르쳐야 할 내용 F(기초적인 경험), D('정의'에 해당)	알아내도록 할 내용 T('정리'에 해당)
01 식에 관해서 이미 학습한 사항(연산기호·식으로 나타내기)	
D1 1) 사상을 식으로 나타낸다. 기호 +, −, ×, ÷를 써서, 덧셈, 뺄셈, 곱셈, 나눗셈이 쓰이는 경우를, $a+b$와 같이 식으로 나타낸다. 2) 연산 수행 결과를 =를 써서 $a+b=c$와 같이 식으로 나타낸다. D2 사칙 연산을 두 가지 이상 써서 $5+(3+4)$나 $5+(6-4)=5+2=7$과 같이 식으로 나타낼 수 있다는 것 D3 $5+\square=8$이나 $6\times\square=24$와 같이 미지수를 □를 사용하여 식으로 나타낸다.	
02 등호의 의미	
D4 등호 =는 양변이 같다는 것($a=b$)을 나타낸다.	T1 간단한 경우, 수량의 관계를 등호를 써서 나타내거나, 등호가 있는 식을 읽을 수 있다.
03 사상이나 관계를 나타내는 식 읽기	
	T2 식 읽기 관계나 사상을 나타낸 식을 구체적인 장에 비유하여 읽거나, 일반적인 관계나 사상으로 읽는다.
04 말의 식이나 공식으로 나타내기, 이를 읽기	
D5 □를 이용하여 미지의 수량을 나타내며, 이것을 써서 사상이나 관계를 식으로 나타낸다.	T3 1) 수량의 일반적인 관계를 공식 모양(말의 식)으로 나타낸다. 2) 말의 식을 읽는다.

D6 최초의 공식 직사각형의 넓이=세로×가로 를 직사각형의 구적 공식이라 한다.	3) □를 사용한 식의 □에 여러 가지 수를 대입하여 알맞은 값을 구한다. T4 1) 빠르기 등 여러 공식을 만들 수 있다. 2) 여러 가지 공식을 이용한다. 3) 수가 정수에서 소수나 분수로 확장되어도 공식을 이용한다.

05 사칙이 혼합된 식, ( )를 이용한 식

D7 괄호·사칙이 혼합된 식 1) $a+b$ 등의 식이 하나의 수량을 나타낸다는 것, 식이 하나의 수량을 나타낸다는 것을 보이기 위해 괄호를 사용한다는 것 2) $a+(b\times c)$, $a\times(b\div c)$와 같이, 괄호 안이 ×나 ÷의 식이고, 괄호 앞이 ÷가 아닌 때는 괄호를 쓰지 않고 $a+b\times c$나 $a\times b\div c$와 같이 나타낸다는 것	T5 사칙이 혼합된 식의 이용 1) 사칙이나 괄호를 사용하여 하나의 식으로 나타내거나, 이것을 읽거나 한다. 2) 사칙이 혼합된 식이나 괄호가 있는 식의 계산은 왼쪽부터 차례로 하지만 괄호 안의 계산을 먼저 하며, 곱셈·나눗셈을 덧셈·뺄셈보다 먼저 한다.

06 □나 △를 사용한 식, 문자를 사용한 식

D8 두 수량의 관계를 알아볼 때 그 수량을 □나 △로 나타낸다는 것, 이때 □나 △는 여러 가지 수를 취할 수 있다는 것	T6 1) □나 △를 사용하여 수량의 관계를 식으로 나타낸다. 2) □나 △에 해당하는 수를 구하여 관계의 특징을 알아낸다.

07 식으로 나타내기·식의 읽기에 관한 생각

수학적인 생각

M 식으로 나타내는 것의 좋은 점

1) 사상이나 관계가 간결·명확하게 나타난다.
2) 사상이나 관계가 일반적으로 나타난다(일반화하기가 쉬워진다).
3) 사고의 과정이 간결·명확하게 나타난다.
4) 식 자체를 형식적으로 처리하기 쉬워진다.

M 식을 읽는 방법

식 및 식의 변형 과정에서 다음과 같이 식을 읽으며, 식을 적극적으로 활용하려고 노력하게 된다.

1) 식에 해당하는 구체적인 장면이나 모델을 알아차린다.
2) 일반적인 사상이나 관계를 알아차린다.
3) 의존관계·함수관계를 알아차린다.
4) 식의 모양을 알아차린다.

함수의 체계 (Chapter 9)	
가르쳐야 할 내용 F(기초적인 경험), D('정의'에 해당)	알아내도록 할 내용 T('정리'에 해당)
01 관계를 나타내는 표	
D1 표와 그 사용방법 대응하는 두 변수의 값의 쌍을 모으고, 이것을 표로 정리하는 것, 이로부터 대응 규칙을 알아내는 것	T1 1) 함수관계를 알아내거나 나타내기 위해서 적절한 표를 만드는 것 2) 대응하는 변수의 쌍을 모으고, 표에서 대응 규칙을 알아내어 문제해결에 활용한다.
02 관계를 나타내는 꺾은선그래프	
D2 꺾은선그래프의 의미 1) 변화하는 모습을 나타내는 그래프를 '꺾은선그래프'라고 한다. 2) 꺾은선그래프로 나타내는 방법의 약속	T2 1) 꺾은선그래프에서 변화의 특징을 읽는다. 2) 함수관계를 적절한 꺾은선그래프로 나타낸다.
03 관계를 나타내는 식	
	T3 관계를 나타내는 식 1) 값의 쌍이 대응하는 모습을 식으로 나타낸다. 2) 두 변수가 대응하는 모습을 식으로 나타낸다. 3) 식에서 의존관계에 있는 수량을 읽는다. 4) 식에서 대응하는 모습의 특징을 읽는다. 5) 함수관계를 나타내는 적절한 식을 생각한다.

04 비

D3 비의 의미	T4 비의 성질
1) 두 수량의 비율을 $a:b$와 같이 나타낸다는 것 2) 비 $a:b$에 대해 $\frac{a}{b}$를 비의 값이라고 한다(발전적인 취급).	1) 두 수량의 관계를, 예컨대 2와 3의 비율이라고 하나 4와 6의 비율이라고 하나 마찬가지라는 것 2) 두 양의 비율을 $2:3$, $4:6$과 같이 비로 나타낸다. 3) 표현은 달라도 같은 관계에 있는 비가 있다는 것 4) 비의 상등: 비 $a:b$는 a와 b의 양쪽에 같은 수를 곱하거나 나누어도 비 $a:b$와 같다. 5) 비 $a:b$에서 특히, b를 1로 보았을 때의 a의 값이 비의 값이다.

05 비례

D4 비례의 의미	T5 비례의 성질
두 수량 x, y에 대해, x가 2배, 3배, …가 되면 이에 따라 y의 값도 2배, 3배, …가 될 때 y는 x에 비례한다고 한다.	1) y가 x에 비례하면 x도 y에 비례한다. 2) y와 x는 비례한다고도 한다. 3) x와 y가 비례할 때 $y=$(일정한 수)$\times x$와 같이 나타낼 수 있다. 4) x와 y가 비례할 때 대응하는 x와 y의 비율 $\frac{y}{x}$는 일정해진다. 5) x가 $\frac{1}{2}$, $\frac{1}{3}$, …이 되면 이에 따라서 y도 $\frac{1}{2}$, $\frac{1}{3}$, …이 된다. 6) 비례의 그래프는 원점을 지나는 직선으로 나타난다.

06 함수의 생각

수학적인 생각

M 함수의 생각

1) 간단한 경우에 대응하는 수량을 알아본다. 즉, 어떤 수량이 어느 수량에 의존하

는가를 생각한다(의존관계에 주목한다).

2) 대응하는 수량에 대해, 값의 쌍을 표 등으로 나타내고 관계를 조사하려고 한다.
3) 대응하는 수량에 대해, 관계를 식으로 나타내려고 한다.
4) 대응하는 수량에 대해, 관계를 그래프로 나타내어 본다(2, 3, 4는 함수관계의 표현을 연구하는 것이다).
5) 표나 식이나 그래프에서 대응하는 두 양의 관계의 특징을 알아차린다(함수적인 규칙을 알아채는 것이다).
6) 대응하는 수량의 관계의 특징을 이용해서 문제를 해결한다.

통계의 체계 (Chapter 10)

가르쳐야 할 내용 F(기초적인 경험), D('정의'에 해당)	알아내도록 할 내용 T('정리'에 해당)
01 기초적인 경험	
F1 간단한 사상을 정리하여, 표나 그래프 형태로 나타내거나 이런 것을 읽거나 한다.	
02 표	
D1 1) 1차원의 표(한 가지 관점에서 자료를 분류한 표)의 형식 2) 표제나 합계를 적는 것 및 자료에 따라서 '기타'의 항을 설정하는 등 D2 2차원의 표(두 가지 관점에서 자료를 분류한 표)의 형식	T1 자료를 간단한 한 가지 또는 두 가지 관점에서 분류하거나 정리하여 표로 종합한다. T2 두 가지 관점에 대해서, 일어날 경우를 생각하여 2차원의 항목을 정한다. 이것을 바탕으로 자료를 모아 정리한다.

수학적인 생각

M 자료의 수집과 분류의 생각

목적에 따라 자료를 수집하거나 분류·정리한다. 즉, 다음과 같은 활동을 한다.

1) 목적을 명확히 하고, 이것을 바탕으로 하여 항목을 정하며, 자료를 수집하고, 정리한다. 이때, 다음의 2)~7)을 고려한다.
2) 어느 범위의 것을 모을 것인가, 무엇을 단위로 정하여 모을 것인가.
3) 목적에 알맞은 분류 관점을 정하고, 이 관점에서 몇 가지의 class를 설정한다. 이때 그 class는 다음 4), 5)의 조건을 충족하도록 한다.
4) 어떤 자료도 반드시 어느 class에 들어갈 수 있도록 한다(누락됨이 없게).
5) 한 데이터가 두 class에 들어가지 않도록 한다(중복됨이 없게).
6) 데이터를 모으거나, 이것을 분류할 때, 누락이나 중복되는 일이 없도록 한다(셀

때 빠뜨리고 세거나, 이중으로 세는 일이 없도록 한다).

7) 각 class의 조건을 명확히 하고, 이름을 붙인다.

03 막대그래프

D3 막대그래프의 의미 가로축에 항목의 눈금을 설정하고, 세로축에 도수의 눈금을 설정한다. 그리고 각 항목의 크기를 막대의 길이로 나타내는 그래프이다.	T3 막대그래프를 읽는 방법 막대가 길수록 도수가 많다. 그러므로 막대의 길이로 도수의 많고 적음을 잘 알 수 있다. •표현 방법의 연구 항목에 순서가 없을 때는 도수의 크기 순으로 배열하면 된다.

04 꺾은선그래프

D4 꺾은선그래프의 의미 항목에 순서가 있고 항목 x의 자료의 크기가 y일 때 점 (x, y)를 찍어 나가고, 이 점을 선분으로 이어서 나타내는 그래프이다.	T4 꺾은선그래프를 읽는·그리는 방법 자료를 꺾은선그래프로 나타내거나, 꺾은선그래프에서 자료의 특징이나 경향을 읽거나 한다. 이때, 선분이 오른쪽 위를 향하면 증가, 오른쪽 아래를 향하면 감소, 수평(水平)이면 변화가 없으며, 기울기가 클수록 변화가 크다.

05 백분율

D5 백분율, 할·푼·리, % 비율 0.01을 단위 1로 하여, 이를 1퍼센트(percent)라 하고, 1%로 나타낸다. 또한 0.1을 1할, 0.01을 1푼, 0.001을 1리라고도 하는데, 이를 '할·푼·리'라고 한다.	T5 백분율의 좋은 점과 활용 백분율로 나타내면 비율을 정수로 나타낼 수 있는 경우가 많으며, 크기를 파악하기 편리하다. 할·푼·리도 마찬가지이다.

06 내역그래프

D6 원그래프와 띠그래프의 의미와 용어 원그래프는 원 전체를 100%라고 하고, 각 부분은 그 부채꼴로 나타내는데, 그 중심각이나 넓이를 각 부분의 비율에 비례하게 나타낸다. 띠그래프는, 전체에 대한 각 부분의 비율을 구하고, 직사각형 전체의 길이를	T6 자료를 원그래프나 띠그래프로 나타내거나 이것에서 자료의 각 부분의 비율에 관한 특징이나 경향을 포착하는 것

100%라고 하여, 각 부분을 그 비율에 비례하는 길이로 나타낸다.	
07 평균	
D7 평균의 의미 자료 전체를 크기가 같아지도록 골라지게 손질했을 때의 크기를 평균이라고 한다.	T7 평균을 구하는 방법 자료의 크기 전체의 합계를 자료의 개수로 나누면 평균이 구해진다.
08 통계적인 생각	
	T8 통계적 활동에 의하는 문제 해결 과정에서, 그 활동을 정착시킨다(다음과 같은 일련의 활동이 있다). 1) 문제가 통계적으로 해결하는 것이 적당한가의 여부를 변별한다. 2) 목적에 맞는 적당한 데이터를 수집한다. 3) 데이터를 목적에 맞는 적절한 관점에서 정리한다. 4) 데이터의 적확(的確)한 해석을 한다. 5) 데이터에서 타당한 추측을 한다.

수학적인 생각

M 통계적인 생각

1) 문제의 해결 방법을 자진해서 검토하고, 통계적으로 해결하는 것이 타당한가의 여부를 변별하려고 한다.
2) 목적을 생각하고, 목적에 맞는 데이터를 적극적으로 수집하려고 한다.
3) 데이터를 분류·정리하려고 한다.
4) 데이터를 해석하려고 한다.
5) 데이터를 바탕으로 문제 해결에 도움이 되는 것을 추측하려고 한다.

Chapter 3

지도내용 수의 체계화

앞 장에서 대부분의 지도내용을 체계화한 것을 제시하였다. 이 장에서는 수에 대하여 어떤 내용을 지도하는가를 고찰하고, 수에 관한 기초적인 경험(F), 정의(D ; 약속할 것), 정리(T ; 아동에게 발견시키고 설명시킬 것)가 앞장에서 명시한 바와 같다는 것을 밝혀둔다. 그리하여 특히, 이런 것을 고찰하는 가운데서 유추 등을 통해 전망을 가지도록 하고 싶은 것, 귀납시키고 싶은 것, 연역적으로 판단하거나 설명시키고 싶은 것은 어떤 것인가 등 수학적인 생각에 관해서도 되도록 명확하게 밝히고자 한다.

01 세기와 그 기초적인 경험

정수(초등학교 수학에서는 0 이상의 정수를 정수라고 한다)에 관하여 수의 범위를 한정하면서 셀 수 있게 한다. 이 내용에 대하여 고찰해보기 전에 먼저, 셀 필요성을 잘 알고 세는 학습이 이루어지도록 하기 위해 어떤 경험을 쌓아나가는 것이 필요한가, 셀 수 있게 되었다고 말할 수 있으려면 어떤 힘(능력)이 정착되어야 하는가를 알아보자.

셀 수 있다라는 능력에는 적어도 다음과 같은 것이 포함될 것으로 생각된다.

① 수사를 말할 수 있다. 숫자를 사용할 수 있다.

② 수사와 세려는 대상을 1 : 1로 대응시킬 수 있다.

③ 위의 ②에서 대응시킨 마지막 수사가 대응시킨 것 전체의 개수를 나타낸다는 것, 그리고 대응시킨 수사가 그 대상의 순서를 나타낸

다는 것을 안다.

④ 다른 것을 보태거나 일부를 제외하거나 하지 않으면, 센 것을 달리 배열하거나 한 곳에 모으거나 해도 개수가 달라지지 않는다는 것을 인식한다(수량의 보존성).

⑤ 나아가서는 수의 대소나 순서를 안다.

⑥ 어떤 것을 세어야 하는가라는 셀 대상의 집합을 명확하게 포착한다.

이 가운데서 알려주어야 할 것과 알아내도록 할 것으로는 어떤 것이 있는지를 그 근거와 함께 다음과 같이 제시하여 체계화를 이루고자 한다.

1) 수의 읽기와 쓰기

어떤 수사를 사용할 것인가는 수학에서의 약속이므로 가르쳐야 할 내용이다. 그리고 숫자를 쓰는 방법, 숫자의 사용방법도 가르쳐야 할 내용이다.

2) 일대일 대응에 의한 비교

수사와 세려는 대상을 1:1로 대응시키는 것에 관해서는 그 전에 구체적인 2개의 모임에 대하여, 1:1로 대응시켜 개수의 대소를 비교하는 조작을 한다. 이는 개수의 대소를 직접 비교하는 것으로, 기초적인 경험으로서 정착되어 있다고 생각할 수 있는 내용이다. 나아가 불규칙하게 놓여 있는 두 모임을 비교할 때 직접 하나하나 선을 그어 비교하기가 어려운 경우에는, 한쪽 모임을 이동시키기 용이한 바둑돌 등으로 치환하여 그 바둑돌과 다른 쪽 모임을 비교하기도 한다. 이는 이른바 간접 비교라는 것이다. 이와 같은 솜씨 좋은 비교 방법은 아동들에게 생각하게 하여 알아차리게 할 내용이다. 그리고 이것을 할 수 있으면 이를 바탕으로 하여 수사와 대응시킬 수 있을 것이라고 생각된다. 따라서 1 : 1로 대응시켜서 센다는 것은 위에서 언급한 대응을 통해서 대소를 판단하는 기초적인 경험을 바탕으로 생각하게 한다.

3) 집합수와 순서수의 사용

집합수와 순서수의 사용 방법 자체는 역시 약속이므로 가르칠 내용이다. 지도에 있어서는 한두 번 가르친다고 해서 알게 되는 것이 아니므로, 이와 같은 장면을 반복적으로 취급하여 연습하는 가운데서 습득되도록 하여야 한다.

4) 수량의 보존성

수량의 보존성은 개수의 대소를 비교하는 활동을 통해서 경험적으로 포착하게 된다. 즉, 세기의 활동 이전에 포착되는 것이라고 생각된다. 이것이 불충분한 경우는 세기의 활동 중에 정착시키게 되겠지만 이것(수량의 보존성) 자체를 대상으로 학습·지도하지는 않는다. 이런 의미에서 이는 기초적인 경험이라고 볼 수 있다.

5) 수의 대소와 순서

수의 대소·순서는 개수의 비교·판단과 수사의 이해에서 도출될 수 있다. 즉, 두 집합 A, B를 1 : 1로 대응시킬 때, A의 원소가 남으면 A쪽이 개수가 많다고 하는 비교·판단과 각각의 개수에 수사를 대응시키고 숫자로 표기한다는 기습 내용 등에 의해서 판단할 수 있다. 따라서 개수의 대소는 연역적으로 판단하고 설명할 수 있는 것이다. 역시 개수나 순서를 숫자로 어떻게 표기하는가 하는 것은 정해져 있는 것이므로 가르쳐줄 내용이다.

6) 셀 대상의 명확화

사물을 센다는 것은 목적에 알맞은 것만 세어야 한다는 것이다. 해당되지 않는 것을 세거나 필요한 것을 빠뜨리고 센다면, 아무리 수사와 사물을 확실하게 대응시킨다 해도 이는 세는 것으로 볼 수 없다. 세기에서 가장 중요한 것은 무엇을 하나하나로 보고, 어떤 범위의 것을 셀 것인가라는 **셀 대상의 집합**을 명확히 하는 일이다.

그래서 장난감이나 동물의 그림 등에서 같은 것을 모은다는 동류(同類) 모으기는 조건에 부합하는 것을 명확히 포착하기 위한 기초적인 경험이라고 볼 수 있다. 다만, 이 경험을 확실히 하기 위해 초등학교 수학의 첫머리에서 동류 모으기를 학습한다. 그리하여 이 경험을 바탕으로 셀 것의 조건이 정해지면 그 대상의 집합을 포착하는 것은 가능하다고 볼 수 있다.

이상의 고찰로 '세기'에 관한 지도내용의 체계가 이루어졌다.

02 수의 이용 방법

수를 적절하게 이용할 수 있도록 하기 위해서는 수가 어떤 경우에 이용되는가를 이해시켜야 한다.

앞의 항에서 언급한 바와 같이 사물과 수사를 대응시키는 활동을 통해서 체계화를 도모한다.

1) 사물의 개수를 나타낼 때 정수가 이용된다.
2) 또 한 줄로 배열된 것(순서를 매길 수 있는 것)의 순서를 나타낼 때 정수가 이용된다는 것을 안다. 이러한 수의 이용 방법은 물론 정해져 있는 것이므로 가르칠 내용이다.
3) 예컨대 3cm라거나 4.5dL와 같이 연속량의 크기는 수를 이용해서 나타낸다. 이때 단위의 크기를 어떤 것으로 정할 것인가 하는 것은 가르칠 내용이지만, 이를 가르친 다음에 그 단위의 몇 개분(예를 들어 1cm의 3개분, 1dL의 4.5에 해당하는 것)인가 하는 것은 생각해 낼 내용이다. 이런 맥락에서 3cm나 4.5dL와 같은 표현 방법은 약속으로 지도한다.
4) 그리고 몇 개인가의 사물이 있을 때, 이를 어떤 관점에서 분류하거나 그 분류한 각 유(類)의 개체를 정리하기도 한다. 이때의 분류나 정리 방법을 쉽게 알아볼 수 있도록 하기 위해 분류 번호나 정리 번호를 매긴다. 이와 같이 수를 이용하는 방법도 있다.

   이는 수가 순서를 나타낸다는 것을 이용한 것인데, 이러한 수의 이용 방법을 경험하였다면 이를 바탕으로 알아차릴 수 있지만, 이런 경험이 충분하지 못할 때는 가르쳐주어야 한다.

5) 직선상에서의 위치를 나타낼 때도 수가 이용된다. 이는 기초적인 경험으로서, 시장 골목길에서 생선 가게는 잡화 가게로부터 세 번째라거나, 교실에서 좌석이 앞에서 셋째 줄, 오른쪽에서 네 번째라는 표현 방법을 경험하고 있다.

한편, 이런 경험이 충분하지 못하더라도 이를 전제로 삼아 이와 같은 표현 방법을 확실하게 정착시키자는 뜻에서 지도할 것이다. 따라서 여기서는 이 표현 방법의 필요성이나 그 조건을 명확히 할 필요성을 간직하게 하면서, 표현 방법을 연역적으로 명확하게 알도록 한다. 그리고 발전적인 내용으로서 평면상이나 공간에서의 위치에 관해서는 직선인 경우로부터 유추시키면서 표현방법을 연역적으로 생각하게 할 수 있다.

6) 수의 또 하나의 사용 방법으로 비율이라는 것이 있다. 어떤 것의 크기는 다른 것의 3개분에 해당할 때, 이런 것이 3개분이 있다는 것은 알 수 있다. 그리고 이를 3배라고 한다(배의 의미)는 것은 가르쳐줄 내용이다. 또한 반일 때 $\frac{1}{2}(0.5)$, 3등분한 것 2개분일 때 $\frac{2}{3}$라고 나타낸다는 것(분수의 의미)으로부터 '한쪽이 다른 쪽의 0.5배이다', '$\frac{2}{3}$배이다'라고 포착하게 한다. 이러한 수의 이용 방법은 '배'의 정의에 해당하는 것이므로 가르쳐줄 내용이다. 이러한 분수 배, 소수 배에 대해서는 나중에 다시 고찰한다.

이상과 같이 생각해보면 이번 장의 첫 절에서와 마찬가지로 '수의 이용 방법'에 관한 지도 내용의 체계가 F, D 그리고 T로 구분되어 체계화된다.

03 세는 방법의 궁리

셀 대상이 많아지거나 복잡해지면 세는 방법을 궁리하여야 한다. 세는 방법의 궁리에는 다음을 생각할 수 있다.

1. 적당한 관점에 따라 분류하여 세기

적당한 관점에 따라 분류하여 셈으로써, 각 유(類)의 개수가 적어져 세기가 쉬워지기 때문이다.

분류에서는 적당한 관점을 정하는 것이 중요하지만, 그 관점으로 각 유(집합)가 만들어지지 않으면 안 된다. 기초적인 경험으로 정착되어 있는 같은 무리 만들기와 모두를 한꺼번에 센다는 것은 번거롭기 그지없다는 것을 강하게 느낌으로써, 적당하게 분류하는 것은 스스로 할 수 있을 것이라고 생각된다. 즉, 분류의 궁리는 이미 알고 있는 것을 바탕으로 알아내게 할 내용이다. 그러나 문제에 따라서는 관점을 정하기가 쉽지 않아 이를 지도할 연구가 특히 필요하다.

2. 적당한 크기로 묶어서 세기

수가 커지면 잘못 셀 가능성이 커지기 때문에 적당한 크기로 묶어서 세기를 하게 된다. 또한, 2 건너 세기나 5 건너 세기도 하게 된다. 2 건너 세기나 5 건너 세기의 방법은 가르쳐주지 않으면 모르는 내용일 것이다. 하지만 10 이상의 학습에서 10씩 묶는다는 조작을 해보았으므로 10

씩 묶는다는 것은 알아차릴 것이다. 단, 개수가 100 이상일 때 '10을 10씩 묶는다'는 것은 가르쳐줄 내용이다.

1,000 이상일 때는 1,000 미만일 때의 묶는 방법으로부터 100씩, 1,000씩 묶어나가면 좋다는 것은 알아차리게 하고 싶은 내용이다. 이것은 10을 10씩 묶어나간다는 것에서 유추하는 것이다. 이러한 유추의 좋은 점을 잘 살리는 것이 중요하다.

이상과 같이 묶어서 세기(나타내기)로부터 두 자리 수나 세 자리 수 이상 등의 수의 표현 방법에 관한 학습으로 발전해 간다.

3. 세기 쉬운 것으로 대체하여 세는 함수적인 생각

세려는 대상 위에 바둑돌을 하나씩 놓아, 이 세기 쉬운 바둑돌을 센다는 것은 세기에 관한 또 하나의 궁리인 것이다. 이때 두 집합의 사물을 1:1로 대응시켜 대소를 비교한다는 것은 기초적인 경험으로 이루어져 있다. 그러나 세기 쉬운 것으로 대체한다는 함수적인 생각은 처음에는 알지 못할 것이므로 가르쳐주어야 한다.

이의 지도 후에는 이를 떠올리게 함으로써 더 복잡한 경우에도 알아차릴 수 있을 것이다. 하지만 이때도 무엇으로 대체하면 좋은가를 간파하기란 쉽지 않다. 내용적인 측면에서 보면 알아차릴 수 있는 것이지만, 이는 쉽지 않으므로 지도의 연구가 중요한 구실을 하는 내용이다.

04 정수, 소수의 기수법과 명수법

1. 십진 위치적 기수법

우리는 수를 표기할 때 인도-아라비아 숫자에 의존하는 십진 위치적 기수법을 이용한다. 이는 십진기수법의 원리와 자리 잡기 기수법의 원리를 병용한 것이다. 단위인 1이 10개가 되면 이를 새로운 단위로 보고 십의 자리로 나타낸다. 그리고 십이 10개가 되면 이를 새로운 단위로 보고 백의 자리로 나타낸다. 여기까지는 가르쳐주지 않으면 알 수 없는 내용이지만, 이 표현 방법은 "어떤 단위의 것이 10개가 될 때마다 새로운 단위로 삼는다"라는 것을 반복하는 것이므로, 이후의 천, 만, 십만, …에 대한 자리의 표현 방법은 지금까지의 표현 방법에서 추측할 수 있는 내용이다. 따라서 이는 가르쳐줄 것이 아니라 생각하게 할 내용으로서 발전적인 생각을 이끌어낸다. 물론 추측시킨 다음에 이것이 옳은 것임을 밝혀야 할 것이다.

그리고 소수의 의미, 즉 1의 $\frac{1}{10}$인 크기를 0.1이라고 나타내며, 이것이 3개 있다는 것을 0.3으로 나타낸다는 것은 가르쳐줄 내용이다. 또한 정수 300에는 단위인 100의 3배라는 의미와 3의 100배라는 의미가 있다. 따라서 27,000은 1,000의 27배라는 의미와 27의 1,000배라고 볼 수 있다. 마찬가지로 소수에도, 0.27에는 단위인 0.01의27배라는 의미와 27의 $\frac{1}{100}$이라고 볼 수 있다는 것 등은 간단한 정수의 경우에서 유추적으로 생각할 수 있도록 지도한다. 이는 예컨대 2,700이라는 수에 대하여

10을 단위로 보고 270이라고 보거나, 100을 단위로 보고 27이라고 보거나 하는 단위의 생각을 바탕으로 하여 수의 상대적인 크기에 관한 안목으로도 발전한다. 이런 것들은 어느 것이나 기수법의 의미를 바탕으로 생각하게 할 내용이다.

2. 명수법과 한숫자에 의한 기수법

명수법(命數法)은 수를 읽는 방법으로서, 우리는 한숫자(漢數字)에 의한 기수법을 바탕으로 수를 읽는다. 한숫자에 의한 수의 표현 방법(읽는 방법)은 십진법과 만진법을 병용한 것이다. 즉 일, 십, 백, 천, 만이라는 십진법과 이어지는 만, 억, 조라는 만진법이다.

이러한 일, 십, 백, 천, 만이라는 것 그리고 그 후의 십만, 백만, 천만까지의 한숫자에 의한 표현 방법과 이에 의한 수의 읽는 방법은 약속이며 가르쳐주지 않으면 알 수 없는 내용이다. 그러나 억, 조라는 단위를 가르치고 나면 십조나 천조라는 한숫자에 의한 표기 방법이나 읽는 방법은 지금까지 습득한 천만까지의 표기 방법이나 읽는 방법에서 유추적인 생각에 의해 추측할 수 있다.

3. 0의 의미

0은 10 이하의 수를 지도한 다음 조기에 도입된다.

① 먼저 아무 것도 없다는 것, 즉 1보다 1이 작은 크기를 나타낼 때 0을 사용한다는 것을 지도한다. 없음(無)을 나타내는 0의 의미는 약속이므로 가르쳐줄 내용이다. 이와 같은 기호를 이용한다는 것의 좋은 점, 즉 아무 것도 없다는 상태를 나타내는 숫자 0이 있으면 좋다

는 것을 이해시킨다.

그래서 빈자리를 나타낸다는 의미와 기호가 필요하다는 것을 확고하게 가지도록 한다. 그러면 이런 경우를 0으로 나타낸다는 것은 약속이지만, 없음(無)을 나타낼 때 0을 사용했다는 사실로부터 0을 사용하면 될 것이라는 것도 유추적으로 추측할 수 있다. 이렇게 하여

② 0은 빈자리를 나타낸다는 것을 유추적인 생각으로 추측시킨다.

추측할 수 있도록 지도 방법을 탐구하는 것이 중요하다.

③ 0은 기준을 나타낼 때도 사용된다.

즉, 수직선에서 출발점으로부터 1 나아간 점은 1, 2 나아간 점은 2라고 나타내면 된다는 것을 알고 난 다음, 출발점은 어떻게 나타낼 것인가 하는 것이 문제로 대두된다. 이런 경우에도 이를 0으로 나타낸다는 것은 약속이다.

그러나 1에서 1만큼 거리가 짧은 점, 출발점에서 조금도 나아가지 않은 점이라는 사실에 미루어 0이라고 하는 것의 타당성은 지금까지의 학습에서 유추적으로 추측할 수 있을 것이다. 즉 이는 가르쳐주기보다 생각해보게 하고 싶은 내용이다.

05 소수·분수에 관한 상세 고찰

소수·분수가 쓰이는 경우에 대해서는 수가 쓰이는 경우에서 정수와 함께 고찰하였지만, 정수에 비해 이해하기 어렵기 때문에 이를 좀 더 상세히 검토하고 지도에 임하는 것이 좋다. 예컨대, 소수 0.3이나 분수 $\frac{1}{3}$에는 다음과 같은 이용 방법이 있다. 이는 소수·분수의 기수법이기도 하다.

1) 어떤 크기(1에 해당하는 크기)를 a등분(10등분)한 것을 b개 모은 크기를 나타낸다.

이는 소수·분수의 의미에 해당하는 것으로, 맨 처음에는 간단한 소수 0.2, 0.3이나 분수 $\frac{1}{2}$, $\frac{1}{3}$ 등을 도입할 때 지도하게 되는 의미이다. 따라서 이 표현 방법에 관한 필요성은 충분히 의식시켜야 하는 것인데, 이를 바탕으로 다음과 같은 이용 방법을 지도하게 된다.

2) 양의 측정값을 나타낸다.

이는 이미 언급한 것이지만, 예컨대 1dL를 10등분한 것 2개분이 1dL의 0.2의 크기라는 것은 이미 학습한 1)을 바탕으로 구할 수 있다. 그래서 이를 0.2dL라고 나타낸다는 것은 가르쳐줄 내용이다. 분수에 대해서도 마찬가지로 1dL를 4등분한 3개분은 1dL의 $\frac{3}{4}$이 되는 것을 안다. 역시 소수나 분수의 어느 것인가 나중에 학습할 것에 대해서는, 먼저 학습한 것에서 유추시키도록 하는 것이 바람직하다.

3) 어떤 크기를 a등분하고, 이것을 b개 모으는 조작을 나타낸다.

이는 1)을 구할 때의 조작을 의미하는 것이므로, 이와 같은 안목은 1)의 포착 방법 가운데서 비교적 자연스럽게 연역적인 생각에 의하여 포착시키게 될 것이다.

4) $\frac{a}{b}(0.a)$는 단위의 크기 $\frac{1}{b}(0.1)$의 a배를 나타낸다.

$\frac{2}{3}=\frac{1}{3}\times 2$, $0.3=0.1\times 3$을 예를 들면, 이는 1)에서 1개분이 0.1이나 $\frac{1}{4}$과 같은 경우, 그 3개분은 0.3, $\frac{3}{4}$이라는 것을 학습하게 되므로, 이 단위에 주목하려는 생각에서 쉽게 이해할 수 있는 내용이다. 그리고 $\frac{3}{4}$은 $\frac{1}{4}$의 3개분이므로 이를 $\frac{1}{4}\times 3$이라고 나타낼 수 있다는 것은 곱하기의 의미(동수누가)에서도 알 수 있는 내용이며, 연역적으로 생각해보게 할 내용이다.

5) 비율을 나타낸다.

정수 배뿐 아니라 소수 배, 분수 배로 나타낼 필요가 있는 장면을 준비하여 소수 배, 분수 배를 이용한다는 것의 좋은 점을 알아차리게 할 내용이다. 이 필요성이 느껴졌을 즈음에, 정수 배의 경우 3배라는 표현 방법에서 유추적으로 0.3배나 $\frac{2}{3}$배라는 표현 방법을 추측시키게 된다.

6) $a\div b$의 몫을 나타낸다.

나눗셈에는 두 가지 경우가 있다. 비율을 구하는 경우와 기준을 구하는

경우이다. 예를 들면

A : 2m는 3m의 몇 배인가,

B : 3배인 것의 크기가 2m이다. 처음 것의 크기는 얼마인가

에 대하여, 이미 학습한 것에서 A와 B 모두 나눗셈 $2 \div 3$을 하면 된다는 것은 알고 있을 것이다.

그래서 A의 경우 '몇 배인가'하는 것은 아래 왼쪽과 같은 그림을 그리거나 하여 $\frac{2}{3}$라는 것을 알 수 있을 것이다.

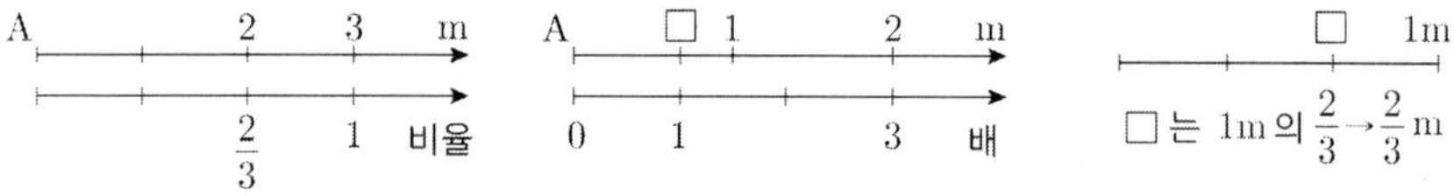

그리고 B의 경우는 위의 가운데 그림을 그 오른쪽 그림(1m까지를 확대한 그림)과 같이 수정하여 $\frac{1}{3}+\frac{1}{3}=\frac{2}{3}$(m)라고 구할 수 있을 것이다.

즉, 어느 경우도 식과 결과는 알 수 있다. 문제는 이 두 가지를 =로 이으면 된다는 것이다. 이것은 약속으로서 가르쳐줄 내용이다.

이와 같이 구할 양을 나눗셈의 식으로 나타낼 수 있다는 것과 결과가 얼마인가 하는 것은 생각하게 할 내용이며, 이 두 개를 =로 이으면 된다는 것은 가르쳐줄 내용이다. 이것을 명확하게 다루지 않으면 무엇을 학습시키고 있는가가 모호해져버린다. 이것은 소수에서도 마찬가지이다.

06 수의 추상

1. 정수의 추상

예를 들면 크기나 모양이 다른 강정의 개수를 알고자 할 때, 각 강정의 모양이나 크기를 무시하고 강정의 각각을 모두 똑같은 1개로 생각하여 똑같은 물건의 모임이라고 보게 하여야 한다. 그런 다음 개수를 세거나 다른 모임과의 대소를 비교하거나 하는 것이다.

이와 같이 정수를 포착하기 위해서는 사물의 집합에 대해 그 집합을 구성하고 있는 사물의 모양이나 크기라는 성질을 사상(捨象)하고 그 사물의 개수라는 성질만을 추상한다. 두 집합의 개수를 비교할 때에도 각 모임이 무엇으로 이루어져 있는가 하는 것은 사상하고 그 개수만을 주목한다. 이와 같이 정수를 추상하는 데는 다음의 사상과 추상이 필요하다.

① 집합의 원소를 어떤 성질 만에 주목하여 같은 것으로 보고 다른 성질을 사상한다.

② 몇 개인가의 집합에 대하여 각 집합의 원소의 종류를 사상하고, 원소가 1 : 1 대응이 되는 것은 동등한 집합으로 보는 추상을 하며 이것을 같은 정수로 나타낸다.

2. 소수, 분수의 추상

분수나 소수에 대해서는 다음과 같은 추상을 한다.

① 어떤 사물 1개의 크기를 기준으로 삼고 이것을 a등분(10등분)한 것

b개분으로 볼 수 있는 것은 양의 종류에 구애됨이 없이 이를 분수 $\frac{b}{a}$(소수 $0.b$)라고 나타낸다.

② 정수 n과 분수 $\frac{b}{a}$(소수 $0.b$)를 $n\frac{b}{a}$($n.b$)라고 나타낸다.

이 수를 대분수라고 하며, $a > b$인 분수 $\frac{b}{a}$를 진분수, $a \leq b$인 분수 $\frac{b}{a}$를 가분수라고 한다. 이것들은 어느 것이나 가르쳐줄 내용이다.

07 수의 모델

수의 개념 또는 관계를 포착하거나 이에 관련되는 문제를 생각할 때 수나 수의 관계를 조작적으로, 시각적으로 표현하는 구체적인 모델이 있다. 이를 이용하여 사고를 전개하기가 쉬워지며, 이런 모델로서 이용될 수 있는 첫 번째의 것은 수직선이다. 이 외에도 바둑돌, 띠 그림, 선분도, 면적도, 배열도 등이 있는데, 이 중에서 몇 가지는 수의 모델로서 이용할 수 있게 할 필요가 있다.

1. 수직선

직선상에 원점과 단위의 점 또는 길이가 1인 크기를 설정함으로써, 차례로 계속되는 점에 수를 대응시켜 나갈 수 있으며 수직선을 만들 수 있다.

이는 수직선을 만드는 방법으로 가르쳐주어야 할 내용이다.

이를 출발점으로 하여 수 범위가 커져도 수직선을 이용할 수 있어야 한다. 한편, 언제나 원점을 포함하는 수직선뿐 아니라 도중에서 시작되는 수직선이나 눈금이 1보다 큰 수직선도 사용할 수 있어야 한다. 그리고 소수나 분수인 경우도 수직선을 사용할 수 있어야 하며, 그럴 수 있기 위해서는 소수나 분수에 대응하는 점을 취할 수 있게 눈금을 세분할 수 있어야만 한다. 즉, 두 점 사이에 점을 몇 개라도 취할 수 있어야 한다.

수직선에 단위를 크게 잡거나 도중부터 잡는 것은, 두 수에 대응하는 두 점이나 한 점과 그 점으로부터의 길이를 정하면 되는데, 이는 생각시킬 수 있는 내용이다. 그리고 소수나 분수의 의미를 학습한 다음, 소수나 분수에 대응하는 점을 몇 개라도 취할 수 있다는 것은 자를 사용하거나 구체적인 조작을 통해서 알게 된다.

2. 이 밖의 모델

수직선 이외의 모델(바둑돌, 셈 막대, 블록, 띠 그림, 선분의 길이, 수도, 배열도, 면적도 등)이 있다는 것과 그 사용 방법은 어떤 약속에 바탕을 두는 것이므로 처음에는 가르쳐주게 된다.

08 수의 성질

1. 정수·소수의 대소·순서를 기수법에 따라 판단하는 방법

정수의 대소·순서는 위치적 기수법에 의하여 수를 표현하는 방법을 바탕으로 하면 판단할 수 있다. 한 자리의 수에 대해서는 구체적인 사물의 비교를 통해서 알 수 있으며, 10보다 큰 수에 대해서는 각 자리의 숫자가 나타내는 의미를 통해서 판단할 수 있는 내용이다.

그리고 소수의 대소·순서도 소수의 기수법의 의미를 바탕으로 하여, 위의 자리부터 비교해나가면 된다고 판단할 수 있다. 이와 같이 다음에 제시하는 정수나 소수의 대소·순서를 판단하는 일반적인 방법은 연역적으로 알아보게 할 내용이다.

- 정수 부분의 자리 수가 큰 쪽이 크다.
- 자리 수가 같은 경우는 위의 자리부터 차례로 숫자를 비교해보고 큰 수를 나타내는 숫자가 먼저 나타나는 쪽이 크다.
- 순 소수에서는 유효 숫자의 자리가 위인 쪽이 크며, 이것이 같은 경우는 앞자리부터 살펴나가면서 큰 숫자가 나타나는 쪽이 크다.

2. 수의 대소·순서와 수직선

수의 대소·순서는 수의 모델인 수직선에 수를 나타내어도 판단할 수 있다. 이는 특히, 큰 정수나 소수(예컨대 0과 0.1의 대소), 분수의 대소 판단에 유효하다. 수직선에 수를 기입하고 그 대소를 판단하는 방법이나 다음과 같은 일반적인 대소 판단 방법은 수직선을 만드는 방법으로부터 연역적으로 알아내게 할 내용이다.

- 수직선에서는 원점으로부터 멀리 떨어져 있는 점에 대응되는 수일수록 크다.

3. 수의 합성·분해

하나의 수를 두 수의 합이나 차, 곱의 모양으로 포착하는 것은 각 수의 특징을 포착하고 수 전체의 이해를 심화하는데 도움이 된다. 그리고 이는 사칙연산의 기초로서도 중요한 것이다.

두 수를 합하거나 하나의 수를 두 수로 가르거나 하는 수의 합성·분해의 경험이 있다. 이는 구체적인 장면에서 구체적인 조작에 의해 이루어진다. 그리고 점진적으로 처리할 수 있게 심화되어 간다. 이런 것은 다음과 같은 구체적인 조작을 통해서 포착해 나가는 기초적인 경험이다.

예컨대 구슬 넣기에서 8개 던졌을 때 몇 개가 들어가고 몇 개가 안 들어가는가를 기록한다. 이 활동을 통해 5개가 들어갔다는 사실로부터 몇 개가 안 들어갔는가를 생각한다. 또 8개 던질 때 들어갈 수 있는 경우로는 어떤 경우가 있는가를 생각한다.

처음에는 들어간 수와 안 들어간 수로 2개와 6개, 5개와 3개, 7개와 1개라는 방식의 여러 경우를 뿔뿔이 제시한다. 그래서 '전부가 제시되었는가의 여부'에 주목하여 (8, 0), (7, 1), (6, 2), …와 같이 순서 바르게 열거하면 좋다는 것을 귀납적으로 알아차린다. 또한 한쪽 수를 1씩 줄이고, 다른 쪽 수를 1씩 늘리면 된다는 것도 귀납적으로 알아차리게 할 수 있다. 이와 같은 경험을 게임이나 일상생활 등의 구체적인 장면에서 가지게 한다.

게다가, 이 성질은 수의 합성·분해라는 기초적인 경험의 단계에서뿐 아니라 1학년의 덧셈 구구를 구성할 때나 곱셈 구구를 정착시키는 단계부터 반복 학습하여 규칙으로서 정착시켜 가야 하는 내용이다.

4. 약수와 배수

약수, 배수, 공약수, 공배수, 최대공약수, 최소공배수는 용어이므로 말할 것도 없이 가르쳐줄 내용이다. 물론, 이를 단지 가르쳐주기만 할 것이 아니라 이런 용어가 필요하다는 것을 충분히 경험시키는 것이 중요하다.

한편, 어떤 수 c를 $a\times b$와 같이 두 수의 곱으로 나타낼 수 있기 때문에 약수 등을 알아내는 방법은 연역적으로 알아보게 할 수 있다.

그리고 두 수 A, B의 공약수를 알아내는 방법으로

- A, B 양쪽의 약수를 열거하고 나서, 그 공통인 약수를 찾는 방법뿐 아니라
- 한쪽 수 A(일반적으로 작은 수의 쪽이 좋다)의 약수를 열거하고, 그 가운데서 B의 약수를 찾는다.
- A의 약수를 1개 알아내었을 때마다, 이것이 B의 약수인가를 검토한다.

와 같이 약수를 찾아나가는 발전적인 방법도, 귀납적으로 생각하게 하고 그 까닭은 연역적으로 설명시킬 수 있는 것이다.

또한, 최대공약수를 구할 수 있다면 공약수는 그 최대공약수의 약수를 알아보면 된다거나 최소공배수를 구할 수 있다면, 공배수는 그 최소공배수의 배수를 알아보면 된다는, 최대공약수나 최소공배수의 좋은 점도 알아차리게 할 내용이다. 이와 마찬가지로 약수를 알아낼 때 2가 약수가 아

니면 2의 배수는 약수가 아니라거나, 2와 3이 약수라면 그 곱인 2×3도 약수라고 보는 성질을 귀납적으로라도 알아차리면 더욱 바람직할 것이다. 이것은 발전적으로 취급하는 것이다.

한편, 홀수나 짝수라는 용어는 가르쳐줄 내용이지만, 이를 찾아내는 방법, 수직선에서의 의미는 스스로 귀납하여 알아내고 연역적으로 이해할 수 있는 내용이다.

그리하여 0이 짝수이고, 1이 홀수라는 것은

$$0\div2=0$$

$$1\div2=0\ \cdots\ 1$$

이라는 사실에서 연역적으로 알 수 있지만, 이를 모를 때도 '$0\div2=\square$는 $\square\times2=0$의 □를 구하는 것'이라는 것이나 '$1\div2=\square$는 $\square\times2=1$의 □를 구하는 것'이라는 것은 알고 있는 사항이므로, 이를 바탕으로 알아내게 할 내용이다. 그리고 정수는 3이나 4로 나눈 나머지로 유별할 수 있다는 것, 즉 3으로 나눈 나머지가 0, 1, 2 가운데의 어느 것으로 나타난다는 사실을 바탕으로 3개의 그룹으로 분할된다는 것을 짝수, 홀수에서 유추하고 귀납적으로 알아보게 할 내용이다.

5. 분수의 대소, 통분, 약분

분수의 의미를 학습하는 가운데서 여러 가지 분수를 만들거나, 이것을 구체물(띠 그림 등)로 나타내거나 크기를 비교한다. 또, 단위가 여러 가지인 분수를 수직선에 나타내기도 한다. 이와 같은 활동에서 다음에 열거하는 성질을 알아낼 수 있다.

① 크기가 같은 분수가 있다. 분모가 다르고 크기가 같은 분수를 만들

수 있다.

② 분모와 분자에 같은 수를 곱하거나 같은 수로 나누어도 분수의 크기는 달라지지 않는다.

③ 분모가 같은 분수에서는 분자가 큰 쪽이 크고, 분자가 같은 분수에서는 분모가 큰 쪽이 작다.

④ 수직선에 나타낼 때, 원점에서 멀리 있는 분수가 크다.

위의 ①과 ②는 귀납적으로 알아내게 하고, ③과 ④는 연역하게 한다. 역시, 두말할 나위 없이 통분이나 약분이라고 하는 용어는 가르쳐줄 내용이다.

- **통분** : 2개 이상의 분수에 대하여, 각각의 값이 달라지지 않게 분모가 같은 분수로 나타내는 것
- **약분** : 분수의 값이 달라지지 않게 더욱 간단한 분수로 나타내는 것

09 어림수

어림수를 학습하기까지, 예컨대 '대체로 10분 정도 걸린다'거나 '모인 사람은 약 20명이었다'고 말하듯이 '대체로'라거나 '약'이라는 수의 포착 방법은 경험하고 있다. 그리고 '대강의 수는 1,000정도이다'라는 표현 방법도 사용하고 있다. 이와 같은 '대체로'나 '약'이나 '대강의 수'라는 말을 사용해 본 경험을 어림수에 관한 기초적인 경험으로 보고, 이를 바탕으로 하여 어림수의 학습이 이루어진다고 볼 수 있다.

그래서 '대강의 수를 어림수라고 한다'고 하는 (정의가 될 수 없는 조잡한) 말로, 아동들에게 우선 어림수의 의미를 포착하게 하여 다시 어림수에 관한 학습을 전개하고, 전개하는 과정에서 점차로 어림수의 의미를 명확히 해나가는 것이다.

다시 어림수가 이용되는 여러 가지 경우를 들면서 어림수의 의미를 이해하게 한다.

그리고 어림수를 구하는 방법으로서 반올림, 버림, 올림이 있다는 것을 지도한다. 이때 이들 용어는 말할 것도 없이 가르쳐줄 내용이다. 이런 것들을 형식적으로 구하는 방법을 다루기 전에 다음에 제시한 이런 것들의 의미를 확실하게 지도해두는 것이 긴요하다. 형식적으로 구하는 방법은 이것들의 의미에서 유도할 수 있으며, 따라서 알아보게 할 내용인 것이다.

- **반올림의 의미** : 어떤 자리, 예컨대 만의 자리까지의 어림수를 취할 때, 몇 만이라는 수 가운데서 (몇 만이라는) 수로 본다. 단, 꼭 중앙의 수일 때는 큰 쪽의 (몇 만이라는) 수로 본다.

• **버림, 올림의 의미** : 버림이란 어떤 자리, 예컨대 십만의 자리까지 구할 때, 그 이하의 가장 가까운 십만의 수로 본다는 것이고, 올림이란 어떤 자리, 예컨대 십만의 자리까지 구할 때 그 이상의 가장 가까운 십만의 수로 본다는 것이다.

• **어림수를 형식적으로 구하는 방법**

  – **반올림의 방법** : 구하려는 자리의 다음 자리의 수가 5 이상일 때는 그 자리의 수보다 1이 큰 수로 손질하고, 이것보다 아래 자리는 버리며, 4 이하일 때는 그보다 아래 자리의 수는 버린다.

  – **버림의 방법** : 구하려는 자리의 수를 1이 큰 수로 손질하고, 그보다 작은 자리의 수는 0으로 손질한다.

  – **올림의 방법** : 구하려는 자리보다 작은 자리의 수를 모두 0으로 손질한다.

이것들은 귀납적으로 알아내고, 연역적으로 설명할 수 있다. 또한 구체적인 장면에 따라, 그 장면에서는 어떤 어림수로 처리하는 것이 좋은가를 문제로 삼음으로써, 어림수를 이용한다는 것의 좋은 점과 각각의 어림수로 처리한다는 것의 좋은 점을 알아차리게 할 수 있다.

10 수에 관한 수학적인 생각

이상에서 살펴본 수에 관한 학습을 통하여 다음과 같은 수에 관한 수학적인 생각을 배양하고, 이를 이용할 수 있게 하는 것이 수의 학습의 중요한 목적이다.

① 단위의 크기나 관계에 주목한다(단위의 생각). 이는 셀 대상을 포착할 때, 수를 쓰거나 읽거나 할 때, 수의 대소를 비교하는 등, 수에 관련되는 대부분의 내용에서 이용된다.

② 수의 표현 방법의 기본 원리(십진 위치적 기수법의 원리나 분수의 표현 방법에 관한 약속)를 바탕으로 생각한다(표현의 생각).

③ 수의 의미를 명확히 하거나 넓히거나, 이에 바탕을 두고 생각한다(조작의 생각).

④ 수의 대소 비교나 약분·통분의 방법, 약수·배수를 구하는 방법 등을 형식화하려고 한다(알고리즘의 생각).

⑤ 수를 대강으로 포착하거나 그 어림수를 이용하려고 한다(개괄적 파악의 생각).

⑥ 약수·배수, 크기가 같은 분수 등의 성질에 주목한다(기본적 성질의 생각).

나중에 서술할 함수의 생각이나 식에 관한 생각도 역시 중요한 것이다.

Chapter 4

지도내용 덧셈·뺄셈의 체계화

01 덧셈·뺄셈의 기초적인 경험

덧셈·뺄셈의 기초로 수의 이해를 들 수 있을 뿐만 아니라, 직접 관련되는 기초적인 경험으로는 두 수를 합하거나, 한 수를 두 수로 가르거나 하는 경험을 들 수 있다. 즉 수의 합성·분해의 경험인 것이다. 이는 구체적인 장면에서 구체적인 조작에 의해 경험하게 될 것이다. 그리하여 조금씩 이해할 수 있게 심화된다.

그리고 하나의 수를 둘로 가르는 모든 경우를 열거할 때는 한쪽 수를 늘리거나 줄여나가면 된다는 것을 알아차리게 하고, 한쪽 수를 1씩 줄일 때는 다른 쪽 수를 1씩 늘리면 된다는 것도 귀납적으로 알아내게 한다.

이것은 아동의 의식으로서는 덧셈·뺄셈 자체를 하는 것이 아니지만, 덧셈·뺄셈의 기초적인 경험이 되는 것은 분명하다.

02 덧셈이 쓰이는 경우와 덧셈의 의미

계산의 지도에서는 먼저 연산의 의미를 지도하여야 한다. 연산의 의미를 바탕으로 하여 문제를 해결하기 위해서는 어떤 계산을 이용해야 하는가가 연역적으로 결정되고, 그 계산 방법을 연역적으로 유도해낼 수 있다. 그리고 그 계산의 법칙이나 성질을 귀납적으로 밝혀나갈 수 있는 것이다.

따라서 연산의 의미가 계산에 관한 대부분의 내용의 출발점인 것이며, 각각의 계산의 내용 중에서 가장 중요한 것이다. 이 연산의 의미를 지도하기 위해, 먼저 각각의 계산이 쓰이는 경우를 되도록 많이 지도한다. 그리고 그 쓰이는 경우를 일반화하여 연산의 의미를 명확히 하는 것이다.

덧셈이 쓰이는 경우로는 다음과 같은 것을 들 수 있다.

1. 덧셈이 쓰이는 경우

① 동시에 존재하는 두 수량을 합한 것의 크기를 구할 때

② 처음에 있던 수량에 추가하거나, 처음 수량이 증가했을 때의 크기를 구하는 경우

③ 어떤 번호나 순번에서, 다시 몇 번인가의 뒤의 번호나 순번을 구하는 경우

이 중에서 ①과 ②는 어느 것이든 처음에 다룰 수 있는데, 어느 것을 먼저 다루건 그 답은 이미 경험한 기초적인 경험에 의하여 얻어진다. 하

지만 이때 덧셈을 이용한다는 것은 약속으로서 가르쳐주어야 한다. 그리고 남은 한 가지는 처음에 학습한 것에서 덧셈하면 될 것이라는 추측이 가능하다(추측시키고 싶다). 이런 연후에 덧셈을 하면 된다는 것은 약속으로서 가르쳐준다.

③은 ① 또는 ②를 바탕으로 하여 연역적으로 생각하게 하고, 덧셈이 타당하다는 사실을 포착하게 한다. 즉 아동들에게 알아내도록 한다.

- 덧셈은 $5+3$, $5+3=8$이라고 쓰고, 이것을 "5 더하기 3, 5 더하기 3은 8"이라고 읽는 것은 약속으로서 가르쳐준다.

2. 덧셈의 의미

이상에서 열거한 덧셈이 쓰이는 경우에 대한 이해를 일반화하여 덧셈의 의미를 명확히 한다. 이것은 다음과 같은 의미이다.

- **덧셈의 의미** : 원소의 개수가 각각 a개와 b개인 두 집합을 합병한 집합의 원소의 개수를 구할 때 덧셈 $a+b$를 사용한다.

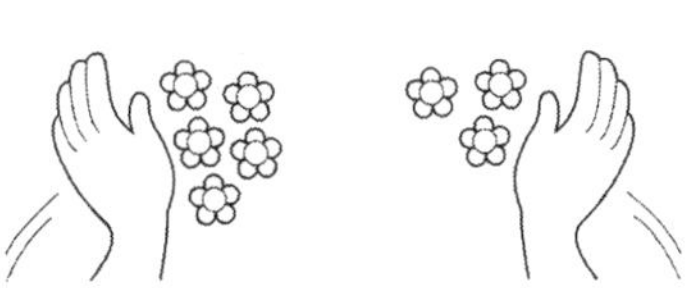

이것을 오른쪽 그림과 같이 위의 문제를 바둑돌의 조작으로 치환했을 때 '두 바둑돌의 모임을 한 무리로 모으는 조작으로 볼 수 있으면(한 무리로 모아진 모임의 크기를 구하는 것이라면) 덧셈이다'라고 덧셈의 의미를 정한다.

이 의미는 정의이므로 가르쳐줄 내용이지만 지금까지 언급한 덧셈이 쓰이는 경우의 학습 과정에서 이 의미에 해당하는 활동이 이루어져 있다. 그 결과로 이 의미를 약속으로서 다시 한 번 가르쳐주는 것이 좋을 것이다. 그리고 이 의미는 말로만 해주어서 아동이 이해할 수 있는 것이 아니기에 위의 그림과 같이 손으로 조작하여 나타내는 것이 적절할 것이다.

3. 덧셈의 의미의 확장－1

덧셈이 쓰이는 경우에 두 집합 가운데 적어도 한 집합의 원소의 개수가 0일 때의 장면이 지금까지의 덧셈이 쓰이는 경우와 같을 때는 3＋0, 0＋3, 0＋0과 같이 덧셈을 사용하기로 하는 것이다. 이 0의 덧셈에서는 아무튼 '3＋0＝3이라고 하듯이, 답은 얼마가 되는가'. 즉 '0을 더해도 답은 달라지지 않는다'는 것이 지도 내용인 것처럼 생각하기 십상이다. 이것은 옳은 것이 아니다. 답이 3이 된다는 것은 여기서 문제로 삼기 이전부터 알고 있는 사실이다. 문제는 이와 같이 한쪽 수가 0일 때에도 덧셈을 이용하는 것이 좋다는 것에 대하여 이해시키는 데에 있는 것이다.

이는 '지금까지의 덧셈이 쓰이는 경우와 장면이 같을 때, 한쪽 또는 양쪽 수가 0일 때도 덧셈을 사용하고, 3＋0, 0＋3, 0＋0과 같이 적는다'는 것을 이해시키는 것이다. 이는 덧셈의 확장이다. 또한, 이는 약속으로서 가르쳐줄 내용이다. 왜냐하면 지금까지의 덧셈의 의미에서는 한쪽이 0인 경우가 포함되지 않았기 때문이다. 하지만 약속으로서 가르쳐주기 전에 '덧셈을 사용하는 것이 좋지 않을까'하는 것은 알아차리게 하였으면 한다.

4. 덧셈의 의미의 확장－2

다시 수의 범위가 넓어져서 수가 커지면, 일일이 바둑돌로 치환한다는 것은 번거롭다. 그래서 그 대신에 바둑돌을 배열한 크기를 띠의 길이로 나타내기로 한다. 예컨대 53＋78인 경우는

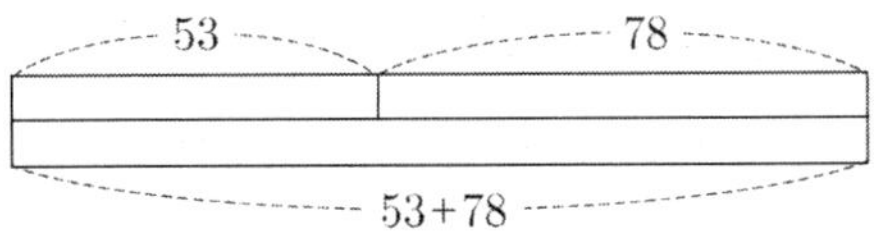

와 같은 띠그림으로 나타내고, 수직선에 나타내면 다음과 같이 된다.

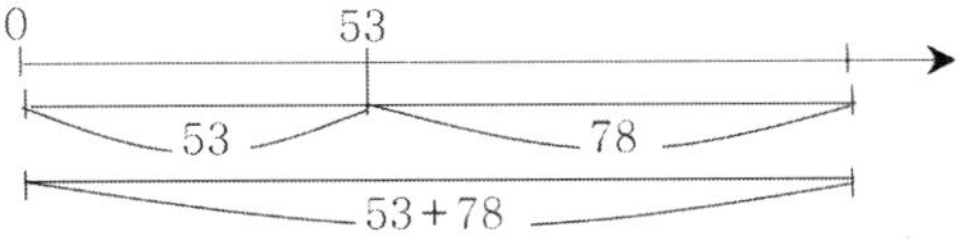

더욱이 역사고의 문제, 예를 들어

색종이를 53장 썼는데 아직 78장이 남아 있다. 처음에 몇 장 있었는가

하는 문제라도, 위와 같이 나타냄으로써 덧셈을 하면 된다는 것을 알 수 있다. 뿐만 아니라

7dL(또는 0.7dL)의 농축 주스에 물을 13dL(또는 1.3dL)를 넣으면 몇 dL의 주스가 만들어지는가

라는 문제와 같이, 양이 연속량인 경우에도 다음 그림과 같이 나타내어 덧셈을 하면 된다고 판단할 수 있는 것이다. 이와 같이 하여 덧셈의 의미를 확장한다.

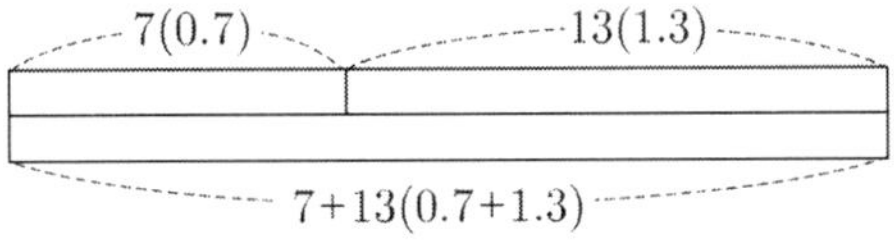

이것이 덧셈의 제 2의 확장이다. 이 확장에서 처음의 띠 그림이나 수직선에 나타내는 것은 가르쳐주어야 할 것이지만, 이에 이어지는

• 관계의 표현은 뺄셈이지만 덧셈을 이용하게 되는 경우인 역사고의 문제도 위와 같은 그림으로 나타나면 덧셈이 쓰인다는 것이나,

• 연속량(수가 소수나 분수로 나타나는)일 때도 위와 같은 그림으로 나타나면 덧셈을 이용한다.

는 것은 생각하게 하고, 연역적으로 설명시킬 내용이다.

5. 3개 이상의 수의 덧셈·확장－3

3개의 수라도 덧셈에 해당하는 조작을 두 번 반복하게 될 때는 하나의 식 $a+b+c$와 같이 나타내면 된다는 것을 알아차리게 하고, 이와 같이 나타낼 것을 약속한다. 이것 역시 확장이다.

03 뺄셈이 쓰이는 경우와 뺄셈의 의미

1. 뺄셈이 쓰이는 경우

먼저 뺄셈이 쓰이는 경우로서 다음과 같은 것을 들 수 있다.

(가) 두 수량의 차를 구할 경우

(나) 처음에 있던 수량에서 제거하거나 감소하였을 때의 나머지의 크기를 구하는 경우

(다) 어떤 순번에서 몇 번인가 앞의 순번을 구하는 경우나, 두 순번의 차이를 구하는 경우

이 중에서 (나)가 맨 처음에 다루어진다. 이때, 그 결과는 이미 가졌던 기초적인 경험(하나의 수를 두 수로 가른다)에 의해서 얻을 수 있다. 그러나 이때 뺄셈을 이용하는 것은 약속으로서 가르쳐주어야 한다. 그리고 예를 들면 '$8-3$, $8-3=5$'라고 쓰고, 이것을 "8 빼기 3, 8 빼기 3은 5"라고 읽으며, '뺄셈이라고 한다'는 것을 가르쳐준다.

다음에 (가)에 관해서는, 그 결과를 구하는 것은 (나)의 경우와 마찬가지로 기초적인 경험으로 가능하지만, 뺄셈을 이용한다는 것은 다음의 두 가지 중 하나의 방법으로 가르치게 된다.

1) (나)와는 독립적으로, 이 경우에도 뺄셈을 이용한다는 것을 약속한다. 이때는 그 후에 구체적인 조작(다음 그림)을 통해서 (나)의 경우와 똑같은 계산을 하게 된다는 것을 통합·정리하여야 한다.

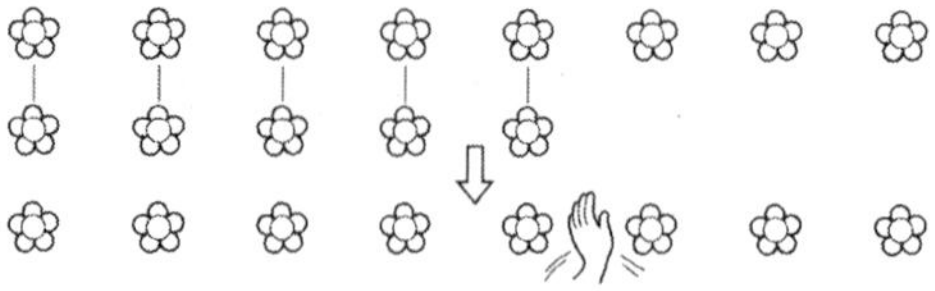

2) 구체적인 조작(위의 그림)을 통해서, 결국 ㈏와 마찬가지로 나머지를 구하면 된다는 것을 포착시킨다. 예컨대 '8개는 5개보다 몇 개 많은가'라는 것은, 8개짜리와 5개짜리를 1개씩 대응시키면 8개에서 5개를 덜어내고 난 나머지를 구하는 셈이 된다.

1)의 경우는 먼저 약속으로서 가르쳐주어야 하지만, 구체적인 조작을 통해서 결과를 구하는 것은 기초적인 경험을 바탕으로 하여 아동 스스로가 구할 수 있는 것이다. 따라서 1)의 후반에 다루는 ㈏와 통합할 것과, 2)에 의해서 뺄셈일 것이라고 알아차리게 하는 대목은 생각하게 할 내용이다.

그리고 뺄셈의 식(예를 들면 $8-3$, $8-3=5$)과 이것을 읽는 방법은 약속으로서 가르쳐줄 내용이다. ㈐는 ㈎ 또는 ㈏와 비교해 보고, 뺄셈을 사용하는 것이 좋다는 것을 포착할 수 있게 한다. 즉, 지금까지의 뺄셈의 의미를 바탕으로 하여 <u>연역적으로 알아내게</u> 한다.

2. 뺄셈의 의미

위의 ㈏로부터, 뺄셈의 의미

(1) 원소의 개수가 a개인 집합에서 원소의 개수가 b개인 그 일부의 집합을 덜어낸 나머지 집합의 크기를 구하는 경우 뺄셈 $a-b$를 사용한다. 또한, 원소의 개수가 a개인 집합을 둘로 갈랐을 때, 한쪽 원소가 b개라면 다른 쪽 원소의 개수는 $a-b$하면 구해진다.

(2) 원소의 개수가 a와 b개인($a \geq b$) 두 집합의 원소의 개수의 차를 구할 때 $a-b$를 사용한다고 정의해주면 좋겠지만, 덧셈에서와 마찬가지로 아동들로서는 이해하기가 어려울 것이다. 그러므로 구체적인 조작을 이용해서 이 약속을 하는 것이 적절할 것이다.

1) 아래 그림과 같이, 집합에서 그 일부를 덜어내는(손으로) 조작으로 귀착되면, (이때 생기는 나머지 집합의 크기를 구할 때는) 뺄셈이 적용된다.

2) 또한, 바둑돌의 집합을 둘로 가르는 조작을 하게 될 때(바탕이 되는 집합과 둘로 나눈 한쪽 집합에서 다른 쪽 집합의 크기를 구할 때) 뺄셈을 사용한다.

3) 그리고 또 '두 바둑돌의 집합이, 바둑돌을 1 : 1로 대응시키는 조작에서, 대응되지 않는 바둑돌의 개수를 구하는 것에 귀착되면 뺄셈이다'라고 종합한다(아래 그림).

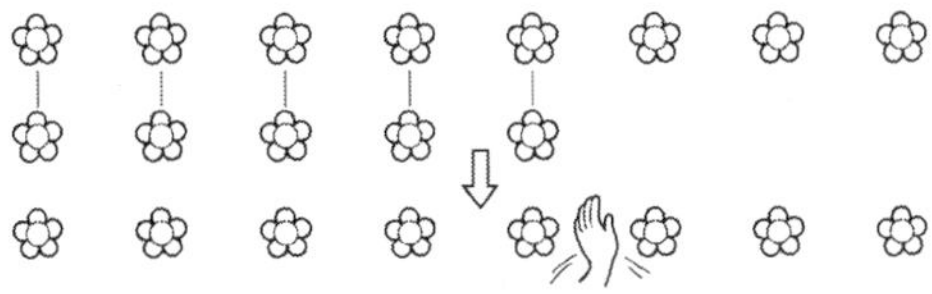

3. 뺄셈의 의미의 확장 – 1

또 뺄셈이 이용되는 경우로서, 덜어낼 집합의 원소가 0개일 때나 차를 구하는 경우의 작은 쪽 집합의 원소가 0개일 때도, 장면이 지금까지의 뺄셈이 이용되는 경우와 같을 때는 3 – 0, 0 – 0과 같은 뺄셈을 사용하기로 하는 것이다. 이 0의 뺄셈에서는, 어쨌든 3 – 0 = 3이라고 말하듯이 '답은 얼마가 되는가', 즉 '0을 빼도 답은 달라지지 않는다'는 것을 지도하는 것이 지도내용인 것처럼 생각하기 십상이지만, 이는 바람직한 것이 아니다. 답이 바탕의 수와 달라지지 않는다는 것은 앞에서 언급한 기초적인 경험으로 알고 있는 사실이다.

이해하여 주었으면 하는 것은, 이런 경우에도 뺄셈을 이용하는 것이 좋다는 것이다. 이것은 약속으로서 가르쳐줄 내용이다. 왜냐하면 지금까지의 뺄셈의 의미에는 빼는 수가 0인 경우가 포함되지 않았기 때문이다. 하지만 약속으로서 가르쳐주기 전에 '3 – 0, 0 – 0처럼, 뺄셈을 이용하는 것이 좋지 않을까'라는 것은, 특히 덧셈의 경우에서 유추하여 알아차리게 하고 싶은 내용이다.

4. 뺄셈의 의미의 확장 – 2

더욱이 수 범위가 넓어져서 수가 커지면 일일이 바둑돌을 사용하여 그 의미를 나타내는 것은 번거롭기 그지없다. 그래서 바둑돌을 놓는 대신에 띠 또는 수직선의 길이로 크기를 나타내기로 한다. 이것은 덧셈의 경우에서부터 계속해서 사용해왔기 때문에 쉽게 유추할 수 있다. 예를 들어 72 – 46은 다음과 같은 그림으로 나타낼 수 있다는 것을 알 수 있다.

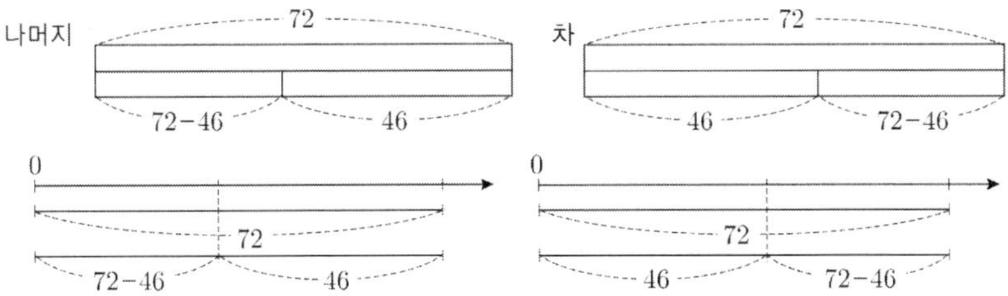

더욱이 역사고의 문제, 예를 들면

어느 여름날의 온도가 오후 2시에는 오전 6시보다 14도가 올라가서 32도가 되었다. 오전 6시의 온도는 몇 도인가?

라는 문제에서 관계의 표현은 □ + 14 = 32라는 식으로 나타나는 덧셈을 뜻하지만, 이것을 다음과 같은 그림으로 나타내어 보면 32 − 14라는 뺄셈이라는 것을 알 수 있다.

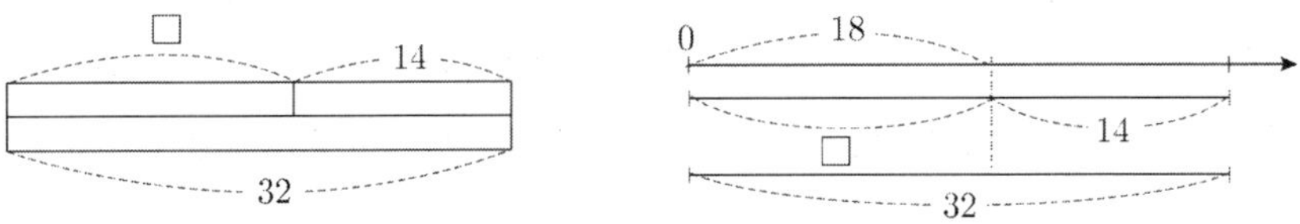

어느 학교에서 작년 4월에는 580명의 아동이 있었다. 1년 동안 몇 명인가가 전학을 가서, 1년 후에는 563명이 되었다. 전학 간 아동은 몇 명인가?

라는 문제에서는 전학 간 아동 수를 □명이라고 하면 580 − □ = 563이라는 식이 세워진다. 이를 다음과 같은 그림으로 나타내어 보면 580 − 563이라는 뺄셈이라는 것을 알 수 있다.

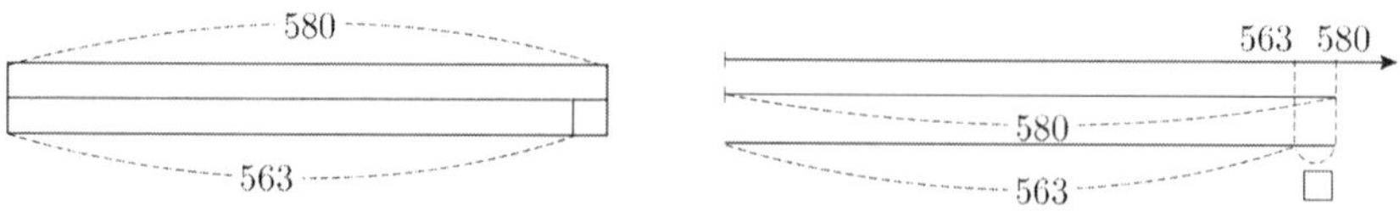

수량이 소수나 분수인 경우에도 이 그림으로 판단할 수 있다.

5. 3개 이상의 수의 덧셈과 뺄셈

세 수의 덧셈에 관해서 하나의 식으로 나타내는 지도를 한 다음, 세 수의 덧셈과 뺄셈 $a+b-c$, $a-b+c$, $a-b-c$가 되는 장면에 대하여 하나의 식으로 나타내면 좋다는 것을 지도한다. 이는 세 수의 덧셈을 하고 나서 다루게 되므로 유추에 의해서 이와 같이 나타내면 된다는 것을 이해하게 된다. 따라서 이는 아동들에게 판단하게 한 다음 약속으로서 가르쳐 줄 내용이다.

4개 이상의 수인 경우는 아동들에게 연역적으로 추측을 하도록 일임할 내용이다. 이것도 확장이긴 하지만, 가르쳐주기보다 아동들에게 알아보게 할 내용이라고 볼 수 있다.

04 덧셈과 뺄셈의 상호관계

지금까지는 덧셈과 뺄셈을 독립적으로 학습시켜 왔다. 그래서 이 이후에, 두 가지 연산의 상호관계에 관해서 고찰시킨다. 이 관계를 고찰함으로써, 두 가지 계산(덧셈·뺄셈) 가운데 한쪽의 계산을 다른 쪽의 계산으로 확인하거나, 역사고의 문제를 □를 사용해서 식을 세우고 나서, 역산으로 그 □의 값을 구하는 식을 만들어 계산할 수도 있게 된다.

덧셈·뺄셈의 상호관계는 덧셈과 뺄셈의 의미를 띠 그림 또는 수직선에 나타내어 봄으로써, 다음과 같이 생각하고 통합할 수 있게 된다. 다음의 그림에서 a와 b로부터 c를 구할 때 덧셈 $a+b=c$가 c와 $a(b)$에서 $b(a)$를 구할 때 뺄셈 $c-a=b$, $c-b=a$가 이용된다. 즉 덧셈, 뺄셈은 a, b, c 가운데의 2개에서 남은 1개를 구하는 연산이다.

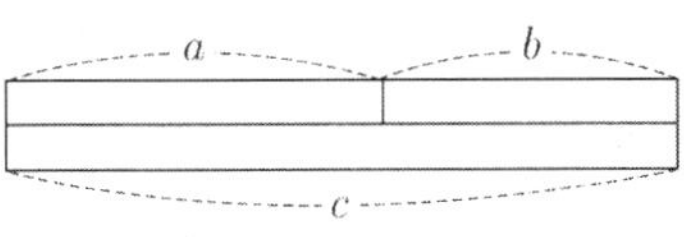

역시, 바둑돌의 조작에 의해서도 덧셈과 뺄셈이 역인 연산이라는 것을 알 수 있다. 이런 것은 <u>귀납적으로 알아내고</u> 나아가 <u>연역적으로 설명</u>시킬 내용이다.

05 덧셈·뺄셈의 성질

덧셈·뺄셈의 성질 및 법칙으로는 다음과 같은 것이 제시될 수 있다.

1. 덧셈의 성질

① **교환법칙 :** $a+b=b+a$

덧셈에서는 두 수를 맞바꾸어도 그 합이 달라지지 않는다. 이와 같은 식을 읽으려는(식의 의미를 알아채려는) 생각이 중요하다.

② **결합법칙 :** $(a+b)+c=a+(b+c)$

3개의 수를 더할 때 앞의 두 수를 먼저 더하나 뒤의 두 수를 먼저 더해도 그 결과는 달라지지 않는다.

③ $(a+1)+b=(a+b)+1 \quad (a-1)+b=(a+b)-1$

$a+(b+1)=(a+b)+1 \quad a+(b-1)=(a+b)-1$

더해지는 수(더하는 수)가 1 커지면(작아지면) 그 합은 처음 수보다 1 커진다(작아진다).

④ $(a+c)+(b-c)=a+b \quad (a-c)+(b+c)=a+b$

한쪽 수에 어떤 수를 더하고, 다른 쪽 수에서 그 수를 빼면 그 결과는 달라지지 않는다.

2. 뺄셈의 성질

① $(a+c)-b=(a-b)+c \quad (a-c)-b=(a-b)-c$

$a-(b+c)=(a-b)-c \quad a-(b-c)=(a-b)+c$

빼어지는 수가 커지면(작아지면) 차는 그 수만큼 커진다(작아진다).

② $(a+c)-(b+c)=a-b \quad (a-c)-(b-c)=a-b$

빼어지는 수와 빼는 수가 같은 수만큼 커지면(작아지면) 차는 달라지지 않는다.

이런 것은 모두 아동들의 기초적인 경험을 살리면서 구체적인 문제의 해결을 통하여 귀납적으로 알아내게 하거나, 수직선 등을 이용하여 연역적으로 설명하게 한다. 약속으로서 가르쳐줄 내용은 아니다.

예를 들면 소수에서

$2.3+3.4=5.7 \qquad 4.26+0.37=4.63 \qquad 0.09+9.54=9.63$

$3.4+2.3=5.7 \qquad 0.37+4.26=4.63 \qquad 9.54+0.09=9.63$

등으로부터 아래 위의 식에서 교환법칙이 성립한다는 것을 귀납만 시킬 것이 아니라, 아래와 같은 그림(모델)을 이용하여, 두 수가 어떤 수이건 간에 두 수를 맞바꾸어도 전체의 크기(합)가 달라지지 않는다는 것을 연역적으로 설명시킨다.

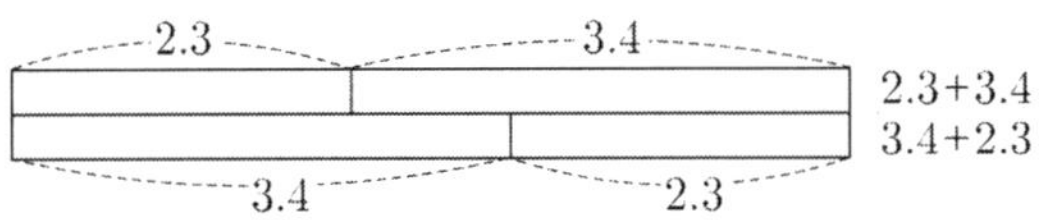

06 한 자리 수의 덧셈과 그 역인 뺄셈의 계산

1. 합이 10 이하인 덧셈과 그 역인 뺄셈

덧셈이 이용되는 경우의 학습에서, 한 자리 수끼리의 덧셈 6+3은 예컨대, '빨간 색종이 6장과 파란 색종이 3장이 있다. 색종이는 모두 몇 장인가?'와 같은 경우에 이용된다는 것은 알고 있다. 여기서는 이 구체적인 장면을 바탕으로 하여 생각함으로써 결과를 구할 수 있다. 이 경우 '어떤 수를 두 수의 합이나 차로 나타내기'라는 기초적인 경험이 유익하다는 것은 두말할 나위도 없다. 아동 가운데는 이것이 충분히 정착되어 있지 않아서 바둑돌로 바꾸어놓거나 그림을 그리거나 하여 나타낼 수 있도록 하는 도움이 필요한 경우도 있지만, 그렇더라도 자력으로 결과를 구할 수는 있을 것이다. 이런 것은 9－3 등의 뺄셈인 경우도 마찬가지이다.

- 합이 10 이하인 덧셈과 그 역인 뺄셈의 답은 기초적인 경험이나 이미 학습한 사항을 바탕으로 하여 구할 수 있다. 이것도 연역적으로 설명할 수 있다.

2. 합이 10 이상인 덧셈과 그 역인 뺄셈

합이 10 이상인 덧셈은

$$8+6=8+(2+4)=10+4$$

와 같이 가수를 분해하는 방법과

$$6+9=(5+1)+9=5+10$$

과 같이 피가수를 분해하는 방법이 있는데, 최종적으로는 이 가운데 어느 것을 사용할 것인가를 선택·판단할 수 있으며, 나아가 반사적으로 결과를 구할 수 있도록 하지 않으면 안 된다.

이렇게 되기 위해서는, 처음에 이런 종류의 계산 결과가 금방에는 구해지지 않는다는 것과 그것은 지금까지의 계산(합이 10 이하)과 다르고, 합이 10보다 커지기 때문이라는 것을 인식시키는 일이 필요하다. 이리하여 합이 10보다 얼마가 큰가를 생각해보지 않으면 안 된다는 전망을 세우게 된다.

이런 전망을 바탕으로, 위의 두 가지 방법을 생각할 수 있어야 한다. 이는 덧셈의 의미(두 집합을 한 곳으로 모으는 손의 조작)가 바탕이 되어 이런 식이 얻어지는 것이므로, 그 의미를 이용해서 계산 방법을 귀납적으로 알아내고 연역적으로 설명할 수 있는 것이다.

이 점에 대한 이해가 불충분할 때는 덧셈의 의미를 바둑돌 등의 구체물을 이용하여 그 조작을 통해서 결과를 구하게 한다.

어느 방법이 되었건, 그 계산 방법은 덧셈의 의미를 바탕으로 하여 아동 스스로가 알아내게 하고 설명하게 할 내용이다.

$$13-6=13-3-3=10-3$$

이라는, 이른바 감감법과

$$13-6=10-6+3=4+3$$

이라는 감가법을 학습하고, 이를 선택·판단할 수 있게 하며, 나아가서는 이것을 활용하여 결과를 반사적으로 구할 수 있도록 하는 것이지만, 그 계산 방법은 덧셈의 경우와 마찬가지로 아동들에게 알아내게 하고, 설명하게 할 내용이다. 물론 그 후에 연습이 필요하다.

07 정수의 덧셈·뺄셈의 필산 방법

두 수가 커지면, 가로로 쓴 식 그대로로 계산한다는 것이 번거로워지며 각 단계에서 어느 수를 더할 것인가를 알아보기가 어려워진다. 이와 같은 것을 경험시킨 다음에 필산을 도입한다. 즉, 같은 자리의 수의 계산을 하기가 쉽다는 필산의 좋은 점을 납득시키면서 필산 형식과 그 방법을 지도한다.

그리고 덧셈의 필산 형식은 가르쳐줄 내용이며, 뺄셈의 필산 형식은 덧셈의 경우에서 유추하여 알아내게 할 내용이다.

08 소수의 덧셈·뺄셈

소수의 덧셈·뺄셈 방법은 소수와 덧셈·뺄셈의 의미를 바탕으로 하여 알아내게 할 내용이다. 그리고 필산 방법은 정수의 경우에서 쉽게 알아내며 설명할 수 있다.

예를 들면 '$3.8+5.4$는, 3.8의 8은 0.1이 8개이고, 5.4의 4는 0.1이 4개라는 것이므로, $3+5=8$하고, 0.1이 $8+4=12$(개)이며, 0.1이 10개면 1이 되므로, $8+1=9$이어서 답은 9.2이다'라고 생각할 수 있다.

그리고 필산 또한 예를 들면 $3.82+2.6$은, 정수의 필산

$$\begin{array}{r} 3\ 8 \\ +\ \ 2\ 6 \\ \hline 6\ 4 \end{array}$$

에서 유추함으로써 자리를 가지런히 하여

$$\begin{array}{r} 3.\ 8\ 2 \\ +\ \ 2.\ 6 \\ \hline 6.\ 4\ 2 \end{array}$$

와 같이 하면 된다는 것을 알아낼 수 있다.

09 분수의 덧셈·뺄셈

1. 동분모 분수의 덧셈·뺄셈

예컨대 $\frac{1}{4}+\frac{2}{4}$의 계산 방법은 분수의 의미($\frac{1}{4}$은 $\frac{1}{4}$이 1개, $\frac{2}{4}$는 $\frac{1}{4}$이 2개라는 것)에서, 이 계산은 $\frac{1}{4}$이 $1+2=3$이라는 것을 알 수 있으며, $\frac{1}{4}+\frac{2}{4}=\frac{3}{4}$이라고 구할 수 있다.

이와 같이 분모가 같은 분수의 덧셈·뺄셈 방법은 분수의 의미와 덧셈·뺄셈의 의미에서 쉽게 <u>연역적으로 알아낼</u> 수 있는 내용이다.

2. 이분모 분수의 덧셈·뺄셈

분모가 같은 경우와는 다른 점에 주목시키고, 이것을 분모가 같아지게 할 수 없겠는가를 알아보고 크기가 같은 분수를 구하게 하여, 분모가 같은 분수의 덧셈·뺄셈으로 귀착시킬 수 있다. 그리하여, 약분·통분하는 방법을 학습함으로써, 분모가 같은 분수의 덧셈·뺄셈으로의 변형을 형식적으로 할 수 있게 한다. 계산 방법은 이와 같이 하여 알아낼 수 있다.

3. 대분수의 덧셈·뺄셈

이것도 대분수의 의미를 이용함으로써 정수 부분과 분수 부분을 따로 계산하면 된다는 것, 여기에 $1=\frac{a}{a}$라는 관계를 이용함으로써, 예를 들면

$$2\frac{3}{4}+1\frac{5}{6}=2\frac{9}{12}+1\frac{10}{12}\text{(통분하고)}$$

$$=3\frac{19}{12}\text{(정수끼리, 분수끼리 더하며)}$$

$$=4\frac{7}{12}\text{(분수 부분을 대분수로 고쳐서)}$$

과 같이 된다. 그리고

$$2\frac{1}{4}-\frac{3}{4}=1\frac{5}{4}-\frac{3}{4}$$

$$=1\frac{2}{4}=1\frac{1}{2}$$

과 같이 하는 계산 방법도 지금까지 학습한 내용을 이용하여 알아낼 수 있다.

이와 같이 어떤 분수라도 그 덧셈·뺄셈의 계산 방법은 먼저 하나하나의 계산 방법을 연역적으로 생각하고, 이를 바탕으로 일반적인 방법으로서 귀납적으로 종합·정리할 수 있다. 물론, 숙달을 위한 연습이 필요하다.

역시 정수나 소수·분수의 가감의 계산 방법은 어느 것이나

① 단위를 가지런히 한다.

② 같은 단위(자리)의 계수(개수)를 가감한다.

③ 단위 사이에 관계가 있을 때는, 그 관계에 따라 받아 올림, 받아 내림을 한다.

라는 절차를 밟게 되어 있다는 것을 종합·정리하면 된다. 이는 소수나 분수의 계산을 알아보는 과정에서 느끼게 하는 것이 바람직하지만, 분수의 가감이 끝난 시점에 전체를 검토하여 종합·정리하여도 무방하다. 실제로는 이것이 그리 손쉬운 일이 아니므로 아동에게 알아보게 하면서 가르쳐 주게 된다.

10 덧셈·뺄셈에 관한 수학적인 생각

지금까지 살펴본 덧셈·뺄셈에 관한 학습을 통하여 다음과 같은 덧셈·뺄셈에 관한 생각(사고방법)을 배양하고, 이를 이용할 수 있게 하는 것이 덧셈·뺄셈의 학습에서의 중요한 목적이다.

① 덧셈·뺄셈의 연산에 대한 의미를 명확히 하거나, 확장하거나, 이를 바탕으로 하여 알아본다(조작의 생각).

② 덧셈·뺄셈의 계산 방법을 형식화하고 간단히 처리할 수 있게 한다(알고리즘의 생각).

③ 수나 계산 결과를 개괄적으로 포착하거나 그 결과를 이용할 수 있게 한다(개괄적 파악의 생각).

④ 덧셈·뺄셈의 계산에 관한 법칙이나 성질에 주목한다(기본 성질의 생각).

그리고 다음의 두 가지는 연산을 결정하거나 계산 방법을 알아볼 때에 중요하다.

⑤ 단위의 크기나 관계에 주목한다(단위의 생각).

⑥ 수를 표현하는 방법에 관한 기본 원리(십진 위치적 기수법이나 분수로의 표현방법에 관한 약속)에 바탕을 두고 생각한다(표현의 생각).

나중에 다시 언급할 예정인 함수의 생각이나 식에 관한 생각도 중요하다.

Chapter 5

지도내용 곱셈·나눗셈의 체계화

01 곱셈·나눗셈의 기초적인 경험

1) 예를 들어 색종이를 3장씩 모으거나 4장씩 나누어주듯이, 구체물이나 반구체물을 같은 수씩 모으거나 나누거나 하는 활동을 통하여, 같은 수씩 모으거나 나누거나 할 수 있게 한다. 이는 아동들이 스스로 생각해서 할 수 있는 내용이다. 그리고 이 경험은 수의 개념을 배양하는 활동의 한 가지이지만, 이와 동시에 곱셈이나 나눗셈의 기초적인 경험이 된다. 이를 충분히 경험함으로써 곱셈·나눗셈이 쓰이는 장면에 대한 이해를 쉽게 할 수 있게 되며, 조작을 곁들이면 그 결과를 구할 수 있게 된다.
2) 그리고 곱셈 이전에 세 수의 덧셈이나 뺄셈을 다룬다. 즉, 구체적인 문제 장면에서 6+5+4라거나 14−3−5라는 식을 세울 수 있게 되어 있다. 물론 이 계산도 할 수 있게 되어 있다.

곱셈은 4+4+4+4라는 동수누가를 바탕으로 하여 정의되는 것이며, 나눗셈은 16−4−4−4−4라는 동수누감이 바탕을 이룬다. 이런 것의 바탕을 이루는 것은 세 수의 덧셈(3+3+3)이나 세 수의 뺄셈(8−2−2)이다. 그리고 그 결과는 위에서 언급한 바와 같이 같은 수씩 모으거나 나누거나 하는 조작을 통해서 구하게 된다. 따라서 이 두 가지가 곱셈·나눗셈의 바탕이 되는 이전에 학습한 사항이다. 그 만큼 중요한 내용이다.

02 곱셈의 의미

색종이를 1명에게 4장씩 6명에게 주려고 한다. 색종이가 몇 장 있어야 하는가?

라는 문제에 대해서

$$4+4+4+4+4+4$$

라고 나타내고, 그 결과인 24를 구한다. 이는 이전에 학습한 사항인데, 수의 덧셈의 발전이므로 아동들이 이전에 학습한 사항을 바탕으로 연역할 수 있는 내용이다.

그리고 이 활동에 이어서, 이 식은 간결·명확이라는 점에서 충분하지 못하다(4가 몇 개인지를 알아보기 어려우며, 식이 길어서 번거롭다)는 것을 느끼게 하고, 더욱 간결·명확하게 나타내려는 생각에 의해서

1) 같은 수(4)를 몇 개(6개)인가를 더할 때 4×6이라는 곱셈을 이용한다는 것을 가르쳐준다. 즉 동수누가라는 곱셈의 의미를 지도한다. 이어서 4×6으로 구해지는 '4의 6개분의 크기'를 '4의 6배'라고 한다는
2) '배'라는 말의 의미를 지도한다.
3) 그리고 4×6의 4는 1개분의 크기를 나타내고, 6은 이런 것이 6개 있다는 것을 나타내고 있으므로, **곱셈은 1개분과 몇 개분에서 전체의 크기를 구하는 계산**이다라고 볼 수도 있다는 것을 지도한다.

여기서 '1개분'과 '몇 개분'이라는 말은 기초적인 경험으로서 알고 있다고 볼 수 있는 내용이며, 이를 전제로 지도하게 된다.

4) 그리고 아래와 같은 배열도의 ○의 개수를 구할 때 곱셈이 이용된다는 것도 지도한다. 이 개수를 구할 때 곱셈이 이용된다는 것은 연역적으로 생각하여 알아낼 내용이다. 이 배열도는 곱셈의 모델이다.

○○○○○○
○○○○○○
○○○○○○
○○○○○○

5) 역시, 3)과 같이 종합하기 이전에 구체적인 장면에 입각하여

1개의 가격×개수=대금

1인분의 매수×인수=전체의 매수

등, 몇 개의 '말의 식'을 지도한다. 이런 말의 식으로 나타내게 하는 것은 귀납적으로 알아내게 할 내용이다(어떤 종류의 말의 식을 만들어야 하는가를 정할 수 없다는 점이 결점이다). 그리고는 이런 말의 식을 종합하여 일반화함으로써 3)에서와 같은 일반적인 말의 식이 얻어진다.

03 곱셈의 의미의 확장 1
- 0의 곱셈 -

예를 들면 구슬 넣기 등의 구체적인 장면을 제시하거나 하여 0의 곱셈을 지도한다.

구슬 넣기에서

2점짜리에 3개 들어가면 득점은 2×3

4점짜리에 5개 들어가면 득점은 4×5

라고 나타낼 수 있지만, '0점짜리에 3개 들어가거나 6점짜리에 1개도 들어가지 않았을 때, 이 두 경우의 득점은 모두 0점이다'라는 것은 계산해 보지 않아도 알 수 있다.

그런데 이때도 '점짜리'와 여기에 들어간 '개수'에서 '득점'을 구하는 경우이므로, 각각

$$0 \times 3 \quad 6 \times 0$$

이라고 쓰기로 하는 것이다. 그럼으로써, 이 식을 읽고 어디에 몇 개 들어갔는가를 알 수 있다. 이와 같이 곱셈의 의미가 확장된다는 것을 가르쳐주고, 그 좋은 점을 알아차리게 한다.

물론 이 예에서도 알 수 있듯이 0의 곱셈의 답이 0이 된다는 것은(기초적인 경험을 통해서) 명확해진 것으로, 이는 가르쳐줄 내용은 아니다.

04 곱셈의 의미의 확장 2
-승수가 소수·분수인 곱셈-

1. 승수에 해당하는 수가 소수인 경우

지금까지의 곱셈의 의미인 '동수누가'로는 해석할 수 없다(예컨대 1.8 ×2.4를, 1.8이 2.4개 더해진 것이라고는 할 수 없다). 그래서

1m의 무게가 1.8kg인 철봉 3.6m의 무게는 몇 kg인가?

라는 문제를 수직선에 나타내면 다음과 같이 된다.

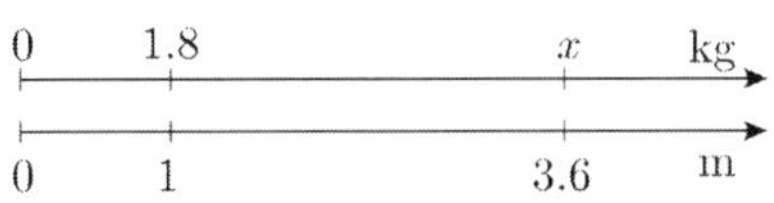

이와 같이 나타날 때, 곱셈 1.8×3.6을 이용하기로 한다는 것이다. 물론 이와 같은 약속을 납득할 수 있으려면, 그 전에 승수가 정수인 경우의 곱셈, 예컨대

한 병에 1.8L 들어 있는 간장 6병은 몇 L인가?

라는 경우는 1.8×6이라는 식으로 나타나지만, 이를 수직선에 나타내면

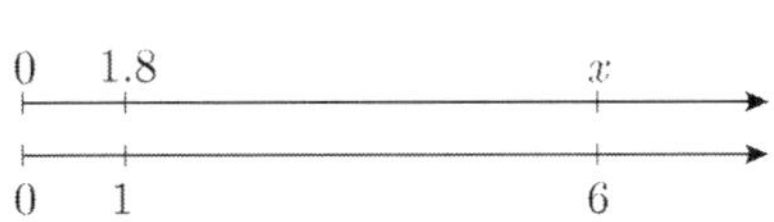

와 같이 된다는 것을 명확히 하고(이와 같이 수직선에 나타낸다는 것은 가르쳐주지 않고서는 알 수 없을 것이다), 이를 바탕으로 하여 위의 소수

인 경우를 수직선에 나타내어 보게 한다. 그 결과, 소수인 경우도 수직선에 나타내었을 때 승수가 정수인 경우의 수직선상에서의 위치 관계와 같아진다는 사실로부터 곱셈을 이용하기로 하자고 그 의미를 확장하는 것이다. 이것은 약속이다.

2. 소수의 곱셈의 의미를 나타내는 말의 식

위의 수직선에서의 의미에서, 이를 말의 식으로 종합·정리한다.

즉, 먼저 1에 대응하는 수를 **기준량의 크기 또는 바탕이 되는 것의 크기**라고 말하고, 비율(위의 예에서는 3.6)에 해당하는 것의 크기(x)를 **비율에 해당하는 것의 크기 또는 비교하는 양, 비교되는 양**이라고 말한다는 것을 약속한다. 그럼으로써 곱하기는 다음과 같이 종합·정리된다.

비율에 해당하는 양=기준양의 크기×비율

여기서 '비율'이라는 말은 기초적인 경험에 의해서 알고 있는 것으로 볼 수 있다.

3. 분수의 곱셈

승수에 해당하는 수가 분수인 경우, 예컨대

3m의 $\frac{3}{4}$은 몇 m인가?

라는 문제는 수직선에 나타내어봄으로써, 주어진 양과 구하려는 양의 위치관계가 소수인 경우와 같아진다는 사실에서, 쉽게 $3\times\frac{3}{4}$이라고 하면 된다는 것을 안다. 즉, 분수의 곱하기를 이용하는 문제는 소수의 경우에서 이 연산을 결정할 수 있는 것이다.

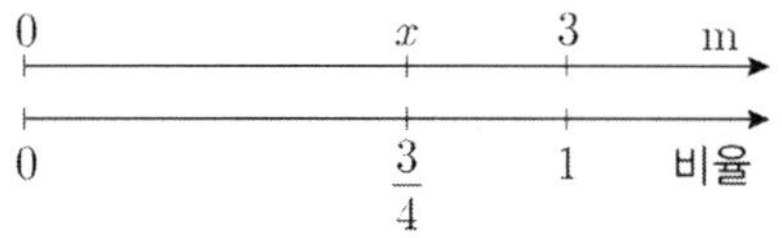

따라서 이것은 가르쳐줄 내용이 아니고 <u>연역적으로 알아보게</u> 할 내용이다.

4. 모델 및 공식에 대하여

① **모델**: 소수·분수의 곱셈의 모델로는 수직선 외에 직사각형 그림이 사용된다.

직사각형의 넓이=가로×세로

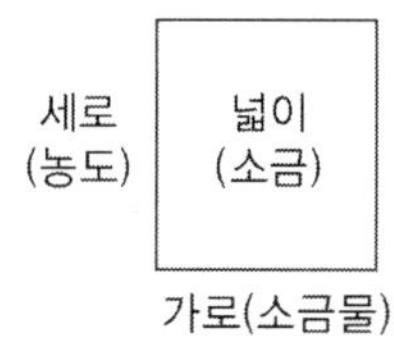

이므로, 문제에 제시되는 이미 알고 있는 양을 직사각형의 가로와 세로의 길이로, 구하려는 양을 넓이로 치환하면, 주어지는 양의 크기가 소수나 분수라도 곱셈을 사용하면 된다고 생각하는 것이다.

이는 소수의 곱셈을 학습한 후에 직사각형의 넓이 공식을 다시 검토하여, 두 변의 길이가 소수일 때도 공식을 사용하기로 한다는 것을 가르치게 된다. 그리고 분수의 곱셈에서는 이와 함께 두 변이 분수일 때도 이 공식을 이용하는 것이다.

그래서 이를 바탕으로 하여 양이 직사각형의 가로·세로의 길이가 아니고 다른 양일 때도 이 모델에 알맞은가의 여부를 알아보고, 곱셈인가의 여부를 알아볼 수 있도록 한다. 이는 처음에는 가르쳐 주어야 할 내용이다.

더욱이 「농도가 4% 인 소금물과 농도가 6% 인 소금물을 섞어서, 농도가 5% 인 소금물 500g을 만들려면, 각각 몇 g씩 섞어야 하는가?」라는 문제에 대하여, 소금물, 농도, 소금의 관계는 곱셈이라는 사실에서, 이들의 관계를 직사각형의 넓이, 세로, 가로로 나타내면 다음과 같은 그림이 된다.

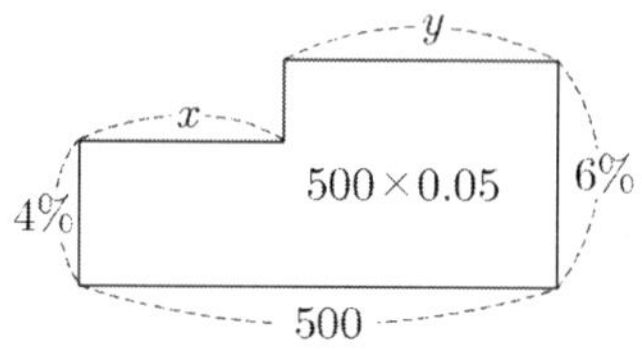

이 그림의 x와 y를 구하면 된다는 것을 알 수 있다.

② **공식**: 삼각형의 구적 공식이나 평행사변형, 사다리꼴, 마름모, 기둥 등의 넓이·부피 및 속도를 구하는 공식 등에 대하여, 길이나 속도, 시간 등이 소수나 분수인 경우에도 사용할 수 있도록 하는 것이다. 그리고 역시 몇 가지 말의 식을 만들고 이를 이용할 수 있게도 하는 것이다. 하나의 예를 들면 다음과 같다.

1m의 무게×길이=전체의 무게

단위시간에 담기는 물의 양×시간=물 전체의 양

05 나눗셈의 의미

나눗셈의 기초가 되는 경험과 이전에 학습한 사항에 관해서는 이번 장의 첫 번째 절에서 언급하였지만, 역시 곱셈을 학습할 때에 곱셈의 역인

$$\square \times 4 = 12\text{나 } 4 \times \square = 12$$

의 □를 4의 단의 구구를 써서 구하였다. 이것을 이전에 학습한 사항을 참고하여 두 가지의 나눗셈이 쓰이는 경우를 지도하는데, 이는 포함제와 등분제이다.

예를 들어

'12매의 종이를 한 사람에게 3매씩 나누어준다면 몇 명에게 나누어줄 수 있는가?'

라는 문제는 $3 \times \square = 12$이고, 이 □는 구구를 사용해서 구할 수 있다. 아동에 따라서는 $12-3=9$, $9-3=6$, $6-3=3$, $3-3=0$이라는 동수누감이나 구체물을 3개씩 나누어준다는 구체적인 조작을 통해서 결과를 구할 수 있는 경우도 있을 것이다. 이런 것은 이전에 학습한 사항을 바탕으로 하여 <u>연역적으로 알아볼</u> 수 있는 것이다.

이 □(답)를 구하는 연산으로서 $12 \div 3$이라는 '나눗셈'을 사용한다는 것을 가르쳐준다. 이것은 포함제의 경우이다. 마찬가지로

'12개의 감귤을 3명에게 같은 개수씩 나누어준다면 1명분은 몇 개가 되는가?'

라는 문제도 □×3＝12라는 식을 세우고, 이 □의 값을 구구를 써서 구한다. 경우에 따라서는 구체적인 조작을 통해서 결과만 구할 수 있는 아동도 있을 것이다. 이런 것은 이전에 학습한 사항을 바탕으로 하여 연역적으로 알아볼 수 있다.

이 □를 구하는 연산으로서, 역시 12÷3이라는 나눗셈을 이용한다는 것을 가르쳐준다. 이것이 등분제의 경우이다. 그리하여 이 나눗셈이 쓰이는 두 가지 경우의 통합에 대해서 알아보게 한다. 이는 답을 구하는 데 똑같은 곱셈 구구를 사용하게 된다는 것이나 답을 구하기 위한 구체적인 조작이 같아진다는 사실에서, 이 두 가지가 모두 같은 나눗셈을 사용하는 것이 당연하다는 것을 인정하고, 통합적으로 생각해 나간다.

여기서 조작이 같다는 것은 다음의 그림과 같이 나누어주는 조작이 같아진다는 것이다.

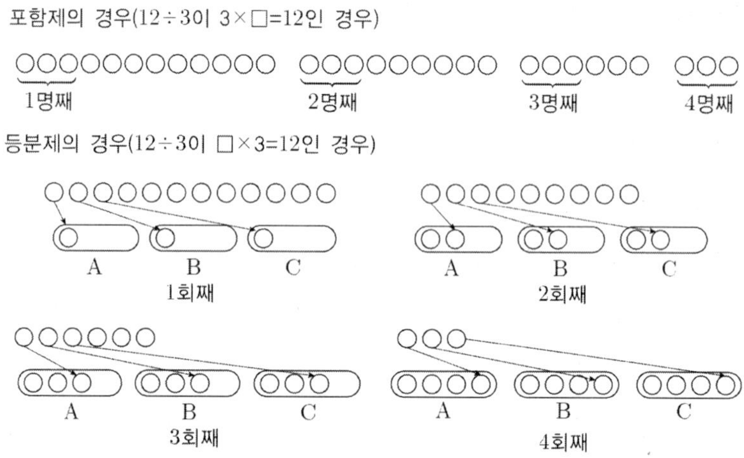

그리고 가령, 포함제를 먼저 다루고 나서 등분제를 다룬다면 등분제의 문제를 알아보게 할 때, 이와 같은 조작이나 구구를 바탕으로, 포함제의 문제인 경우와 마찬가지 나눗셈을 이용하는 것이 좋다는 것을 유추적으로 인식시키는 것이 바람직하다.

06 나눗셈의 의미의 확장 1
– 나머지가 있는 나눗셈 –

예컨대, '10개의 감귤을 3개씩 나누어주려면 어떻게 나누어주어야 하는가?'라는 문제에 대해서, 문제의 문맥으로 보아 10÷3이라는 나눗셈을 하면 될 것이라는 것은 아동들이 생각해서 알 수 있다. 그리고 이 문제의 답이 '나누어줄 수 있을 때까지 나누어주는 것이라면, 3개짜리의 무더기가 3개 만들어지고 1개 남는다'는 것도 (아동에 따라서는 실제로 나누어 보는 조작이나 그림 등을 이용해서) 연역적으로 생각해서 알아낼 수 있다.

이와 같이 나눗셈의 식이 될 것이라는 것과 결과는 두 가지 모두 다 생각해서 알아낼 수 있겠지만, 이 나눗셈 식의 답이 '3개짜리 무더기가 3개 만들어지고 1개 남는다'는 것이라는 점은 알지 못한다. 즉, 식과 결과의 두 가지를 =로 이으면 된다는 것은 모르는 것이며, 이것은 약속할 내용이다.

그래서 이 문제와 같은 경우에, 식은 '10÷3'이라고 쓰고, 답은 '3 나머지 1'이라고 한다는 것, 그리고 '10÷3=3 나머지 1'이라고 쓰며, 이것을 **나머지가 있는 나눗셈**이라고 한다는 것을 가르쳐주는 것이다.

그리고 나누어줄 수 있을 때까지 나누어주는 것이므로, 이 나머지가 있는 나눗셈은 당연히 **나머지<나누는** 수라는 사실이 포함된다.

등분제에 해당하는

> '15개를 4명에게 나누어줄 수 있을 때까지 나누어주기로 한다면, 어떻게 나누어질까?'

라는 문제의 경우도 마찬가지이다. 그러나 포함제에 해당하는 경우를 먼저 다루었을 경우에는, 등분제에 해당하는 경우에, $15 \div 4 = 3$ 나머지 3이라고 나타내면 될 것이라는 것은 아동들에게 유추시킬 수 있는 것이다.

또한, 이 답을 몫이라고 한다는 것, 나머지가 생기지 않는 경우의 나눗셈은 나누어떨어진다고 한다는 것은 물론 가르쳐줄 내용이다.

07 나머지인 0과 곱셈 및 나눗셈의 관계

나눗셈에는 나머지가 나오는 경우와 나누어떨어지는 경우의 나눗셈이 있었다. 여기서 나누어떨어지는 경우라는 것은 나머지가 생기지 않는 경우이므로, 이것을 나머지가 0인 경우라고 생각한다.

예컨대 $78 \div 8$은 $8 \times 9 = 72$, $78 - 72 = 6$이므로 나머지가 나왔다. 동일하게 $72 \div 8$은 $8 \times 9 = 72$이므로, $72 - 72 = 0$이라고 하면, 나머지 0이 생겼다고 볼 수도 있다. 이와 같이 생각하여, '나누어떨어지는 경우'는 '나머지가 0'이라고 볼 수 있다는 것을 지도한다. 이 나누어떨어지는 경우, 나머지는 몇이라고 보아야 하는가라는 문제는 지도자가 일부러 취급하지 않는다면, 아동들은 이것을 생각할 필요성을 모를 것이다. 하지만 나누어떨어지는 경우, 나머지는 몇이라고 생각할 수 있는가라는 발문에 대해서는, 위에서와 같이 생각하여 어렵지 않게 0이라는 것을 알 수 있을 것이다. 그리고

'바탕이 되는 수는 나누는 수와 몫과 나머지로, 어떻게 하면 구해지는가?'

라는 질문이나

$135 \div 6$의 몫이 22, 나머지가 3이라는 것은 나눗셈을 다시 한 번 하지 않고 확인하려면 어떻게 하여야 하는가?

라는 문제를 알아보게 하여

바탕이 되는 수=나누는 수×몫+나머지

라는 관계를 연역적으로 생각해서 알아낼 수 있다. 물론 특히 나머지가 0인 경우는

바탕이 되는 수=나누는 수×몫

이라는 관계가 있다는 것은 나눗셈의 의미에서 쉽게 종합·정리될 수 있다.

08 나눗셈의 의미의 확장 2
- 제수가 소수·분수인 나눗셈 -

길이가 2.4m인 철봉의 무게가 8.4kg이다. 이 철봉 1m의 무게는 몇 kg인가?

라는 문제에서 2.4등분이라는 것은 무의미하므로, 등분제의 경우로 판단하거나 설명할 수 없다. 그래서 나눗셈의 의미를 확장하지 않으면 안 된다.

길이가 3m인 철봉의 무게가 8.4kg이다. 이 철봉 1m의 무게는 몇 kg인가?

라는 문제는 등분제로서, $8.4 \div 3$이라는 식이 세워진다. 그리고 이것을 수직선에 나타내면 다음과 같다.

즉 이와 같은 경우에 위와 같은 나눗셈을 사용한다고 말할 수 있다. 그리하여 처음의 문제도 수직선에 나타내면 다음과 같다.

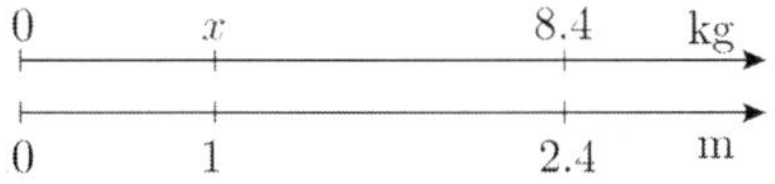

이 수직선에 나오는 4개의 수량의 위치관계가 위의 수직선에 나오는 4개의 수량의 위치관계와 똑같다. 그래서 이런 경우에도 나눗셈을 사용하고, $8.4 \div 2.4$라고 정하는 것이다. 당연히 이와 같이 정할 수 있을 것이라

고 하기까지는, 이전에 학습한 소수의 곱하기의 경우에서 유추시키고 싶은 것이다. 또한

> 1m의 무게가 2.4kg인 철봉이 있다. 이런 철봉의 무게가 8.4kg이라면 길이는 몇 m인가?

라는 문제는 포함제이므로, 나눗셈을 하면 된다고 생각할지도 모른다. 그렇지만 답은 정수가 아니므로 □개가 포함된다는 말은 할 수 없으며, 해석하는데 무리가 따른다. 그래서 예를 들면

> 1m의 무게가 3kg인 철봉이 있다. 이런 철봉의 무게가 12kg이라면 길이는 몇 m인가?

라는 문제는 포함제이므로, 12÷3이라고 할 수 있을 것으로 생각한다. 그래서 이것을 수직선에 나타내면

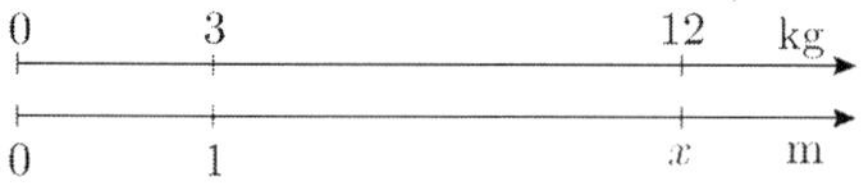

와 같이 된다. 그리하여

> 1m의 무게가 2.4kg인 경우, 무게가 8.4kg은 몇 m인가?

라는 문제도 수직선에 나타내고,

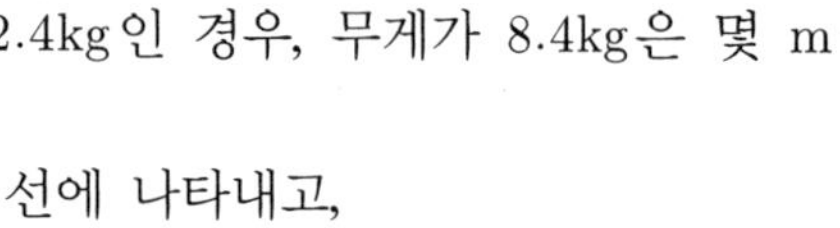

와 같이 나타난다는 사실을 바탕으로, 이때도 위와 마찬가지로 나눗셈 8.4÷2.4와 같이 한다고 정한다. 이것도 곱셈의 경우로부터 이렇게 생각

해도 무방할 것이라는 것을 유추할 수 있다. 당연히 이 문제의 경우는 소수 배의 의미를 학습하였으므로 이렇게 해도 된다는 것을 쉽게 납득할 것이다. 그리고 제수에 해당하는 수가 분수일 때는 위에서 생각한 소수의 경우를 그대로 적용하여 연역적으로 알아볼 수 있다.

이상의 고찰을 바탕으로 하여 곱셈일 때와 마찬가지로, 나눗셈의 의미를 다음과 같이 종합 정리할 수 있다.

- 비율 그리고 비율에 해당하는 양의 크기(비교하게 되는 양, 또는 비교하는 양)를 아는 경우(이것이 소수이건 분수이건), 기준량의 크기를 구할 때는

  기준량의 크기=비율에 해당하는 양의 크기÷비율

  비율에 해당하는 양의 크기와 기준량의 크기로부터 비율을 구할 때는

  비율=비율에 해당하는 양의 크기÷기준량의 크기

  와 같이 구한다. 이는 연역적으로 생각할 수 있다. 나아가 소수의 나눗셈에서, 나누어떨어지지 않는 문제도 위에서 정한 것을 바탕으로 하여 비율 또는 기준량의 크기를 구하는 문제라면 나눗셈을 이용하는 것이다.

09 곱셈·나눗셈의 성질

곱셈·나눗셈의 성질과 그 식의 의미(해석하는 방법)는 다음과 같다.

① **교환법칙** : $a\times b=b\times a$

두 수의 곱셈에서는 두 수를 맞바꾸어도 그 곱은 달라지지 않는다.

② **결합법칙** : $(a\times b)\times c=a\times(b\times c)$

세 수의 곱셈에서 처음 두 수를 먼저 곱하나 뒤의 두 수를 먼저 곱해도 결과는 달라지지 않는다. 위의 두 가지 성질에 의해서 곱셈에서는 수의 순서를 바꾸어도 된다고 말할 수 있다.

③ **분배법칙** : $a\times(b+c)=(a\times b)+(a\times c)$ $(a+b)\times c=(a\times c)+(b\times c)$

$a\times(b-c)=(a\times b)-(a\times c)$ $(a-b)\times c=(a\times c)-(b\times c)$

한 수와 두 수의 합(또는 차)과의 곱은 그 수와 합(또는 차)을 나타내는 각 수와의 곱을 더한 합(또는 뺀 차)과 같아진다.

④ $a\times(b\pm 1)=a\times b\pm a$ $(a\pm 1)\times b=a\times b\pm b$

곱하는 수(곱해지는 수)가 1 커지면(작아지면) 답은 곱해지는(곱하는) 수만큼 커(작아)진다.

⑤ $(a\times b)\div c=a\times(b\div c)=(a\div c)\times b$

곱셈과 나눗셈은 순서를 바꾸어도 된다. 또한 두 수의 곱을 어떤 수로 나누는 것은, 곱하는 수(또는 곱해지는 수)를 그 수로 나누어도 결과는 달라지지 않는다.

⑥ $a\times b=(a\times c)\times(b\div c)=(a\div c)\times(b\times c)$

곱해지는 수(곱하는 수)에 어떤 수를 곱했을 때, 곱하는 수(곱해지는 수)를 그 수로 나누면 결과는 달라지지 않는다.

⑦ $(a \div b) \div c = a \div (b \times c)$

두 수로 계속해서 나눌 때, 그 두 수의 곱으로 나누어도 된다.

$$(a \div b) \times c = a \div (b \div c)$$

위의 두 가지는 나누는 수를 c배($\frac{1}{c}$)하면, 몫은 $\frac{1}{c}$(c배)이 된다.

⑧ $a \div b = (a \times c) \div (b \times c) = (a \div c) \div (b \div c)$

나누어지는 수와 나누는 수에 같은 수를 곱하거나 나누어도 몫이 달라지지 않는다.

⑨ $(a + b) \div c = a \div c + b \div c$

두 수의 합을 어떤 수로 나눈 몫은 각각의 수를 그 수로 나눈 몫의 합과 같다.

이상의 것들은 귀납(교환법칙 등의 기본적인 법칙은)하거나 연역할 수 있다. 각각의 식에 해당하는 계산을 몇 가지 해보고 귀납하거나, 이전에 학습한 계산의 의미를 바탕으로 하여 연역적으로 설명할 수 있다. 그리고 그 계산의 의미 대신에 그 계산의 모델이나 구체적인 장면을 바탕으로 해서 설명할 수 있다. 예컨대 교환법칙은

$$4 \times 5 = 20 = 5 \times 4$$
$$2 \times 3 = 6 = 3 \times 2$$
$$3 \times 6 = 18 = 6 \times 3$$

등으로 귀납한다. 뿐만 아니라 다음과 같은 모델을 이용해서 $5 \times 4 = 4 \times 5$가 성립한다는 것을 설명할 수 있다.

또는 오른쪽 두 직사각형은 $90°$를 회전시켰을 뿐이므로 넓이는 같다. 그러므로 $a \times b = b \times a$가 성립된다는 것을 알 수 있으며, 나아가 두 수가 소수나 분수일 때에도, 이것을 두 변으로 하는 직사각형을 생각하면 교환법칙이 성립한다는 것을 설명할 수 있다.

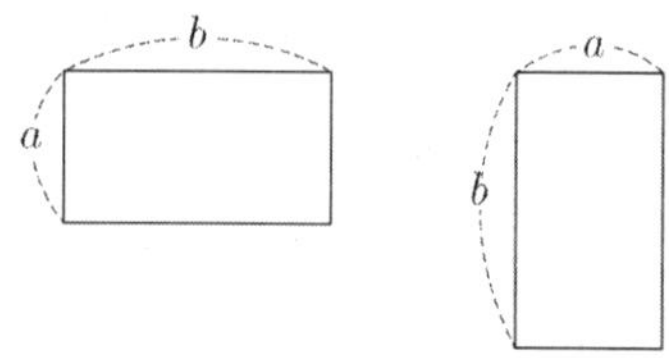

마찬가지로 ②나 ③도 다음과 같은 모델을 이용해서 연역적으로 설명할 수 있다. ②는 다음 그림에서 ○의 총수가 $(2 \times 4) \times 3$ 또는 $2 \times (4 \times 3)$이므로 $(2 \times 4) \times 3 = 2 \times (4 \times 3)$임을 알 수 있다.

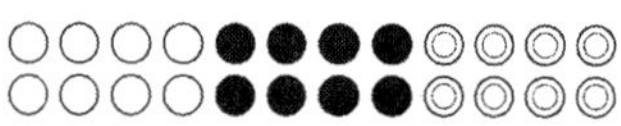

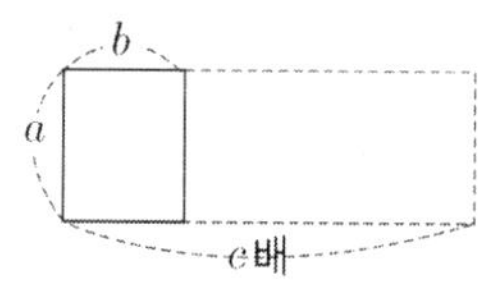

또한 위의 오른쪽 그림에서 가로를 c배하면 넓이도 c배가 되므로 $(a \times b) \times c = a \times (b \times c)$가 성립한다는 것을 알 수 있다.

③은 다음의 왼쪽 그림에서 ○의 총수가 $2 \times (4 + 5) = 2 \times 4 + 2 \times 5$가 성립한다는 것을 알 수 있고, 또 아래 오른쪽에서 직사각형의 넓이를 구해보고, $a \times (b + c) = a \times b + a \times c$가 성립한다는 것을 알 수 있다.

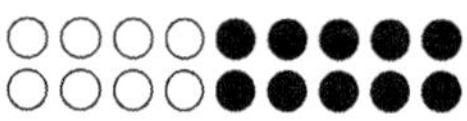

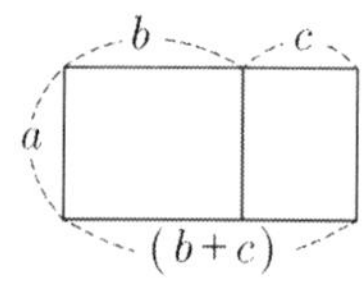

④는 곱셈구구를 구성할 때나, 구구표를 고찰하는 활동을 바탕으로 귀납할 수 있다.

⑤는 예컨대 '초콜릿이 4개씩 15줄이 있다. 이것을 5명이 나누어갖는다면 한 사람 몫이 몇 개가 되는가?'라는 문제에서 전체의 개수가 4×15이고, 이것을 5등분한 크기가 되므로 $(4 \times 15) \div 5$, 이것은 15줄을 5명이 등분한다고 볼 수 있으므로 $4 \times (15 \div 5)$가 된다. 따라서 $(4 \times 15) \div 5 = 4 \times (15 \div 5)$라는 것을 알 수 있다.

⑥은 예컨대 4.2×3.4는 '1m의 무게가 4.2kg이라면 3.4m의 무게는 몇 kg인가?'라는 것에 해당한다. 그리고 3.4는 $34 \div 10$이므로 $4.2 \times (34 \div 10)$이 된다. 그런데 이것은 34m의 무게를 먼저 구하면, 이것을 $\frac{1}{10}$하면 된다. 그러므로 $(4.2 \times 34) \div 10$이라고 해도 무방하다고 설명할 수 있다. 즉, $4.2 \times (34 \div 10) = (4.2 \times 34) \div 10$이라는 것을 알 수 있다.

⑦은 예컨대 '10장씩의 다발로 된 종이가 8다발에 400원이다. 1장 값은 얼마인가?'라는 문제의 답은, 종이가 (10×8)장이므로 1장 값은 $400 \div (10 \times 8)$(원)이다. 한편, 이것은 1다발 값이 $(400 \div 8)$(원)이므로 1장 값은 $(400 \div 8) \div 10$(원)이어서, 이 성질이 성립한다는 것을 알 수 있다.

⑧은 예컨대 $600 \div 300$은 100을 단위로 본다면, 600과 300은 각각 100이 6개와 3개, 따라서 $600 \div 300 = 6 \div 3 = (600 \div 300) \div (300 \div 100)$이라는 것을 알 수 있다.

⑨는 예컨대 $69 \div 3$은 $(60 + 9) \div 3$이며, 계산은 $60 \div 3 + 9 \div 3 = 20 + 3 = 23$와 같이 한다. 그리고 예컨대

> '주스가 36dL들이 병과 18dL들이 병에 가득 들어 있다. 이것을 6명이 똑같이 나누어갖는다면, 한 사람이 몇 dL씩 갖는가?'

라는 문제는 $(36 + 18) \div 6$이라고 볼 수 있으며, 두 병의 각각을 6명이 나누어갖는다고 보고 $36 \div 6 + 18 \div 6$이라고 생각해도 무방하다.

위와 같이 생각하여 각각의 성질을 알아낼 수 있으며, 이는 문제의 해결이나 능률적인 계산방법의 탐구에 쓰이게 된다.

10 구구의 구성

곱셈에 있어서는 먼저 한 자리 수끼리의 곱셈 결과를 구한다. 즉, 곱셈 구구를 구성한다. 이는 '동수누가'라고 하는 곱셈의 의미에 바탕을 두고 구성한다.

먼저 2의 단에 대해서는 2×2가 $2+2$라는 뜻이므로, 이를 사용해서 $2\times2=2+2=4$라고 구하고, 똑같이 하여 $2\times3=2+2+2=6$이라고 구한다. 이와 같이 $9\times9=9+9+9+\cdots+9=81$까지의 모두를 동수누가로 구한다.

따라서 이것은 이전에 학습한 곱셈의 의미와 덧셈의 계산에 의존하는 것이므로, 아동들 자신의 능력을 바탕으로 하여 연역적으로 구성할 수 있다. 이를 구성하는 과정에서, '곱하는 수가 1 커지면 답(곱)은 바탕이 되는 수만큼 커진다'라는 성질을 알아내고, 이것을 이용해서 능숙하게 구한다.

이때 곱셈의 모델로서 오른쪽과 같은 배열도를 보조 도구로 이용하기도 한다. 이 경우도 이것이 도움이 될 것이라는 암시만으로 아동들이 스스로 이용할 수 있는 것이다.

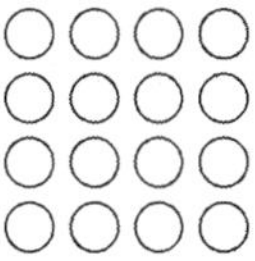

그리고 $2\times3=6$과 $3\times2=6$ 또는 $3\times5=15$와 $5\times3=15$ 등에서 교환법칙에 해당하는 것을 알아내고, 7의 단이나 8의 단의 구구를 구성할 때 $7\times3=3\times7=21$과 같이 구한다. 이런 법칙은 구구를 구성하는 과정에서 귀납적으로 알아낼 수 있는 것이며, 따로 가르쳐줄 내용은 아니다.

11 두 자리 수와 한 자리 수의 곱셈 방법

① 몇 십×한 자리 수

예컨대 30×4는 곱셈의 의미에 따라 30+30+30+30을 뜻하며, 이는 3을 4개 더하고 0을 붙여, 즉 3×4=12를 구하고 이에 0을 붙이면 된다는 것을 알 수 있다. 또는 10이라는 단위 3개분의 4배이므로 10이 (3×4)개라고 볼 수 있다. 10×(3×4)이므로 3×4=12에 0을 붙인다고도 생각할 수 있으며, 구체적인 문제에 비추어 생각할 수도 있다.

어느 경우가 되었건, 이 계산 방법은 곱셈의 의미와 수의 의미(30=10×3이라는 것)를 바탕으로 해서 연역적으로 알아낼 내용이다.

② 두 자리 수×한 자리 수

예를 들어 32×4는 곱셈의 의미에 의해 32+32+32+32를 뜻하며, 이 덧셈은 30을 4개와 2를 4개 더하고 이들의 합을 구하면 된다. 그러므로 30×4+2×4를 구하면 된다는 것을 알 수 있다. 이와 같이 이런 계산도 곱셈의 의미를 바탕으로 해서 연역적으로 알아낼 내용인데, 이는 곱셈의 모델인 배열도를 이용하거나 구체적인 문제에 비추어 생각해도 똑같이 알아낼 수 있다.

③ 한 자리 수×몇 십

예컨대 4×30은 4를 30개 더하는 것이다. 이는 30개를 3개씩의 조로 만들면 이런 조가 10조 만들어져서, 4를 3개 더한 것 10조를 더하면 된다. 그러므로 (4×3)×10이 된다는 것을 알 수 있다. 이것을 다음과 같은 배열도로 나타내어도 똑같아진다.

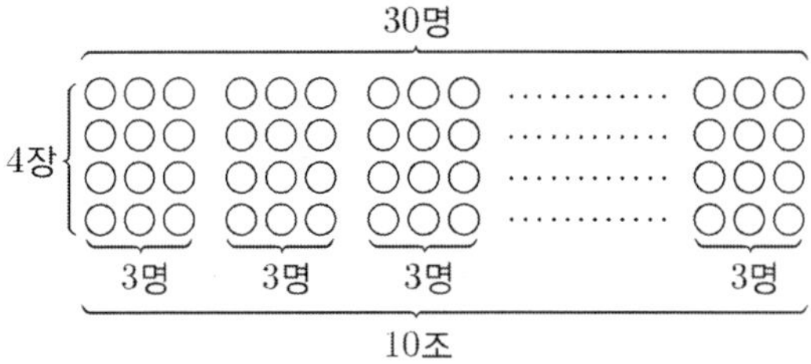

그리고 4장씩 30명에게 나누어준다는 구체적인 문제로 알아보아도 된다. 즉 4장씩 3명에게 나누어주는 것을 10번 반복하면 되므로, (4×3)×10이라고 나타낼 수 있다.

④ 한 자리 수×두 자리 수

예컨대 4×36도 4를 36개 더하는 것이고, 이것은 먼저 4를 30개 더하고, 이와는 별도로 4를 6개 더하여, 이들의 합을 구하면 되므로, 4×30+4×6이 된다. 또는 1명에게 4장씩 36명에게 나누어 준다는 경우라고도 볼 수 있다. 그리고 이것은 30명에게 나누어주고, 다시 6명에게 나누어주면 된다고 볼 수 있으므로, 위와 같이 하면 된다는 것을 알 수 있다. 이를 다시 배열도로 나타내더라도 귀납적으로 알 수 있다.

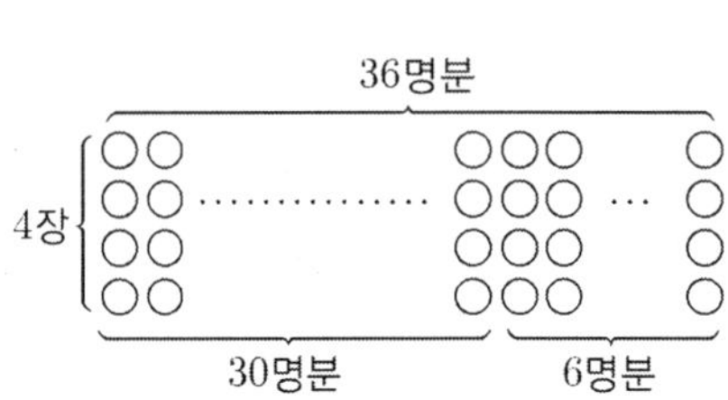

어느 경우가 되었건, 이 계산 방법도 곱셈의 의미와 기수법의 의미를 바탕으로 하여 연역적으로 알아낼 수 있는 것이다.

12 정수×정수, 소수×정수의 필산

① 몇 십×몇 십

이것은 앞 절의 ③과 같이 생각하고, 앞 절의 ①을 이용하게 하여 그 방법을 알아내게 할 수 있다. 예를 들면 $60 \times 30 = (60 \times 3) \times 10$이라고 생각한다.

② 두 자리 수×몇 십

이것도 앞 절의 ③과 같이 생각하고, 앞 절의 ②를 이용하게 하여 알아내게 할 수 있다. 예를 들면 $53 \times 40 = (53 \times 4) \times 10$이라고 생각한다.

③ 몇 십×두 자리 수

이것은 몇 십을 배의 몇 배라고 생각함으로써, 앞 절의 ④를 이용하게 하여 그 방법을 알아내게 할 수 있다. 예를 들면 $50 \times 46 = (10 \times 5) \times 46$이라고 생각한다.

④ 두 자리 수×두 자리 수

이것은 앞 절의 ④와 ②의 생각을 이용하게 하여 알아내게 할 수 있다. 예를 들면 34×53은 먼저 53을 $50 + 3$으로 보고, 앞 절의 ④와 같이 하여

$$34 \times 50 + 34 \times 3$$

라고 보며, 다시 34를 $30 + 4$로 봄으로써

$$30\times50+4\times50+30\times3+4\times3$$

이라고 보면 된다는 것을 알 수 있다.

⑤ 세 자리 이상의 수의 곱셈

몇 백×두 자리 수, 예컨대 600×23은 100을 단위로 보면 100이 6×23이라고 보면 된다. 세 자리 수×두 자리 수는 456×23이라면 $400\times23+56\times23$이라고 보면 되고, 세 자리 수×세 자리 수는 456×237이라면, 똑같이 $456\times200+456\times37$이라고 보면 된다는 것을 알 수 있다.

⑥ 소수×정수

이 계산도 예컨대 2.8×4는 지금까지의 곱셈과 마찬가지로 곱셈의 의미(동수누가)에서 알 수 있다. 또는 0.1을 단위로 보면 0.1이 (28×4)개라고 정수의 경우로 귀착된다. 이와 같이 지금까지의 계산 방법은 어느 것이나 이전에 학습한 사항을 바탕으로 해서 <u>연역적으로 알아볼</u> 수 있다.

⑦ 필산

위의 의미에 바탕을 두고

36×4라면

$$\begin{array}{r} 36 \\ \times\ \ 4 \\ \hline 24 \\ 120 \end{array} \longrightarrow \begin{array}{r} 36 \\ \times\ \ 4 \\ \hline 144 \end{array}$$

34×53이라면

```
   34             34
  ×53   ──→      ×53
 ─────          ─────
   12 ╮     →    102
   90 ╯      ↗  170
  200 ╮         ─────
 1500 ╯         1802
```

이라는 필산의 의미를 지도한다. 이 형식은 가르쳐줄 내용이다. 또한 세 자리 수의 곱셈의 경우는 위의 필산에서 유추적으로 생각하게 하고, 나아가 연역적으로 설명하게 할 내용이다.

⑧ 끝자리가 0일 때의 편리한 계산 방법

예컨대 2300×400과 같이 끝자리에 0이 있는 곱셈에서는 0을 제외한 23×4를 계산하고, 끄트머리에 있는 두 수의 0의 개수의 합만큼 0을 덧붙이면 된다고 하는 간편한 방법은 몇 개의 계산 결과에서 귀납하게 하고, 나아가 연역적으로 설명하게 할 내용이다.

13 정수×소수, 소수×소수의 계산 방법

1. 승수가 소수인 곱셈의 방법

이는 지금까지의 곱셈과 마찬가지로, 소수(의 기수법)의 의미와 곱셈의 의미(또는 곱셈이 이용되는 경우나 모델)를 바탕으로 생각해나가는 것이다. 따라서 이것도 지금까지의 곱셈 방법과 같이 연역적으로 알아낼 내용이며, 이때 이전에 학습한 계산 방법으로부터의 유추가 중요한 활동이 된다. 그 연역하는 방법이란, 예컨대 2.3×4.3은

① $2.3 \times 4.3 = 2.3 \times 43 \div 10$

② $2.3 \times 4.3 = 2.3 \div 10 \times 43$

③ $2.3 \times 4.3 = 23 \times 43 \div 100$

이라는 세 가지 중의 어느 한 가지를 의미한다.

이런 것은 어느 것이나 정수의 곱셈에 귀착시키는 방법이다.

①은 승수 4.3을 '43의 $\frac{1}{10}$'로 본다(소수의 의미). 그리고 2.3은 1에 해당하는 수(곱셈의 의미)이므로, 이의 43배를 구하면, 이의 $\frac{1}{10}$이 된다는 것이다.

②는 4.3을 '0.1의 43배'로 본다(소수의 의미). 이때 2.3은 1에 해당하는 크기이므로, 이의 0.1에 해당하는 크기를 구하고, 이것을 43배하면 된다고 보는 것이다.

③은 두 수 모두 정수로 손질하는 것으로서, 2.3과 4.3은 각각을 10배

하면 23과 43이 된다. 그래서 23×43이라고 보면 바탕이 되는 수의 10배를 10배한 셈이 되므로, 100으로 나누면 된다고 보는 것이다.

①과 ②는 생각하기 쉽도록 하기 위해서 수직선에서의 곱셈의 의미를 사용하며, ②의 경우는 다음과 같이 생각하는 것이다.

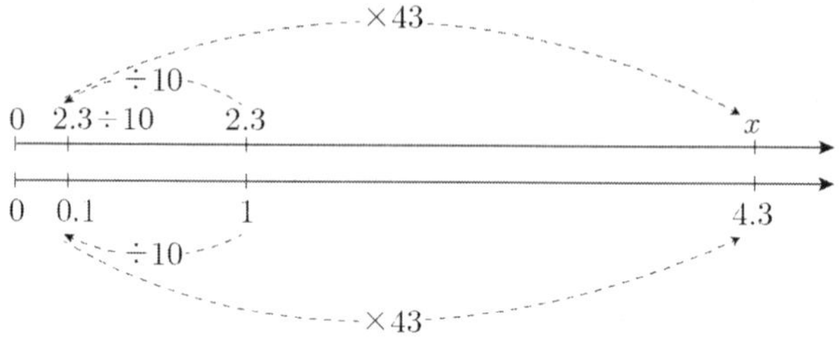

(1에 해당하는 크기는 $2.3\div10$, 4.3은 0.1의 43배이므로 x는 $2.3\div10$의 43배)

또는 예컨대 '1m의 무게가 2.3kg인 철봉 4.3m의 무게는 얼마인가?'라는 구체적인 문제로 생각하면, 0.1m의 무게는 2.3kg의 $\frac{1}{10}$이므로 $2.3\div10$, 4.3m는 0.1m의 43배이므로 무게도 43배가 되어 $2.3\div10\times43$이 된다고 생각한다.

①에 대해서도 대동소이하다. 이와 같이 소수의 곱셈도 소수의 의미와 곱셈의 의미에 바탕을 두고 알아내게 할 내용인 것이다. 역시, 피승수마저 정수로 고칠 필요는 없으므로 ③은 자연스럽지가 못하다.

2. 필산 형식

필산 형식도, 그 계산 방법과 이전에 학습한 정수의 곱셈의 필산 방법에서 연역적으로 알아내게 할 내용이다. 예컨대 2.3×4.3의 필산 방법은 23×43의 필산 방법을 바탕으로 설명할 수 있다.

3. 곱과 승수의 대소 관계

소수의 곱셈의 의미나 계산에서 곱과 피승수와의 대소 관계가 명확해진다. 즉,

승수>1일 때는 곱$>$피승수

승수$=1$일 때는 곱$=$피승수

승수<1일 때는 곱$<$피승수

라는 관계이다.

이는 승수가 위의 세 가지 경우(특히 세 번째)에 대해서, 승수가 여러 가지 수일 때의 결과를 비교해봄으로써, 귀납적으로 알아낼 수 있으며, 더 나아가 수직선에서의 곱셈의 의미에서 연역적으로 명확히 할 수 있다. 예컨대 2.3×0.4와 같이 승수가 1보다 작으면 아래 수직선과 같이, 곱 x가 1보다 작은 0.4에 대응하는 값이므로 피승수 2.3보다 작다는 것을 명확하게 알 수 있다.

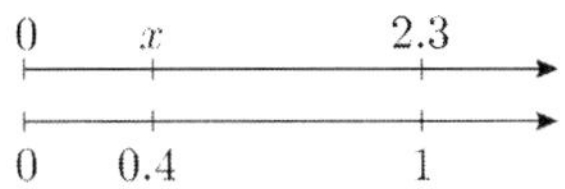

이것은 분명히 계산 결과나 곱셈의 의미에서 알 수 있는 것이므로 연역적으로 알아내게 할 내용이다.

14 분수의 곱셈의 계산 방법

1. 분수×정수

분수의 곱셈의 계산 방법은 소수의 곱셈에서와 같이 곱셈의 의미와 분수의 의미에서 연역적으로 알아낼 수 있다.

[분수×정수]의 계산은 동수누가에서 $\frac{a}{b}\times c=\frac{a+a+a+\cdots+a}{b}=\frac{a\times c}{b}$와 같이 된다. 또는 $\frac{a}{b}$는 $\frac{1}{b}$의 a배이므로, 그 c배는 $\frac{1}{b}$의 $a\times c$배가 된다. 그러므로 $\frac{a\times c}{b}$와 같은 것은 이전에 학습한 곱셈의 의미와 분수의 의미에서 알 수 있으며, 연역적으로 알아내게 할 내용이다.

2. 분수×분수

소수인 경우와 마찬가지로

① $\frac{a}{b}\times\frac{c}{d}=\frac{a}{b}\times c\div d$

② $\frac{a}{b}\times\frac{c}{d}=\frac{a}{b}\div d\times c$

라는 두 가지 생각을 할 수 있으며, 어느 것이나 $\frac{a\times c}{b\times d}$가 된다.

이것은 소수의 곱셈의 계산 방법에서 유추하면서 연역적으로 생각할 수 있다. 그리고 수직선이나 구체적인 장면에 맞추어서 생각할 수 있다는 것도 소수의 곱셈의 경우와 마찬가지이다. 예컨대 ②는 다음과 같이 $\frac{1}{d}$의 크기를 구하기 위해서 d로 나누고, 이의 c를 구하면 된다.

예컨대 2)는

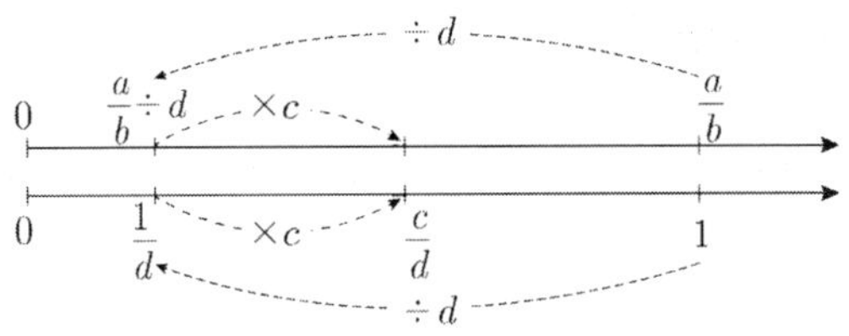

그리고 곱과 피승수와의 관계

$$승수>1일\ 때는\ 곱>피승수$$

$$승수=1일\ 때는\ 곱=피승수$$

$$승수<1일\ 때는\ 곱<피승수$$

는 소수의 경우에서 유추할 수 있으며, 이 유추가 옳은 것임을 소수의 경우에서와 같이 연역적으로 명확히 할 수 있다.

15 나눗셈의 계산 방법

1. 곱셈구구의 역인 나눗셈

나눗셈에는 포함제와 등분제의 두 가지 의미가 있었다. 그것은 예컨대 $18 \div 6$이라면

(포함제) $6 \times \square = 18$이나

(등분제) $\square \times 6 = 18$의 $\square$의 값을 구하는 것이었다.

따라서 이 나눗셈의 의미를 바탕으로, 구구를 이용하여 쉽게 $48 \div 6 = 8$이라고 연역적으로 구할 수 있다.

2. 나머지가 있을 때

나머지가 있는 나눗셈의 답도 나머지가 있는 나눗셈의 의미를 바탕으로 구구를 써서 쉽게 구할 수 있다. 즉, 포함제적인 장면에서는 **나눌 수 있을 때까지 나누었을 때의 무더기의 수와 나머지를 구한다**라는 의미에 바탕을 두고, $55 \div 8$이라면 $8 \times \square$에 해당하는 수 가운데서 55에 가장 가까운 $\square$를 구하면

$8 \times 6 = 48 < 55$　$8 \times 7 = 56 > 55$이므로, $55 - 48 = 7$을 구하면

$55 \div 8 = 6$ 나머지 7

그리고 $\square \times 8$에 해당하는 수 가운데서 55에 가장 가까운 $\square$를 구하

면, 마찬가지로

$$55 \div 8 = 6 \text{ 나머지 } 7$$

이라고, 연역적으로 생각할 수 있다.

3. 몫이 두 자리 이상의 수이고, 제수가 한 자리 수인 나눗셈

이것은 위에서 알아본 ⓜ: 나눗셈의 의미와 ⓡ: 어림셈에 의해서 다음과 같이 알아낼 수 있다.

[예 1] $65 \div 3$

ⓡ 65를 60으로 보고 $60 \div 3$을 계산한다.

ⓜ 이것은 $3 \times \square = 60$의 □를 구하는 것이므로,

ⓡ $\square = 20$이라고 가정하면 $3 \times 20 = 60$

20이 몫의 어림수이다.

이때,

$65 - 60 = 5$의 5에 대해서

ⓜ $5 \div 3 = 1 \cdots 2$가 얻어진다. 그러므로 구하는 답은 $20 + 1 = 21$이기 때문에 21 나머지 2가 된다.

[예 2] $967 \div 4$

ⓡ 967을 900으로 보고 $900 \div 4$를 계산한다.

ⓜ 이것은 $4 \times \square = 900$의 □를 구하는 것이므로,

ⓡ $\square = 200$과 300이라고 가정하면

$4 \times 200 = 800$

$4 \times 300 = 1200$

그러므로 200이 몫의 어림이다.

이때, $967 - 800 = 167$의 167에 대해서 $167 \div 4$를 계산한다.

ⓡ 167을 160으로 보고 $160 \div 4$를 계산한다.

ⓜ $4 \times \square = 160$이므로

ⓡ 이 □를 어림셈한다. 그리하여

$167 - 160 = 7 \quad 7 \div 4 = 1 \ \cdots \ 3$이 되어,

답은 $200 + 40 + 1 = 241$ 나머지 1을 얻는다.

이상의 설명 가운데서 ⓜ은 나눗셈의 의미이고, ⓡ는 어림셈이다. 이와 같이 필산 형식에 들어가기 전에 나눗셈의 의미와 어림셈을 바탕으로 생각하여 몫과 나머지를 연역적으로 구할 수 있다.

16 정수의 나눗셈의 필산 방법과 그 알고리즘

제수가 두 자리 이상의 수일 때도 그 답은 어림셈을 하여 전망을 세워 보려는 생각과 나눗셈의 의미를 바탕으로 하여 연역적으로 생각함으로써 얻어진다.

예컨대 5799÷26은 (의미와 어림셈을 바탕으로)

필산(왼쪽의 계산에 대응시킨다)

```
      223  … ⑩
        3  … ⑦
       20  … ④
      200  … ①
26 ) 5799
     5200  … ②
      599  … ③
      520  … ⑤
       79  … ⑥
       78  … ⑧
        1  … ⑨
```

① 5000÷20과 어림셈

20×□가 5000에 가까운 □를 구한다.

20×200＝4000이어서 □＝200

② 26×200＝5200이므로

③ 5799－5200＝599

④ 500÷20과 어림셈 : 20×□＝400이어서,

□＝20이 된다.

⑤ 26×20＝520

⑥ 599－520＝79

⑦ 70÷20에서, 대체로 3

⑧ 26×3＝78

⑨ 79－78＝1

⑩ 그래서 몫은 223 나머지 1(여기서 200＋20＋3＝223)

이와 같이 필산은 의미와 어림셈을 바탕으로 하는 방법을 형식화한 것이다. 따라서 가르쳐줄 것은 이 형식뿐이라는 것이다(①과 ④의 0은 생략하게 한다). 그리고 세우고, 곱하고, 빼고, 받아 내려서라는 형식적 방법은 이 필산을 하는 가운데 알고리즘화하려는 생각에 의해서 귀납적으로 생각해내도록 하였으면 한다.

17 소수의 나눗셈의 계산 방법

1. 계속 나누어가기와 끝수의 처리

'소수÷정수'를 이용하는 장면에서 '1.5L의 우유를 6명이 똑같이 나눈다면 한 사람 앞에 얼마씩 돌아가는가?'라는 문제는, 실제 장면에서는 나머지가 생기지 않도록 나눈다. 그런데 $1.5 \div 6$을 계산하면 $1.5 \div 6 = 0.2 \cdots 0.3$이 된다. 이때, 문제의 의미에 입각해서 '나머지가 생기지 않도록 하려면 어떻게 해야 하는가?'하는 것이 문제가 된다. 이것은 0.3L를 다시 나누어야 하는 것이므로 0.3을 다시 6으로 나누게 된다. 이와 같이 하여 0.01L를 단위로 삼아서 $30 \div 6 = 5$를 알아보고, $1.5 \div 6 = 0.25$와 같이 계속해서 나누어가면 된다는 것을 알아내게 된다.

이는 나눗셈에서 등분제의 경우인데, 포함제의 경우에도 똑같이 '아버지의 체중은 65kg, 딸의 체중은 25kg이다. 아버지의 체중은 딸의 체중의 몇 배인가?'라는 문제에 대해서 $65 \div 25 = 2 \cdots 15$라는 것은 이상하다는 사실을 알 것이다. 그래서 다시 15를 0.1이 150이라고 보고, $150 \div 25 = 6$이라고 계산하여 $65 \div 25 = 2.6$이라고 하면 된다는 것을 알아차리게 된다. 이와 같이 하여 계속해서 나누어가는 방법을 필산 방법과 함께 포착해 간다.

```
      2.6
25 ) 65
     50
     150
     150
       0
```

이와 함께 위와 같은 문제에서 2.6배라는 소수 배에 대해 알게 된다. 그리고 적당한 자리에서 몫을 반올림하거나 버리거나 하여 끝수를 처리하게 된다. 그러나 이것은 정수의 범위에서의 반올림 등을 학습하였으므로, 아동들이 처리할 수 있는 내용이다.

2. 소수로 나누는 계산

나눗셈은 비율을 구할 경우와 기준량의 크기를 구하는 경우에 이용한다. 이 사실과 소수의 의미를 바탕으로 하여 계산 방법을 생각하게 된다. 예컨대 $3.68 \div 0.8$은

① 3.68의 비율이 0.8일 때, 1에 해당하는 크기를 구한다.

비율 8(8배)의 크기는 $0.8 \times 10 = 8$이므로 3.68×10이다. 따라서 1에 해당하는 크기는

$$\begin{aligned} 3.68 \div 0.8 &= 3.68 \times 10 \div (0.8 \times 10) \\ &= 36.8 \div 8 \end{aligned}$$

이라고 하면 된다는 것을 알 수 있다.

② 또는 3.68이 0.8의 몇 배인가를 알아볼 때와 같이 0.8이 기준량의 크기일 경우, 3.68은 어느 정도의 비율인가를 구한다.

이때는 $0.8 = 0.1 \times 8$, $3.68 = 0.1 \times 36.8$이므로 0.1을 단위로 삼으면 '36.8이 8의 몇 배인가?'라고 볼 수 있다. 따라서

$$\begin{aligned} 3.68 \div 0.8 &= (0.1 \times 36.8) \div (0.1 \times 8) \\ &= 36.8 \div 8 \end{aligned}$$

이라고 하면 된다는 것을 알 수 있다.

이와 같이 나눗셈의 의미와 소수의 의미라는 이전에 학습한 사항을 바탕으로 하여 연역적으로 생각하여 계산 방법(제수가 정수인 경우로 귀착한다는 것)을 알아내게 한다.

물론 위의 ①, ②와 같은 방법을 알아내기 위해서, 나눗셈의 의미를 수

직선에 나타내고 이것을 이용하거나 구체적인 문제에 비추어서 생각하거나 하면 된다. 그러므로 어느 경우나 이전에 학습한 사항을 바탕으로 하여 연역적으로 알아보게 할 내용인 것이다.

예를 들면, ①의 수직선을 이용하는 생각은 다음 그림과 같다.

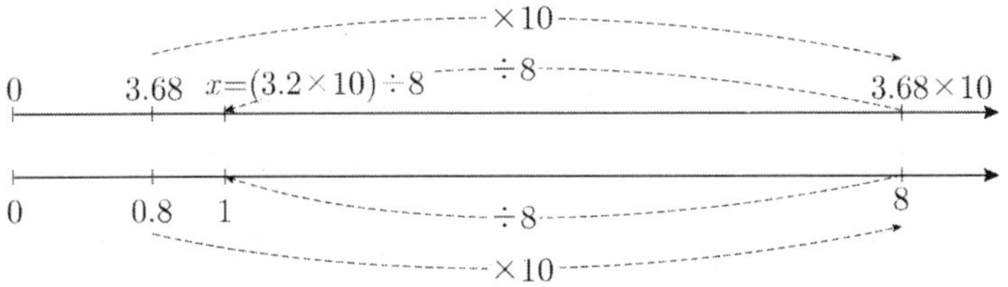

이 수직선에서 0.8의 10배인 8에 해당하는 크기가 3.68×10이고, 이것을 8로 나눈 것의 크기가 1에 해당하는 크기임을 알게 된다. 그러므로 (3.68×10)÷(0.8×10)인 것이다.

또한 ②의 구체적인 문제에 비추어서 알아보는 생각은, 예를 들면 '3.68L의 물은 0.8L의 몇 배인가?'를 알아보는 것으로, dL를 단위로 보면 3.68L는 36.8dL이고, 0.8L는 8dL이므로 3.68÷0.8=36.8÷8이라고 연역적으로 생각하면 된다는 것을 알 수 있다.

3. 몫과 피제수의 대소 관계

몫과 피제수와의 대소 관계를 알아보려는 생각과 그 결과는 소수의 곱셈의 경우를 바탕으로 유추하여 조사한다. 또한 몇 개의 계산 결과에서 귀납할 수 있으며, 더 나아가 수직선에서의 의미를 바탕으로 하여, 예컨대 제수가 1보다 작은 경우의 몫은 피제수보다 커진다는 것을 연역적으로 명확히 할 수 있다.

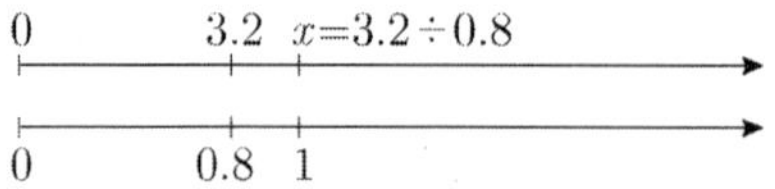

(이 그림에서 $0.8 < 1$이므로, $x > 3.2$)

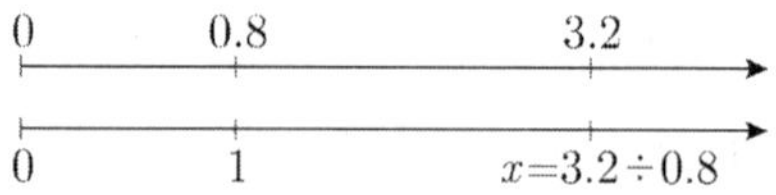

(이 그림에서 $1 > 0.8$이므로, $x > 3.2$)

4. 나눗셈의 필산

지금까지의 고찰과 정수의 나눗셈의 필산 방법을 바탕으로 알아볼 수 있지만, 피제수와 제수에 같은 수를 곱해서, 제수를 정수가 되게 손질할 때의 표기 방법(소수점을 지우는 방법)은 지도하여야 할 내용이다.

18 나머지가 있는 소수의 나눗셈에서 나머지를 구하는 방법

피제수=몫×제수+나머지

라는 관계를 이용하면 나머지는 구할 수 있으므로, 이것은 너무 깊이 다루지 않아도 무방하지만, 예컨대 '주스 4.8L로는 0.9L 들이 병으로 몇 병이 되는가?'라는 문제는 4.8÷0.9가 되는데, 이 두 양은 0.1L(1dL)를 단위로 보면 그 48배와 9배이므로 48÷9=5 … 3이 된다. 그러나 이 나머지 3은 단위가 0.1L이므로, 실제 크기는 0.3(0.3L)이다. 따라서 4.8÷0.9=5 … 0.3이 된다는 것을 알게 된다. 즉, 나머지의 소수점은 처음 수의 소수점의 자리와 일치한다는 것을 알게 된다. 이것도 다소 어렵기는 하지만 가르쳐줄 것은 아니고 알아보게 할 내용이다.

19 분수의 나눗셈

1. 분수÷정수

이것은 먼저, 피제수의 분자가 제수의 배수인 경우, 예컨대 $\frac{8}{5}\div 2$는 $\frac{8}{5}=\frac{1}{5}\times 8$이라는 분수의 의미를 바탕으로, 정수의 나눗셈을 써서 $\frac{1}{5}\times(8\div 2)=\frac{8\div 2}{5}$라고 하면 된다는 것을 알 수 있다. 하지만 $\frac{8}{5}\div 3$과 같이 피제수의 분자가 제수의 배수가 아닌 경우는 이것을 사용할 수 없다. 그래서 이것을 사용할 수 있도록 하기 위하여 피제수인 분수를 크기가 같은 분수로 손질한다. 즉, $\frac{8\times 3}{5\times 3}\div 3$으로 손질하여 $\frac{8\times 3\div 3}{5\times 3}=\frac{8}{5\times 3}$라고 하면 된다는 것을 알 수 있다. 이리하여 $\frac{8}{5}\div 2$도 $\frac{8}{5\times 2}$이라고 하면 된다는 것을 확인할 수 있다.

이와 같이 분수÷정수의 계산 방법은 연역적으로 생각해서 알아낸다. 여기서는 분수의 의미($\frac{a}{b}=\frac{1}{b}\times a$)와 크기가 같은 분수를 만드는 방법($\frac{a}{b}=\frac{ka}{kb}$)이 바탕을 이룬다.

2. 분수÷분수

(1) 비율을 구하는 경우를 바탕으로 하는 계산 방법

비율을 구하는 것이 나눗셈의 한 가지 의미이지만, 이 의미에 바탕을 두고 다음과 같이 생각한다. 예를 들면 $\frac{2}{5}\div\frac{3}{4}$은 '$\frac{2}{5}$는 $\frac{3}{4}$의 몇 배인가?'를 의미한다는 것이다. 이때 몇 배인가를 구하기 위해서는 단위를 가지런히 하여야 한다. 즉, 분모를 가지런히 한다.

그래서 통분하여 $\frac{2\times4}{5\times4}\div\frac{3\times5}{4\times5}$라고 한다. 이렇게 하여 $\frac{1}{5\times4}$을 단위로 삼으면 그 (2×4)개는 (3×5)개의 몇 배인가를 알아보면 되므로, $\frac{2}{5}\div\frac{3}{4}=\frac{2\times4}{5\times3}$이라고 하면 된다는 것을 알게 된다. 여기서도 이전에 학습한 나눗셈의 의미와 통분을 바탕으로 하여 연역적으로 생각할 수 있다.

(2) 기준량을 구하는 경우를 바탕으로 하는 계산 방법

예를 들면 $\frac{8}{5}\div\frac{3}{4}$은 '$\frac{8}{5}$이 $\frac{3}{4}$에 해당하는 양일 때, 처음(바탕을 이루는) 양의 크기는 얼마인가?'를 알아볼 경우에 이용된다. 이때는 $\frac{3}{4}=\frac{1}{4}\times3$이므로 $\frac{1}{4}$에 해당하는 양의 크기는 $\frac{8}{5}\div3$이 된다. $\frac{1}{4}$에 해당하는 양의 크기를 알았으면, 1에 해당하는 양의 크기는 그 4배임을 알 수 있다. 그러므로 $\frac{8}{5}\div3\times4=\frac{8\times4}{5\times3}$와 같이 된다는 것을 알 수 있다.

여기서는 나눗셈의 의미, 분수의 의미, 분수×정수 및 분수÷정수의 계산 방법을 이용하여, 이 방법을 연역적으로 알아내게 되는 것이다. 곱하기의 경우와 마찬가지로, 나눗셈의 의미 대신에 수직선에서의 의미나 구체적인 장면에 비추어서 생각할 수도 있다.

20 정수, 소수, 분수의 곱셈·나눗셈의 계산 방법의 통합

정수는 분모가 1인 분수로, 소수는 분모가 10^n인 분수로 나타낼 수 있다. 이를 바탕으로 정수, 소수, 분수의 곱셈이나 나눗셈은 모두 분수의 곱셈이나 나눗셈으로 나타낼 수 있다는 것을 알 수 있다. 예를 들면 $\frac{3}{4}\times 6\times 0.23=\frac{3}{4}\times\frac{6}{1}\times\frac{23}{100}$과 같이 나타낼 수 있다.

또한 분수의 나눗셈은 제수의 역수를 곱하는 곱셈으로 손질할 수 있다. 따라서 분수의 곱셈과 나눗셈을 학습한 다음의 정수, 소수, 분수의 곱셈과 나눗셈은 모두 분수의 곱셈 계산으로 통합할 수 있다. 예를 들면 $2.8\div\frac{3}{7}\times 3.75=\frac{28}{10}\times\frac{7}{3}\times\frac{375}{100}$와 같이 나타낼 수 있다.

이는 정수, 소수와 분수의 관계, 분수의 나눗셈과 곱셈의 관계(역수를 곱한다는 것)를 이용하면 알 수 있는 것이므로, 아동이 생각하여 알아내게 할 내용이다.

21 곱셈·나눗셈의 어림셈

어림셈은 다음과 같은 경우에 사용한다.

① 원래 어림수인 것을 계산할 때

② 본디의 수가 모두 참값이더라도 계산 결과가 어림수인 것이 바람직할 때, 또는 어림수로 충분할 때

③ 연산 및 계산의 방법 또는 결과에 대한 전망을 세우거나 확인할 때

그런데 어느 경우가 되었건 문제 장면에 비추어 어느 정도의 어림수로 계산하고, 결과를 어느 정도의 어림수를 취하면 좋은가를 알아보게 된다. 그리고 이런 경우에 사용한다는 것은 두말할 나위 없이, 곱셈·나눗셈 계산과 어림수를 취하는 것(반올림, 버림, 올림)이다. 이런 지식이나 기능이 정착되어 있으면 어림셈은 할 수 있다. 따라서 생각하게 할 것은 어림수를 취하는 편이 좋은가, 어림셈을 하는 것이 좋은가, 어느 정도의 어림수로 어림하는 것이 좋은가 하는 것이다. 이런 것은 모두 알아내게 할 내용이다.

22 곱셈·나눗셈에 관한 수학적인 생각

지금까지 살펴본 곱셈과 나눗셈에 관한 학습을 통하여 다음과 같은 곱셈과 나눗셈에 관한 생각을 배양하고, 이를 이용할 수 있도록 하는 것이 곱셈과 나눗셈에 관한 학습의 중요한 목적이다.

① 곱셈이나 나눗셈 연산의 의미를 명확히 하거나, 넓히거나, 이를 바탕으로 하여 생각한다(조작의 생각).
② 곱셈이나 나눗셈의 계산 방법을 형식화하고 간단하게 처리할 수 있게 한다(알고리즘의 생각).
③ 수나 계산 결과를 개괄적으로 포착하거나 그 결과를 이용하려고 한다(개괄적 파악의 생각).
④ 곱셈이나 나눗셈의 계산 법칙이나 성질에 주목한다(기본적 성질의 생각).

그리고 다음 두 가지는 연산을 결정하거나 계산 방법을 알아보는 데에 중요한 것이다.

⑤ 단위의 크기나 관계에 주목한다(단위의 생각).
⑥ 수를 나타내는 방법의 기본 원리(십진 위치적기수법의 원리나 분수로의 표현 방법에 대한 약속)에 바탕을 두고 생각한다(표현의 생각).
뿐만 아니라 나중에 기술할 함수의 생각이나 식에 관한 생각도 중요하다.

Chapter 6

지도내용 양과 측정의 체계화

'양과 측정'에서 다루는 양

초등학교 수학에서 다루는 양은 이산량(분리량)과 연속량이다. 사람 수나 종이의 매수와 같은 이산량을 세는 방법이나 개수를 쓰는 방법에 대해서는 '수와 연산'이라는 영역에서 다룬다. 그리고 여기서 말하는 '양'은 연속량이다. 이 연속량 가운데, 초등학교 수학에서 지도 대상으로 삼는 양은 길이, 부피(체적과 용적), 무게, 넓이, 시간(시각), 각의 크기, 빠르기, 종류가 다른 두 양의 비율(단위량 당의 크기)로 나타나는 양 등이다.

이런 것들에 관한 기초적인 경험을 전제로 삼아 각 양의 비교나 측정에 관한 학습을 전개한다. 각 양의 개념에 관해서는 그 비교나 측정하는 활동을 통하여 점진적으로 명확히 포착시켜 나간다. 그래서 먼저 각 양에 관한 학습의 전제로, 어떤 것을 기초적인 경험으로 볼 것인가를 생각해 둘 필요가 있다.

01 길이의 비교·측정

1. 길이에 관한 기초적인 경험

예를 들면 책상의 세로와 가로라거나, 새 연필과 쓰던 연필 또는 크기가 같은 두 컵에 담긴 주스의 높이와 같이 주변에 있는 물건에 대하여 눈으로 보기만 해도 길이가 다르다는 것이 분명한 것에 대해서는 어느 것이 긴가를 알 수 있다. 특히 이런 예와 같이 간단하고 곧은 사물의 길이가 다르다고 판단하는 것은 기초적인 경험에 속한다. 그리고 이와 같은 곧은 사물에 대해서는 높이나 너비(폭) 등의 길이도 인식한다. 즉 '어느 쪽이 큰가에 대해서' 길이를 비교할 것인가, 전체의 크기(부피) 등의 다른 양을 비교할 것인가의 판단은 할 수 있다.

이 길이의 인식이 형성되어 있는가의 여부는 비교해야 할 길이를 비교했는가의 여부로 판단하게 된다. 이것이 **길이의 개념은 길이의 비교를 통해서 포착하게 된다**는 것의 발로(현상)이다. 또한 굽은 것을 바로 펴도 길이는 달라지지 않는다거나, 몇 개의 물건을 배열해서 되는 길이는 그 배열하는 것의 순서를 달리 하여도 달라지지 않는다거나, 같은 것을 몇 개 배열하였을 때 개수가 많은 쪽이 길다고 하는, 길이라는 양의 **보존성**이나 **가법성**에 관한 인식도 간단한 경우에 대해서는 기초적인 경험으로 가지고 있다.

더구나 이런 것의 바탕에는 사물을 움직여도 크기는 변하지 않는다는 **운동의 공리**를 전제로 삼고 있으며, 이것도 아동에게는 자명한 것이라고 생각할 수 있다. 이 운동의 공리는 다른 양에 대해서도 전제로 삼고 있는 것이다.

그러나 이 보존성이나 가법성을 모든 아동이 충분히 인식하고 있다고 볼 수 없을 때는 일반적으로는 직접비교나 임의단위에 의한 측정의 학습을 하는 가운데서 보완되고, 정착시키게 될 것이다. 더욱이 길이에 대해서는 다음과 같은 다양한 표현 방법이 있다.

길다·짧다, 넓다·좁다, 두껍다·얇다, 깊다·얕다, 높다·낮다, 키가 크다·키가 작다, 멀다·가깝다, 굵다·가늘다(예컨대 허리 둘레) 등. 이에 대응해서 길이, 넓이, 두께, … 등의 표현 방법이 있으며, 나아가 더욱 길다, 가장 길다 등의 비교급, 최대급 언어 표현이 있다. 이런 말의 사용 방법에 관해서는 일상생활이나 학교생활, 국어 등의 다른 교과의 학습에서 정착되어 있다고 생각된다. 초등학교 수학에서는 특별히 지도하게 되어 있는 것은 아니지만, 그때그때 사용할 수 있는가의 여부를 확인하면서 사용할 수 있도록 하는 것이 바람직하다.

2. 길이의 직접비교

길이의 차가 눈으로 보기만 해서는 분명하지 않을 때는 이것을 직접 포개어서 비교한다. 이때 포개지지 않는 부분이 되도록 많아지도록 한쪽 끝을 가지런해지게 하여 포개고, 포개지지 않는 부분이 있는 쪽이 길다고 판단한다. 이에 상응하는 기초적인 경험이 있기 때문에 어느 아동이나 비교할 수 있다고 생각된다. 그러므로 이것은 특별히 가르쳐줄 내용은 아니다.

굽은 것을 비교할 때는 되도록 똑바로 펴서 정확하게 포개지도록 하여 비교한다. 이런 것은 그다지 경험하지 못했을지 모르므로, 아동들에게 생각해보게 하고 귀납적으로 알아내게 할 내용이다.

이 직접비교의 방법을 "이와 같이 끝을 정확하게 가지런히 하여, 되도록 포개지는 부분이 많아지게 포개면 비교할 수 있다"라고 일반화해서 종합·정리할 필요가 있다. 이것은 귀납적으로 알아보게 할 내용이다.

3. 길이의 간접비교

두 사물의 길이를 비교하려고 하지만 직접 포갤 수 없을 때, 한쪽 또는 양쪽의 길이를 다른 것에 복사하고, 이것을 포개서 비교하는 간접비교를 한다. 이 방법 자체는 아동들이 기초적인 경험으로서 경험하지는 않았지만, 생각하게 하여 알아내도록 할 내용이다.

이때 두 양의 크기를 각각 a, b라고 하면, 이 a를 다른 양 c에 옮겨 놓는다. 이때 $a=c$이므로, 여기서는 $a=c$, $c>b$(또는 $c<b$ 또는 $c=b$)이면 $a>b$(또는 $a<b$, 또는 $a=b$)라는 공리를 이용한다. 이것이 간접측정의 근거가 된다. 그러나 이는 아동들이 경험적으로 알고 있는 것이라고 볼 수 있다. 그러므로 극히 간단한 경우에 이 관계를 사용하는 것에 대해서는 기초적인 경험을 통해서 형성되어 있다고 보아도 무방하다.

이런 것은 넓이나 부피(들이)에 대해서도 마찬가지이다. 다만 굽어 있고, 굽은 것을 똑바로 펴기 어려운 것의 길이나 나란하게 놓인 책상과 책상의 간격 등, 측정하려는 것을 확실하게 포착하기 어려운 것에 대해서는 측정할 부분을 다른 것에 복사하여 비교하면 된다. 이런 것은 지도를 통해서 알아차리게 할 것이다.

4. 길이의 임의단위에 의한 측정

어느 쪽이 얼마나 긴가를 명확히 하게 하는 것은 수를 이용해서 길이를 나타낼 필요가 있다. 그래서 적당한 것을 단위로 삼아 그 몇 개분이라고 나타내게 한다.

이와 같은 길이의 임의단위에 따른 측정에 관한 기초적인 경험이란, 쌓기나무나 카드의 배열하기 놀이에서 어느 것이 긴가를 각각의 개수나 매수로 비교한 경험이다. 이런 경험을 바탕으로 지우개나 연필 등을 단위로 삼아, 그 개수로 길이를 나타낸다는 것을 알아차리게 할 수 있다. 즉, 이는 기초적인 경험을 바탕으로 하여 귀납적으로, 나아가서는 연역적으로 생각하면 알 수 있는 내용이다.

이때 '양 a를 몇 번인가 더해나가면, 반드시 어떤 크기의 양 b에 가까워지며, 1개를 더 더하면 b를 초과하도록 할 수 있다'는 아르키메데스의 원리가 그 바탕에 깔려 있는 것이지만, 이는 아동들로서는 경험적으로 아무런 의문도 없이 생각하고 있는 것이다. 즉, 이것도 기초적인 경험으로서 형성되어 있는 것이며, 다른 어떤 양에 대해서도 똑같이 말할 수 있는 것이다.

5. 길이의 보편단위에 의한 측정

길이의 보편단위의 필요성을 알게 하는 대목에서 보편단위로는 cm, m, mm가 있다는 것을 지도한다. 또, 이들 단위 사이의 관계

$$1\text{m} = 100\text{cm}, \; 1\text{cm} = 10\text{mm}$$

도 지도한다. 이는 말할 나위도 없이 약속으로서 가르쳐줄 내용이다. 이어서

$$\text{단위 km와 } 1\text{km} = 1000\text{m}$$

라는 것도 가르쳐준다.

길이의 측정 기구로 이른바 자뿐 아니라, 줄자 등과 같은 것이 있다는 것은 가르쳐줄 내용이며, 그 눈금이 매겨진 방법이나 그 사용 방법은 처음 단계에서는 가르쳐주게 되지만 점진적으로 읽을 수 있고 사용할 수 있도록 한다.

그리고 길이를 실측할 때 그 값은 근사치이다. 그래서 어느 정도까지를 자세하게 측정하면 좋은가를 판단할 수 있게 하고 싶지만, 이는 측정의 목적이나 측정할 대상에 따라 판단하는 것임을 포착시킨다. 예컨대 칠판의 길이는 1cm나 2cm의 오차가 문제되지 않는다면, 5cm 단위로 읽으면 될 것이다. 또한 자를 이용해서 측정할 때 처음에는 최소인 눈금까지

를 읽고, 점진적으로 최소인 눈금의 반까지 읽을 수 있으면 충분하다는 것 등은 아동들과 논의하는 가운데서 생각하게 하면 알 수 있을 것이다.

즉, 계기의 종류를 알고 난 다음에는 문제의 해결을 위해 어떤 단위가 새겨진 계기를 사용하는 것이 좋은가, 어느 단위까지 읽으면 되는가 하는 것은 생각해서 판단할 수 있다. 물론 예를 들어 철도의 거리와 같이 1km의 단위까지 측정하는 관습이나, 측정 목적에 따라서 정해지는 것 등은 가르쳐줄 내용이다.

02 넓이

1. 넓이에 관한 기초적인 경험

넓이에 관해서도 한쪽이 다른 쪽에 완전히 포함되는 경우와 같이, 보기만 해도 차이를 알 수 있을 때는 '어느 쪽이 넓은가'에 대해서 답할 수 있다. 그리고 포갰을 때 한쪽이 다른 쪽에 포함되면 포함된 쪽이 작다는 것도 알 수 있다. 이런 의미에서는 기초적인 경험이 있다고 볼 수 있다. 그러나 이때의 판단이 넓이를 생각해서 내린 판단인가의 여부는 알 수 없다. 그것은 아동들이 넓이를 어떤 것으로 포착한 것인가가 명확하지 않기 때문이다. 실제로 다음 그림과 같은 두 도형에서는 어느 쪽이 넓은가를 문제로 삼으면 "둘레의 길이가 같으므로 넓이가 같다"라고 판단하는 아동도 적지 않다.

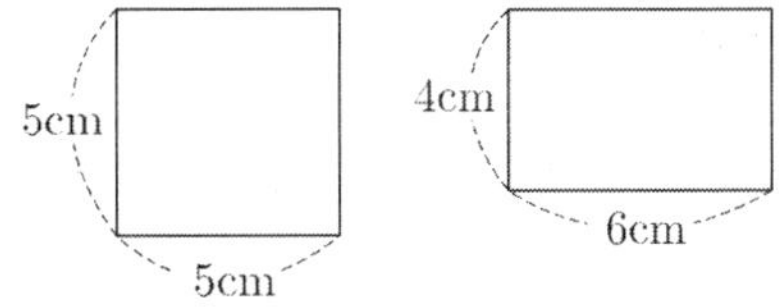

이는 둘레의 길이가 길수록 넓다고 보는, 즉 넓이를 둘레나 변의 길이로 판단한 것이다. 따라서 보기만 하여 판단할 수 있는 경우라도 둘레나 변의 길이로 판단했을지 모른다. 이런 점이 명확하지 않은 것이다.

이런 의미에서 넓이의 기초적인 경험이 형성되어 있다고 보기는 어렵다. 그래서 조기에 이런 기초적인 경험을 확실하게 형성시켜 두는 것이 바람직하다. 이는 어떤 모양을 여러 개 배열해서 여러 가지 모양을 만든다거나, 어떤 모양을 크기가 같게 2개나 4개로 접어서 여러 가지 모양을 만드는 등의 경험을 통해, 이것을 만드는데 사용된 매수나 접은 횟수가 같을 때는, 만들어진 모양은 달라도 크기가 같다고 볼 수 있다는 것을 귀납적으로 이해시킬 내용이다.

2. 넓이의 직접비교

넓이를 비교할 때, 포개보아도 포개지지 않는 부분이 생기는 경우는 포개지지 않는 부분을 잘라서 포개본다. 이 경험은 기초적인 경험이라고 볼 수 없으므로 아동들에게 생각해보게 하여 알아차리게 할 내용이다.

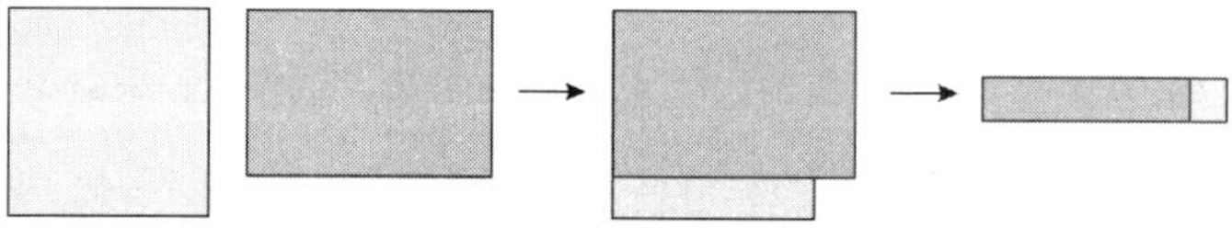

3. 넓이의 간접비교

길이에서와 마찬가지로, 넓이를 비교할 때 직접 포개지지 않는다거나, 포개도 삐져 나온 부분을 자르거나 접거나 할 수 없을 때는 한쪽 또는 양쪽을 이동시킬 수 있는 것에 복사하여, 이를 포개서 비교한다. 이러한 활동은 충분히 생각하게 하면 연역적으로 알아낼 수 있을 것이다. 특히 길이로부터 유추적으로 생각하는 것이 효과적이다.

4. 넓이의 임의단위에 의한 측정

넓이의 임의단위에 의한 측정에 관한 기초적인 경험은 색판을 배열해서 모양을 만들 때, 같은 모양의 색판 3매로 여러 가지 모양을 만들기도 한다. 이때 만들어진 모양은 달라도 크기는 같다는 것을 경험한다. 또한 '땅따먹기'와 같은 놀이에서 각자가 딴 땅을 비교할 때, 정사각형의 개수를 세어서 비교해본 경험이 있을 것이다. 이런 것이 임의단위에 의한 측정의 기초가 되는 경험이다.

이때, 지우개 등을 단위로 삼고, 이를 빈틈없이 메워나가 그 몇 개분으로 측정하는 것을 생각해보게 하여 알아차리도록 할 내용이다. 역시 아르키메데스의 원리에 대해서는 길이에서 언급한 대로이다.

5. 넓이의 보편단위에 의한 측정

'넓이의 보편단위로는 어떤 것을 사용하는 것일까?'하는 것은 길이의 경우에서 유추시키고 싶은 내용이며, 이후에 한 변이 1cm나 1m인 정사각형의 크기를 단위로 삼고, $1cm^2$, $1m^2$라고 쓰며, '1 제곱센티미터', '1 제곱미터'라고 읽는다는 것을 가르친다. 물론 그 단위인 cm^2, m^2와 이것을 적는 방법, 읽는 방법은 가르쳐준다. 뿐만 아니라 km^2, mm^2라는 단위와 a, ha라는 단위도 가르쳐준다.

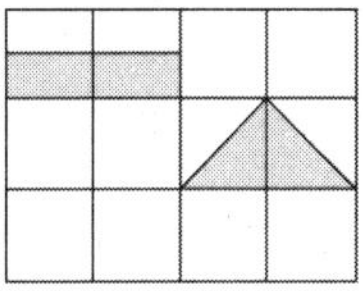

그리고 $1cm^2$인 것의 크기는 한 변이 1cm인 정사각형의 크기만을 지칭하는 것이 아니라 다음과 같이 그 모양은 여러 가지가 있다는 것을 특히 지도하는 것이 바람직하다.

그리고 이런 단위 사이의 관계

$$1cm^2 = 10 \times 10mm^2 = 100mm^2 \qquad 1m^2 = 100 \times 100cm^2$$

$$1km^2 = 1000 \times 1000m^2 \qquad 1a = 100m^2 \qquad 1ha = 100a$$

도 가르쳐줄 내용이며, 이때쯤 '넓이'라는 용어도 가르쳐준다.

03 부피·들이

1. 부피·들이에 관한 기초적인 경험

길이에 관해서 다소 주의 깊게 고찰하였는데, 다른 양에 대해서는 거의 이에 준하거나 이보다 기초적인 경험이 약간 적다고 보아도 무방할 것이다.

부피에 관해서는, 처음에는 오로지 들이 일색이지만 이 경우도, 예를 들면 큰 컵과 작은 컵처럼 보기만 해도 크기의 차이를 알 수 있는 용기의 대소에 대해서는 판단할 수 있게 되어 있다. 그리고 똑같은 컵에 담긴 주스의 높이가 다를 때, 어느 쪽이 많은가 하는 것은 쉽게 알 수 있을 것이다. 이런 것에 관해서는 일상생활에서 마실 것 등을 나눌 때 진지하게 경험했을 것으로 생각된다. 이는 기초적인 경험이다.

그리고 그릇의 물을 모양이 다른 그릇에 옮겨도 물의 양은 달라지지 않는다는 것이나, 이를 바탕으로 하여 그릇에 가득 담긴 물을 다른 그릇에 옮겼을 때 나머지가 생기는가의 여부로 그릇의 대소를 안다.

물을 몇 개의 컵에 나누었을 때, 나누기 전과 나눈 후의 전체의 양은 똑같다는 것도 일상의 경험을 통해서 안다고 생각된다. 이런 것은 액량의 보존성, 가법성에 해당하는 것이며, 앞으로의 학습에 빼 놓을 수 없는 기초적인 경험이다.

2. 부피·들이의 직접비교

두 용기의 대소를 비교할 때 한쪽에 물을 가득 채우고, 이를 다른 쪽에 옮긴다. 이때 물이 남으면 처음 쪽이 크다고 판단하는 것은 기초적인 경험으로서 형성되어 있다. 이것을 일반적으로 '두 그릇의 대소는 한쪽에 가득 채운 물을 다른 쪽에 옮겨 물이 남는가의 여부로 대소를 판단할 수 있다'라고 종합·정리한다.

3. 부피·들이의 간접비교

두 개의 용기의 각각에 주스가 담겨 있을 때, 어느 쪽의 주스가 많은가를 직접비교 할 수 없다. 이때는 크기가 같은 용기에 각각의 주스를 옮기고 이것을 비교한다. 이는 각각의 주스의 양을 다른 용기에 옮겨서 비교하는 간접비교이다. 이것도 길이에서 유추적으로 알아보게 함으로써, 아동들에게 알아차리게 할 수 있다. 물론 이때도 길이에서와 같은 공리를 이용하게 된다.

4. 부피·들이의 임의단위에 의한 측정

아마도 일상생활에서 병에 담긴 주스 등을 컵에 나누어 담았던 경험이 있을 것이다. 이것이 기초적인 경험이 되어 물통 등에 가득 채운 물의 양을 컵 등에 옮겨 그 몇 개분으로 측정할 수 있다는 것은 생각해서 알아차릴 수 있는 것이다. 이는 길이나 넓이로부터의 유추가 도움이 될 것이다.

또한 직육면체 등의 부피를 나타낼 때 단위로 삼은 정육면체를 쌓아서 이 입체와 크기가 같은 것을 만들고, 이때 사용된 단위의 개수로 그 입체의 부피를 나타낸다. 이것도 길이나 넓이로부터의 유추를 활용하여 생각해서 알아차릴 수 있게 하고 싶은 내용이다.

5. 부피·들이의 보편단위에 의한 측정

부피, 들이의 보편단위는, 예컨대 한 변이 1cm인 정육면체의 크기를 단위로 삼으면 좋을 것이라고 하는 것은 지금까지의 넓이의 경우에서 유추할 수 있다. 이후에 한 변이 1cm인 정육면체의 부피를 '세제곱센티미터라고 하며, $1cm^3$라고 적는다는 것'을 가르쳐준다. 또한 $1cm^3$는 모양과는 무관하다는 것을 몇 개의 예를 통해서 이해시킨다. 이것은 귀납적으로 생각해서 알아낼 수 있다.

이에 앞서, 들이의 단위로는

$$\mathrm{mL},\ \mathrm{dL},\ \mathrm{L}$$

$$1\mathrm{L} = 10\mathrm{dL} = 1000\mathrm{mL}$$

를 가르쳐준다. 이런 연후에 부피의 단위와 들이의 단위

$$\mathrm{cm}^3,\ \mathrm{m}^3,\ \mathrm{mm}^3,\ \mathrm{km}^3,\ \mathrm{kL}$$

및 '부피'나 '들이'라는 용어를 가르쳐며, 부피·들이의 단위의 관계

$$1\mathrm{cm}^3 = 10 \times 10 \times 10\mathrm{mm}^3 = 1000\mathrm{mm}^3$$

$$1\mathrm{m}^3 = 100 \times 100 \times 100\mathrm{cm}^3 = 1000000\mathrm{cm}^3$$

$$1\mathrm{L} = 1000\mathrm{cm}^3 \qquad 1\mathrm{kL} = 1999\mathrm{L} = 1\mathrm{m}^3 \qquad 1\mathrm{mL} = 1\mathrm{cm}^3$$

를 가르쳐준다.

어떤 경우에 어떤 단위가 이용되는가 하는 것은 몇 가지 정도의 곧잘 쓰이는 경우를 이해시키는 것이 바람직하다.

04 무게

1. 무게에 관한 기초적인 경험과 직접비교

무게에 있어서 직접 두 손으로 들어보고 비교하는 것이 직접비교인데, 손으로 들어보고 무게를 판단하는 것은 매우 불확실하다. 그래서 비교할 두 물건을 양팔저울의 양쪽 접시에 얹어서 비교하는 것이 직접비교라고 볼 수 있다. 이때 내려간 쪽이 무겁다는 것은 이미 일상생활에서 시소 등의 기초적인 경험을 통해 알고 있을 것이다. 그러나 양팔저울이라는 것이 있다는 것과 이를 사용하는 것은 제시해 주지 않으면 모를 것이며, 이 도구를 사용한다는 암시는 줄 필요가 있을 것이다.

여기서 무게의 간접비교는 어려운 것이어서 다루지 않는다.

2. 무게의 임의단위에 의한 측정

무게에 대해서는 양팔저울을 사용해서 한쪽에 측정할 물건을 얹고, 다른 쪽에 1원짜리 동전 몇 개를 얹어 균형을 잡아 측정치를 얻을 수 있다. 이때 양팔저울을 사용한다는 것은 가르쳐주지 않으면 알아차리지 못할지도 모른다. 그러나 무거운 쪽이 내려가고, 균형이 잡히면 무게가 같다는 것은 기초적인 경험을 통해서 알고 있다. 이를 활용해서 임의단위에 의한 측정을 할 수 있다.

3. 무게의 보편단위

보편단위로서, g와 kg이 이용된다는 것, 나아가 t가 이용된다는 것, 그리고 이것을 읽는 방법 및 이것들 사이의 관계

$$1kg = 1000g$$

$$1t = 1000kg$$

를 가르쳐준다.

그리고 일상생활에서는 어떤 단위가 이용되는가를 살펴보게 하여 어떤 경우에 어떤 단위 및 계기가 이용되는가도 이해시킨다. 취급하게 되는 계기는 정해져 있는 것이 아니다. 무게의 계기에 대해서는 눈금이 매겨진 방법이 여러 가지 있기 때문에, 칭량(稱量)과 감량(感量)을 알아차리며, 나아가 한 눈금이 얼마인가를 알아내어 측정하거나 눈금을 읽거나 하는 방법이 귀납적으로 숙달되게 한다(감량이란 그 계기의 최소 눈금이며, 칭량이란 사용 범위, 즉 그 계기로 측정할 수 있는 최대의 무게를 의미하는 말이다).

05 시간(시각)

1. 시간에 관한 기초적인 경험

일상의 생활에서 '상당히 기다렸다'거나 '금방 끝났다'라고 말하는 시간에 관한 경험을 하였다고 보인다. 이런 것이 시간에 관한 기초적인 경험이다. 그리고 시각에 대해서는 실제로 더욱 다양한 경험을 하고 있다.

그 중 하나는 TV 프로그램에 관한 것이다. 아동이 좋아하는 프로그램에 대하여 '9시부터' 혹은 '5시부터' 시작한다는 것을 아동들은 알고 있어서, 이 시각이 되면 채널을 맞춘다. 또한 입학하고 나면 학교는 몇 시에 시작한다거나, 집에서 몇 시에 나서야 한다는 등의 여러 가지 시각에 주의해서 행동하는 것에 점진적으로 익숙해진다. 학교생활을 계속함에 따라 이런 경험은 심화된다고 볼 수 있다. 이는 시간이나 시각 그 자체의 의미나 시계를 보는 방법을 상당히 즐기면서 익혀 나갈 수 있게 할 것이며, 기초적인 경험이 되고 있다는 것은 명백하기 때문에 이러한 경험을 활용하는 지도가 바람직한 것이다.

2. 시각·시간

시각에 대해서는 보편단위의 지도부터 시작된다. 즉 시계를 보는 방법인데, 먼저 **몇 시, 몇 시** 반을 보는 방법이다. 이는 물론 가르쳐줄 내용이지만, 일상의 경험을 통해서 이미 알고 있다고 보아도 무방하다. 이때 아날로그형 시계와 함께 디지털형 시계에 대해서도 읽는 방법을 지도한다.

이어서 분, 초의 단위 읽기, 나아가 오전, 오후의 사용 방법을 가르쳐 준다.

시간에 대해서는 '시각'과 '시간'의 차이점을 가르쳐주고

$$1\text{시간} = 60\text{분}, \quad 1\text{분} = 60\text{초}$$

라는 관계도 가르쳐준다.

그러나 몇 시간, 몇 시간 몇 분을 구하는 방법, 나아가 간단한 계산으로 구하는 방법에 대해서는 시계나 수직선을 이용하여 아동들에게 연역적으로 생각해서 알아보게 할 내용이다.

06 각

1. 직접비교와 간접비교

각에 대해서는 종이의 모퉁이를 반으로 접으면 뾰족해진다거나, 육각형의 모양인 상자의 모퉁이는 뾰족하지 않다는 등의 경험을 하고 있다.

그리고 직사각형, 정사각형의 학습에서 모양으로서의 직각을, 또한 정삼각형, 이등변삼각형 등의 학습에서 모양으로서의 각을 학습한다. 이때 직각인가의 여부와 크기가 같은가의 여부를 조사할 경우, 삼각자의 직각인 각 등을 포개보는 조작이 이루어지는데, 이와 같이 도형의 학습은 각의 '크기'에 관한 전제가 깔려 있다.

그 이전에 학습한 사항을 바탕으로 하여 직접비교(두 개의 각을 직접 포개보고 그 대소를 비교하는 것)의 방법을, 직각인가의 여부의 판단이나 넓이 등의 비교 경험을 바탕으로 알아내게 한다. 또한 간접비교(길이 등의 비교 방법)로부터 유추하여, 예컨대 지도에 그려져 있는 2개의 각은 이동시키지 않고, 한쪽을 종이 등에 복사해서 이를 다른 쪽에 포개면 비교할 수 있다는 것을 안다.

2. 보편단위에 의한 측정

먼저, 모양으로서의 직각에 대한 지도를 하고 나서 각의 단위 '직각'을 가르쳐준다. 직각에 관해서는 그 2, 3, 4배인 크기를 다루고, 이것이 '몇 직각'인가를 생각해 보도록 하는 정도이지만, '1, 2, 3, 4 직각'을 연역적으로 찾아내거나 조사할 수 있게 한다. 그리하여 단위 '도'와 그 기호(°)를 가르쳐주고, 360도까지의 표현방법에 익숙해지게 한다.

또한 각도기의 눈금을 읽는 방법을 가르쳐주고, 이것을 사용해서 360도까지의 각의 크기를 읽는 방법, 적는 방법을 길이의 자를 읽는 방법 등으로부터의 유추를 활용하면서 연역적으로 생각하게 하여 알아내게 한다.

07 빠르기(속도), 종류가 다른 두 양의 비율

50m 경주나 수영에서의 경쟁에서 빠르고 느린 것을 시간으로 비교하거나 '10분 동안에 운동장을 몇 바퀴 돌 수 있는가?'라고 하듯이, 실제의 거리로 비교하거나 하여 빠르거나 느린 것을 시간이나 실제의 거리로 비교하는 경험은 가지고 있다. 그리고 탈것에 대하여 '어느 것이 빠른가?', 'KTX의 시속은 대체로 300km이다', '자동차의 제한 속도는 40km/h이며, 지금 시속 50km로 달리고 있다'는 등의 말을 했던 경험이 있을 것이다. 이런 것이 빠르기에 관한 기초적인 경험이 된다.

그리고 전차가 붐빈다거나, 크기가 같은 방에서는 이 방에 들어가는 사람 수가 적은 쪽이 넉넉히 지낸다거나, 같은 양의 주스에는 희석시킬 물의 양이 적은 쪽이 진하다는 것을 일상생활을 통해서 경험하고 있는데, 이는 종류가 다른 두 양의 비율에 관한 기초적인 경험이다.

이를 바탕으로 하여 빠르기의 경우는, 공식

$$\text{빠르기} = \text{실제의 거리} \div \text{시간}$$

을 귀납적으로 유도해내게 하며, 나아가 발전적으로 시속, 분속, 초속의 의미를 가르쳐준다.

그리고 단위량당의 양에 관해서는 사람 수÷넓이 등, 두 가지 양의 비율에 의해 붐비는 정도, 인구밀도, 수확률 등이 얻어진다는 것을 귀납적으로 알아내게 한다.

08 간접측정

간접측정은 발전적인 내용이지만 몇 가지인가를 다루는 것이 바람직하다. 함수 관계에 있는 다른 양을 측정하여 이를 이용하는 것이 간접측정 그 자체인 것이다. 그러므로 간접측정에서는 함수적인 생각이 중심적인 작용을 한다. 이런 것으로는 다음과 같은 경우를 생각할 수 있다.

(1) 길이를 구하는 경우

예컨대 나무의 높이 xm를 잴 때, 그 나무의 그림자의 길이 am를 재고, 한편 어떤 막대의 길이 bm와 그 막대의 그림자의 길이 cm를 잰다. 이것으로

$$x = b \times (a \div c)$$

와 같이 계산하여 나무의 높이를 구할 수 있다. 이는 두말할 것도 없이 사물의 높이와 그 그림자의 길이의 비례관계를 이용하는 것이다.

그리고 둘둘 말아 놓은 긴 철사의 길이(xm)를 알아보기 위해서 그 무게 $a$kg을 측정하고, 그 철사 bm의 길이와 무게 $c$kg을 측정하여

$$x = b \times (a \div c)$$

와 같이 계산하여 그 길이를 구한다.

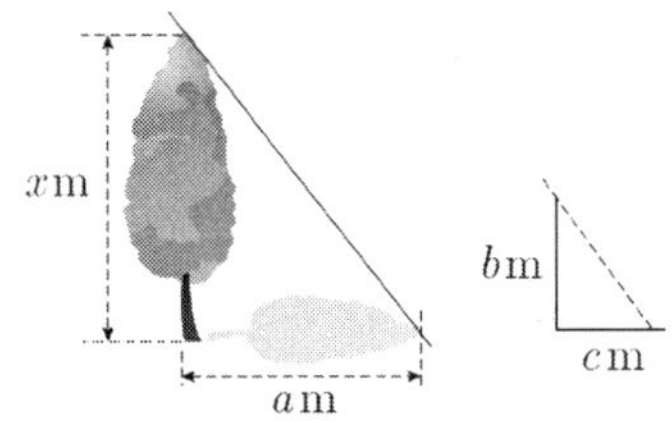

(2) **넓이를 구하는 경우**

모양이 복잡한 대상의 넓이 $x\,\text{cm}^2$를 알아볼 때, 예를 들어 재질이 똑같은 것으로 그 모양을 만들어 그 무게 $a\,\text{g}$을 측정하고, 이와 같은 재질로 넓이를 쉽게 구할 수 있는 모양을 만들어 그 넓이 $b\,\text{cm}^2$와 무게 $c\,\text{g}$을 구하고

$$x = b \times (a \div c)$$

와 같이 계산하여 그 넓이를 구한다.

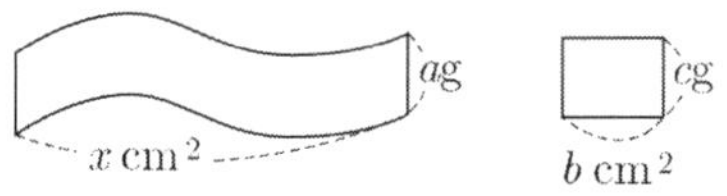

(3) **부피를 구하는 경우**

모양이 복잡한 물건의 부피를 구할 때, 이것을 물이 가득 담긴 그릇에 가라앉혀서, 이때 넘치는 물의 양으로 그 부피를 구한다.

(4) **무게를 구하는 경우**

물건을 용수철에 매달고, 그 용수철이 늘어나는 길이를 이용한다. 그 물건(무게 $x\,\text{g}$)을 용수철에 매달았을 때 늘어나는 길이가 $a\,\text{cm}$이고, 무게가 $b\,\text{g}$인 것을 매달았을 때의 늘어나는 길이가 $c\,\text{cm}$라면, 그 무게는

$$x = b \times (a \div c)$$

와 같이 계산하면 구해진다.

이들 대부분은 위에서 보는 바와 같이 비례관계를 이용한다는 동일한 생각이 활용된다. 그래서 이들 모두를 일일이 생각하게 하는 것이 아니라, 그 중 몇 가지만을 알아보게 하면 된다. 그리고 이것이 간접측정의 생각을 멋지게 이용하는 것임을 알아차리게 한다. 이들 방법은 연역적으로 알아보게 할 수 있는 내용이다.

09 넓이·부피의 공식

간접측정의 대표적인 것으로서 넓이·부피를 구하는 공식을 들 수 있다.

(1) 직사각형·정사각형의 구적 공식

직사각형은 가로와 세로의 길이를 알면 그릴 수 있기 때문에 넓이도 이 두 가지를 이용하면 구할 수 있을 것이라는 전망을 세운다. 이는 알아차릴 내용이다.

① 직사각형이나 정사각형에 단위정사각형이 몇 개 배열되는지 세어보면 된다는 것에서부터 시작하는데, 이는 기초적인 경험에서 알아차릴 내용이다. 그리고 넓은 정도를 '넓이'라고 말한다는 것을 가르쳐 준다.

② 그 개수를 능란하게 세기 위해서, 가로 한 줄에 배열되는 단위정사각형의 수에 줄의 수를 곱하면 된다. 즉, 직사각형의 넓이는 '가로 한 줄에 배열되는 단위정사각형의 수×줄의 수'로 구해진다. 이는 귀납할 수 있는 내용이다.

③ 그리고 이로부터 직사각형의 넓이는

- 직사각형의 넓이=가로의 길이×세로의 길이로 구해진다는 것도 귀납적으로 알아내게 할 내용이다.
- 정사각형의 넓이=한 변의 길이×한 변의 길이로 구해진다는 것도 귀납적으로 알아내게 한다.

④ 공식의 활용으로서

• 직사각형의 넓이와 가로 또는 세로의 길이로부터 세로 또는 가로의 길이를 구하거나, 정사각형의 넓이로부터 한 변의 길이를 구하는 것은 연역적으로 생각하면 된다.

⑤ 공식에서, 가로(세로)가 2배, 3배가 되면 넓이도 2배, 3배가 된다는 함수관계도 수치를 대입하거나 그림을 그려보고, 귀납적으로 알아내게 할 내용이다.

⑥ 공식을 이용해서 여러 가지 모양의 넓이를 구하려면 어디를 측정하여야 하는가를 아는 것, 또 실제로 넓이를 구하는 것은 연역적으로 생각할 수 있도록 할 내용이다.

(2) 평행사변형의 구적 공식

① 공식의 발견은, 일반적으로 길이가 주어지지 않는 평행사변형으로 알아보게 하기 때문에, 하나의 평행사변형으로 넓이 공식을 알아내게 하고 나면, 이것으로 어떤 평행사변형이라도 이 공식이 성립한다고 보는 것이므로, 공식을 알아내는 방법은 연역적으로 생각하여야 할 내용이다.

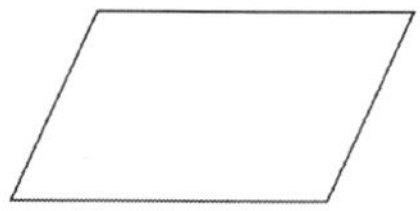

② 이때 **높이**와 **밑변**이라는 용어는 가르쳐준다.

③ 그리고 아래 그림과 같이 변으로부터의 높이의 발이 밑변의 연장선상에 오는 경우에 대해서도, 공식

평행사변형의 넓이=밑변×높이

가 성립한다는 것을 연역적으로 설명한다.

④ 공식을 이용해서, 넓이나 밑변 또는 높이 중에서 두 가지를 알 때

남은 한 가지의 크기를 연역적으로 구한다.

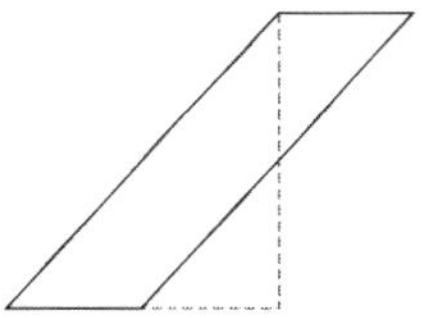

⑤ 밑변(높이)이 2배, 3배가 되면 넓이도 2배, 3배가 된다는 것을 공식에 수치를 대입하여 귀납적으로 알아내게 한다.

⑥ 넓이 공식이 이용될 수 있는 여러 가지 도형의 넓이나 길이를 연역적으로 구한다.

위의 ④~⑥은 삼각형, 사다리꼴, 마름모 등에 대해서도 마찬가지이다. 따라서, 공식을 사용하여 넓이나 길이를 구하는 것, 또 넓이나 길이의 함수관계(넓이는 밑변과 높이가 정해지면 따라서 정해진다는 것, 높이가 일정할 때 넓이는 밑변에 비례한다는 등)를 사용할 수 있도록 하는 것이다.

(3) 삼각형의 구적 공식

삼각형의 넓이 공식

삼각형의 넓이=밑변×높이÷2

는, 평행사변형(또는 직사각형)의 넓이를 구하는 방법 또는 넓이 공식을 이용하여 연역적으로 알아낼 수 있다.

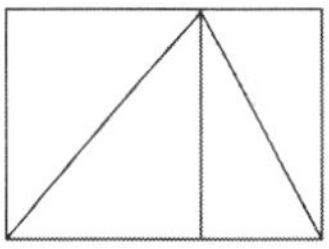

그림 1

이는 다음과 같이 한다.

① 직사각형으로 손질한다.

예컨대, 오른쪽 그림 1이나 그림 2와 같이 손질한다(설명 생략).

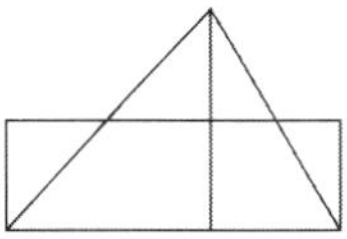

그림 2

② 그림 3과 같이, 합동인 삼각형을 2개 이으면 평행사변형이 된다는 것을 바탕으로 하여 연역적으로 유도한다(평행사변형의 넓이를 구

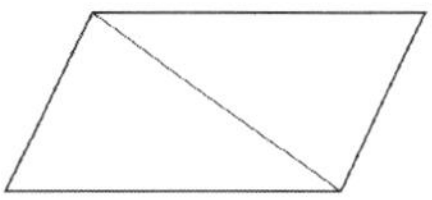

그림 3

하는 방법이 다루어졌을 경우).

③ 이때의 '밑변', '높이'라는 용어는 가르쳐줄 내용이다.

④ 나아가, 아래 그림 4와 같이 높이의 발이 밑변의 연장선상에 오는 경우의 넓이도

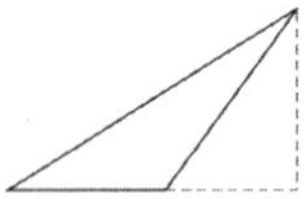

그림 4

밑변×높이÷2

와 같이 계산하면 된다는 것의 설명도 생각해본다.

이것도 예각삼각형의 경우에서 유추하면서 연역적으로 설명시킬 내용이다.

그리고 삼각형의 밑변, 높이, 넓이 가운데 두 가지에서 남은 한 가지를 공식을 이용해서 논리적으로 구할 수 있게 한다.

(4) 마름모, 사다리꼴, 다각형의 구적(발전적인 취급)

마름모, 사다리꼴, 다각형의 넓이는, 이 도형에 대각선을 그어 삼각형으로 분할하고, 각 삼각형의 넓이를 구하여 합하면 구해진다. 이 방법을 바탕으로 공식을 도출하는 것도 바람직한 일이다. 이런 것은 연역적으로 해결할 내용이다.

(5) 원주(원둘레)의 공식

① **원주와 지름과의 관계를 알아보는 것** : 원주는 직접 측정하기가 어렵다. 그래서 이것과 의존관계에 있다고 보아지는 길이에 주목하여,

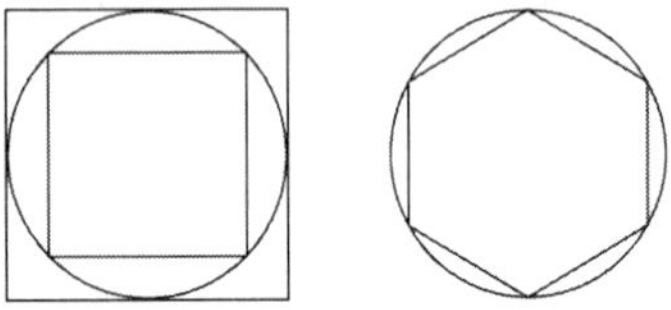

원주와 지름과의 관계를 조사하면 좋다는 것은 알아차리게 할 내용

이다. 이것은 함수적인 생각이다.

② **원주와 지름과의 함수관계의 전망** : 원에 내접하는 정사각형이나 정육각형, 외접 정사각형 등의 둘레와 원주를 비교하는 활동을 통해서

지름의 3배 < 원주 < 지름의 4배

와 같은 전망을 세운다.

이에 의해서도, 원주와 지름과의 비율을 조사해보면 좋을 것이라는 전망을 세울 수 있다.

이와 같이 함수적인 생각에 의해 전망을 세우는 것도 생각할 수 있다.

③ **원주 = 지름** × 3.14 : 위의 전망을 바탕으로, 크기가 여러 가지인 원의 원주와 지름을 측정하고 그 비율을 조사하여, 이 공식을 귀납적으로 알아낼 수 있다.

(6) 원의 구적 공식

① **원의 넓이와 반지름과의 관계에 주목** : 원의 넓이는, 원을 이전에 학습한 사각형이나 삼각형으로 변형시키기 어렵다는 것, 하지만 반지름이 정해지면 원이 정해진다는 사실로부터 원의 넓이는 반지름×반지름을 이용하면 나타낼 수 있을 것이라는 전망을 세울 수 있다.

② **원의 넓이 = 반지름** × **반지름** × 3.14 : 원에 포함되는 단위정사각형의 수와 반지름×반지름의 비율을 구하여, 귀납적으로 공식을 알아낼 수 있다.

그리고 원을 여러 개의 부채꼴로 분할하고, 이를 달리 배열하여

$$원의\ 넓이 = 원주의\ 반 \times 반지름$$

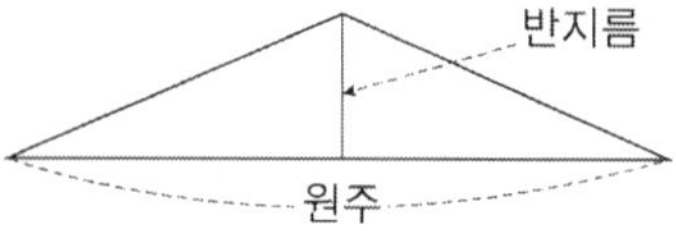

이라는 것을 도출하거나, 동심원을 생각하고 이를 반지름으로 잘라 펼쳐봄으로써, 밑변이 원주이고 높이가 반지름인 삼각형으로 변형시킬 수 있다는 생각으로부터

$$원의\ 넓이 = 원주 \times 반지름 \div 2$$

라고 보는 것 등을 연역적으로 생각해낼 수도 있다.

(7) 원의 구적 공식의 활용 : 부채꼴의 넓이

반원이나 사분원, 또는 원에서 사분원을 제거한 크기를, 원의 구적 공식을 써서 그 $\frac{1}{2}$, $\frac{1}{4}$, $\frac{3}{4}$배하면 된다는 것을 연역적으로 생각해내게 한다.

(8) 직육면체·정육면체의 부피 공식

직사각형·정사각형의 넓이를 구하는 방법에서 유추 등을 하여, 단위정육면체가 몇 개 배열되는가를 생각한다. 그리하여 가로로 a개씩, 세로로 b열, 이런 것이 c단이라는 것을 알아낸다. 나아가 이 a, b, c가 각각 가로, 세로, 높이의 길이를 나타내는 수라는 사실에서,

$$직육면체의\ 부피 = 가로 \times 세로 \times 높이$$

라는 것을 알아낸다. 이는 하나의 예에서 결론을 내린 것이지만, 길이가 달라져도 마찬가지라는 점에 주목시키면, 연역적으로 알아낸 것이라고 보아도 무방할 것이다.

$$정육면체의\ 부피=한\ 변\times 한\ 변\times 한\ 변$$

도 마찬가지이다.

(9) 직육면체·정육면체 구적 공식의 활용

직육면체나 정육면체의 겉넓이나, 이런 것을 몇 개 조합한 입체의 부피를 구하는 것은, 공식을 활용하는 것으로서 연역적으로 가능하다. 여기에 삼각기둥이나 사각기둥의 부피를 구하는 방법도 발전적인 내용으로 포함될 수 있을 것이다.

10 미터법

지금까지 여러 종류의 양에 관한 단위에 대하여 학습하였는데, 이 가운데 몇 가지 단위에 대하여서는 종합할 때 가르치지만, 미터법에 대하여 종합 정리할 때는 다음의 두 가지 점에 관해서 종합한다.

단, 이들은 어느 것이나 이전에 학습한 사항을 종합·정리하는 것이므로, 아동의 능력으로 종합·정리할 수 있다. 그리고 이에 의하여 이해가 한층 심화된다.

[미터법]

1) 어느 하나의 양의 단위에 관해서 상호관계가 있다.

예를 들면 $1000mm = 1m$, $100cm = 1m$, $1km = 1000m$

$1000mg = 1g$, $1000g = 1kg$, $1000kg = 1t$ (발전적 내용)

2) 서로 다른 양의 단위 사이에 관계가 있다.

예를 들면 $1m^2 = 1m \times 1m = 100cm \times 100cm = 10000cm^2$

11 어림으로 재기(概測)

1. 평균

사물의 크기를 측정할 때, 그 측정치는 일반적으로 근사치이므로 더욱 작은 오차, 참값에 가까운 것을 얻기 위해 몇 번인가를 측정하여 그 평균치를 구한다. 이렇게 하면 좋다는 것은 알아차리게 하지만, 평균의 의미는 가르쳐줄 내용이다. 즉,

평균=측정치의 총합÷측정 횟수

라는 것은 가르쳐줄 내용이다.

2. 어림으로 재기(概測)

지도상에 있는 토지의 넓이와 같이, 불규칙적인 모양의 넓이는 그 모양을 삼각형이나 사다리꼴 등으로 비슷하게 하거나, 단위정사각형이 대강 몇 개 배열되는가를 세거나 해서 그 대강의 넓이를 구한다. 즉, 개측(概測)한다.

이때, 대강 '어떤 모양의 모임'으로 보면 좋다거나, 단위정사각형이 몇 개 배열되는가 하는 것은 생각하게 해서 알도록 한다.

12 양과 측정에 관한 수학적인 생각

지금까지 살펴본 양과 측정에 관한 학습을 통해 다음과 같은 양과 측정에 관한 생각을 배양하고, 이를 이용할 수 있도록 하는 것이 양과 측정의 학습의 중요한 목적이다.

① 여러 가지 종류의 양의 단위의 크기나 관계에 주목한다(단위의 생각).

② 여러 가지 종류의 양이나 그 관계의 표현 방법의 기본 원리에 바탕을 두고 생각한다(표현의 생각).

③ 여러 가지 종류의 양이나 그 비교 방법의 의미를 명확하게 하거나 넓이(부피)를 구하는 공식을 명확히 하고, 이에 바탕을 두고 생각한다(조작의 생각).

④ 양이나 측정 결과를 개괄적으로 포착하거나 그 결과를 이용하려고 한다(개괄적 파악의 생각).

그리고 나중에 언급할 함수적인 생각이나 식에 대한 생각도 중요하다.

Chapter 7

지도내용 도형의 체계화

01 '도형'에서 주로 무엇을 지도하는가?

도형이라는 영역이 다른 영역과 조금 다른 것은, 영역의 명칭이 단지 '도형'이라고만 되어 있다는 사실이다. 다른 영역인 '수와 계산'이나 '양과 측정'은 그 명칭에서 보듯이 대상인 '수' 및 '양'에 '계산'이나 '측정'이라는 조작이 함께 제시되어 있다. '도형'이라는 영역에서는, 뒤에 제시하였듯이 몇 가지 조작을 지도하지만, 계산이나 측정처럼 조작을 내세울 만큼의 것을 체계적으로 지도하게는 되어 있지 않다는 것이다. 각 도형의 개념의 지도가 중심을 이룬다.

중학교에서는 조작을 명확하게 지도한다.

'도형'에서는 여러 가지 도형의 '개념'의 지도가 주된 내용이므로 '도형'을 예로 삼아서 '개념'의 지도 내용을 진술키로 한다.

(1) 기초적인 경험

먼저 '도형'을 학습할 수 있기 위해서는, 이 학습이 가능할 만큼의 기초가 되는 경험을 아동들이 가지고 있어야만 한다. 이와 같은 경험이 없으면 새로운 내용에 관한 학습은 할 수 없게 된다.

예를 들어, 직사각형의 기초적인 경험으로 긴 네모라고 하는 모양을 인지할 수 있다는 것을 들 수 있다. 주변에는 여러 가지 사물이 있다. 이런 것들은 재질, 색깔, 크기 등등 다양한 성질이 내포되어 있으며, 이런 것들의 각각에는 같은 점도 있는가 하면 다른 성질도 있다. 이 가운데 모양이라는 특징 만에 주목하여 같은 특징이 있다고 생각되는 것을 모은다. 이와 같이 하여 '긴 네모'라고 부를 수 있는 모양을 추상한다.

이때는 구성요소의 특징 등을 확실하게 다루는 것이 아니라, 전체적으로 보는 관점에 의해 같다고 보이는 것을 포착한다. 따라서 각이 조금 둥글거나 모퉁이가 조금 벌어져 있어도 '긴 네모'로 인지해도 무방하며, 명칭도 '긴 네모'에 국한하지는 않는다. 학급 전체가 공통으로 납득하면 되는 것이다.

이러한 경험은 개념 획득의 전제가 되는 기초적인 경험이며, 이에 이어지는 개념 획득의 중요한 소지가 된다.

(2) '모양'의 명확한 변별

다시 한 번 '긴 네모'로 보아지는 것과 그렇지 아니한 것을 명확하게 변별한다.

'긴 네모'를 위에서 언급한 바와 같이 포착해 왔지만, 학년이 높아감에 따라 이를 다시 검토하는 활동을 통하여 이 의미가 애매하다는 것을 느낀다. 모퉁이가 조금 둥글거나 조금 벌어진 것 등을 포함시켜도 무방한가의 여부가 아동들의 문제로 부각된다. 그래서 다시

4개의 각이 직각이고 4개의 곧은 선으로 둘러싸인 모양 … (*)

이라고, 모퉁이가 조금 둥글거나 선이 굽어 있는 것 등을 구분한다. 이리하여 이 (*)의 특징에만 주목해서 그 공통 성질 (*)을 추출한다. 그리고 이 성질이 있는 도형을 직사각형이라고 명명한다.

이와 같이 하나의 성질을 추출하는 것을 추상이라고 한다. 그리고 이때 색깔이나 크기 등의 다른 성질은 무시한다. 이것을 사상(捨象)이라고 한다.

이 공통 성질을 개념의 내포라고 한다. 이 내포를 포착하는 활동을 개

념 형성이라고 한다. 그러므로 개념 형성이 제일 먼저 할 일이다.

(3) 개념에 해당하는 것들의 범위를 포착한다

이어서, 위의 의미(내포)에 해당하는 것을 추구함과 동시에 그렇지 아니한 것을 명확히 한다.

직사각형이라고 볼 수 있는 것으로는 어떤 것이 있는가를 추구한다. 예를 들면, 가늘고 긴 테이프나 대바늘로 만든 직사각형(속이 비어 있는) 등. 한편, 직사각형처럼 보이지만 그렇지 아니한 것으로는 어떤 것이 있는가를 포착한다. 이 그렇지 아니한 것을 포착하는 것은 개념 획득에 있어서 중요하다. 예를 들면, 모퉁이가 조금 둥글거나 조금 벌어진 것, 마주보는 변의 길이가 조금 다른 것 등은 위에서 언급한 내포를 만족하지 않는다는 것을 명확히 한다.

이때, 내포를 만족하는 도형(직사각형)을 그리는 것도 중요하며, 이런 활동을 통하여 크기나 모양이 다른 것이 여러 가지 있다는 것을 포착하게 되는 것이다. 이때의 그리는 방법은 격자점을 잇는 등의 방법이면 족하다.

이와 같은 활동을 할 때 지극히 중요한 사항으로, 모양이 같은가의 여부에 대한 변별을 들 수 있다. 예를 들면, 4개의 점을 이어서 직사각형을 그리거나 3개의 대바늘로 삼각형을 만들 때, 방향은 다르지만 합동인 것이 만들어진다. 이 경우 이런 것을 같은 것으로 인지하는가의 여부가 중요하다. 합동의 개념을 학습하는 훨씬 이전의 저학년에서 모양 놀이나 모양 만들기를 할 때부터, 정확하게 포개지는 모양은 같은 것으로 본다는 판단을 내릴 수 있어야만 한다. 이 판단은 기초적인 경험으로 가져 두는 것이 바람직하다. 만약 이것이 불충분한 때는 학습 도중에 다루어서 의식시키도록 하여야만 한다. 즉, 정확하게 포개지는 것은 같은 모양인 것으로 인정한다는 기초적인 경험이 중요한 것이다.

이렇게 해서 '직사각형'에 포함되는 것의 범위를 포착해나간다. 이를 개념의 외연의 파악이라고 하며, 이런 활동을 '개념 달성'이라고 한다.

(4) 내포를 풍부히 한다

고찰하고 있는 도형을 처음에 정한 의미만을 바탕으로 하여 판단해서는, 판단 방법이 한 가지 시각 만에 한정되어 버린다. 그러므로 다양한 시각(안목)에서 판단할 수 있게 하는 것이 바람직하다.

이것은, 예를 들면 직사각형의 성질을 되도록 많이 찾아보자는 것이다.

그럼으로써 직사각형을 보는 안목(시각)이 풍부해진다.

(5) 다른 도형과의 관계를 명확히 한다

각 도형은 그 도형만으로 고립되어 있는 것이 아니다. 그래서 다른 도형과의 관계를 포착하는 것이 중요하다. 그럼으로써 내포가 한층 풍부해진다. 예를 들면

평행사변형의 한 각을 직각이 되게 하면 직사각형이 된다.

직사각형의 이웃하는 두 변의 길이를 같게 하면 정사각형이 된다.

는 등, 다른 도형과의 상호관계도 명확히 하는 것이 좋다.

그리고 사각형 중에는 정사각형이나 직사각형이라는 특수한 모양인 것이 있다는 것을 포착하는 것도 이에 해당한다고 볼 수 있다.

(6) 외연을 더욱 넓힌다

작도 방법을 여러 가지로 알아보게 하고, 작도하게 하여 외연을 넓혀간다. 예를 들면 '원을 그려 지름을 2개 긋고, 원과의 교점을 차례로 이으면 직사각형이 (무수히) 만들어진다'고 하듯이.

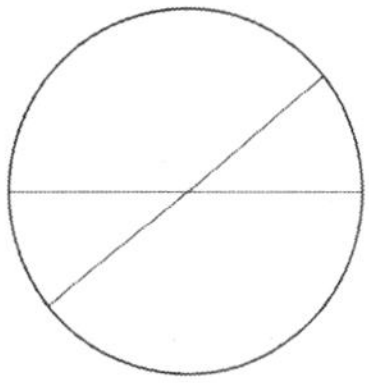

(7) 개념을 확장한다

이는 내포를 느슨하게 하여 외연을 확장하는 것이다.

그 한 가지는 개념 사이의 포섭관계를 명확히 하는 것이다.

'직사각형'의 내포에는 암암리에 인식하는 것이긴 하지만, '이웃하는 두 변의 길이는 같지 않다'는 것이 포함된다. 따라서 정사각형은 직사각형이 아니라는 것이다.

그래서, 직사각형의 정의인 4개의 각이 직각인 사각형이라는 조건을 만족하는 도형을 다시 검토하여 모은다. 이리하면 정사각형도 이 조건을 만족하므로, 이 무리(외연)에 들어가게 된다. 그리하여 다시 정사각형을 포함하는 '4개의 각이 직각인 사각형'을 '직사각형'이라고 하기로 하는 것이다. 이와 같이 하여 '정사각형'은 '직사각형'의 특수한 것으로 보게 된다. 즉 정사각형의 개념의 내포가 느슨해지고 외연이 넓어져서 개념이 확장되는 것이다.

이와 같이 개념 형성, 개념 달성, 내포의 충실, 다른 개념과의 관계, 개념의 확장이라는 과정을 밟아가는 것을 핵심으로 납득하고, 이를 바탕으로 지도를 전개하는 것이 중요하다. 다만, 개념에 따라 확장까지는 초등학교에서 취급하지 않는 것도 있다.

(8) 새로운 관점에서 도형을 검토하거나, 관계를 보는 안목이나 조작 방법 ·표현 방법을 확장한다

예를 들면, 평면도형의 작도, 입체도형의 표현 등을 할 수 있게 한다.

(9) 도형을 보는 안목을 기른다

이상의 것은 각 도형의 내용에 관한 고찰의 순서이긴 하지만, 이런 것들의 고찰 전체를 통해서 도형을 보는 안목을 형성시키는 것이 중요하다. 단지 지식이나 기능을 포착시키기에 머물지 않고, 이런 것을 학습할 필요성을 느끼게 하여 이들을 포착하는 안목·생각을 형성·정착시키는 것이 중요하다. 그래서 이런 생각으로는 어떤 것이 있으며, 이것을 어떻게 포착시킬 것인가에 대하여 다시 고찰할 필요가 있다.

(10) 공간개념을 기른다

공간이라고 하지만 취급하는 것은 우리가 손쉽게 경험할 수 있는 것이므로 유클리드 공간이다. 공간의 특징으로는 무한성, 연속성, 조밀성을 생각할 수 있다.

이런 공간의 개념을 배양하기 위해 점의 위치, 빈틈없이 메우기, 또는 평면도형이나 입체도형을 2차원, 3차원의 공간에서 만들 수 있다는 것 등을 생각할 수 있다.

02 '도형'에서 취급하는 기초적인 경험 - 모양 -

도형의 학습을 하기 전에 그 전제가 되는 '모양'에 관하여, 이를 변별하거나 구성하는 기초적인 경험을 확실한 것이 되도록 한다.

먼저, 주변에 있는 사물을 '모양'이라는 특징에 주목해서 분류한다. 이에 따라 **동그라미, 세모, 네모, 반듯한 네모, 긴 네모** 등의 이름을 준다.

마찬가지로, 입체에 대해서도 **통(筒) 모양, 상자 모양, 주사위 모양, 공 모양** 등의 모양을 분류하고 명명한다. 그리고 **모퉁이, 가장자리, 면, 곧은 선, 굽은 선** 등의 말도 구체적으로 어느 것인가를 확인한다.

이 명칭은 정해져 있는 것이 아니고, 분류한 모양에 대하여 학급 전체가 공통으로 이해하기 위한 것(수단)이다. 그러므로 학급에 따라 다른 이름을 붙이는 것도 있을 수 있다. 중요한 것은 모양 전체에 주목해서 분류한 각각의 모양이 변별될 수 있으면 되는 것이다.

또, 여러 가지 입체를 사용하여, 집이나 자동차 등의 모양을 만드는 활동을 통하여 평평한 면만 있다거나 굽은 면이 있다거나, 또는 쌓아 올리기 쉬운 모양과 그렇지 못한 모양, 잘 굴러갈 모양과 그렇지 못한 모양과 같이 기능적인 특징에 대해서도 알아차리게 한다.

'네모', '세모' 등에 대해서도 주변의 어떤 곳에 이용되는가라는 것 등에 주목시킨다.

뿐만 아니라, 모양 가운데에는 같은 모양이나 정확하게 포개지는 모양(합동)이 있다는 것을 인지하게 할 필요가 있다.

이들 기초적인 경험은 원래, 도형을 학습하는 단계에서 이미 아동들에게 정착되어 있다고 볼 수 있는 것이다. 그러므로 위에서 언급한 바와 같은 것을 도형의 학습에 앞서서 다루더라도, 이는 아동들에게 가르쳐줄 것(내용)은 아니다. 화젯거리로 삼아서 이미 경험한 것을 떠올리게 할 것(내용)이다. 그리고 아동에 따라 그 기초적인 경험의 정도가 다를 수 있기 때문에, 이를 다루어 그 기초가 되는 경험을 가지런해지도록 해 두는 것이 좋을 것이다.

03 삼각형 · 사각형

1. 삼각형 · 사각형의 개념

기초적인 경험에서는, 모퉁이가 약간 둥글거나 변에 틈이 조금 있어도 '세모'라고 인정했을 지도 모른다. 이와 같은 '세모'라는 말의 애매함으로부터 3개의 직선(곧은 선)으로 둘러싸인 모양을 구별하기 위해 **삼각형**의 개념을 지도한다. **사각형**에 대해서도 마찬가지이다. 이와 같이 '세모'나 '네모'와 삼각형이나 사각형에 해당하는 모양과의 차이를 명확히 하여, 아래와 같은 삼각형 · 사각형의 의미와 그 구성 요소인 '변' '꼭짓점'의 의미를 약속으로 정한다.

삼각형은 3개의 직선(곧은 선)으로 둘러싸인 모양이다. 그리고 **사각형은 4개의 직선(곧은 선)으로 둘러싸인 모양이다.**

그 직선(곧은 선)을 '변'이라고 하고, 직선(곧은 선)이 만나는 점을 '꼭짓점'이라고 한다.

그리고 그 의미를 바탕으로 하여 직선이나 꼭짓점, 변을 지적하거나 삼각형 · 사각형과 삼각형 · 사각형이 아닌 모양을 확실하게 지적할 수 있도록 한다.

그리고 그 의미를 사용하여 사각형이나 삼각형을 그릴 수 있게(단 꼭짓점에 해당하는 점이 몇 개 있더라도 이것을 선정하고 이어서 그리는 정도) 한다.

이 활동의 앞의 절반 부분은 개념의 **내포**를 명확히 하는 활동이며, 뒤의 절반 부분은 개념의 **외연**을 포착시키는 활동이다.

2. 삼각형·사각형의 성질

(1) 삼각형의 성질로서, 다음과 같은 것을 어느 것이나 귀납적으로 알아내게 한다.

① 내각의 합은 180도라는 것
이것은 각도기로 재거나 3개의 각을 한 점의 주위에 모으거나 하여 알아낸다.

② 특수한 모양으로서 직각삼각형, 이등변삼각형, 정삼각형이 있다는 것
이에 대해서는 다음 절에서 언급한다.

③ 삼각형의 세 변 사이에는, 최대의 변을 a, 다른 두 변을 b, c라고 할 때 $a < b + c$라는 관계가 있다는 것을, 실제로 3개의 길이를 사용하여 삼각형을 만드는 학습 가운데서 찾아내게 한다.

역시 여기서는 다른 도형의 성질과 마찬가지로, 아직 성질과 조건은 구별할 수 없다.

(2) 사각형의 성질로, 다음과 같은 것을 알아내게 한다.

① 대각선이 2개 있다는 것, 여기서 대각선의 의미(마주보는 꼭짓점을 이은 직선)와 명칭은 가르쳐줄 내용이지만, 이것이 2개 있다는 것은 쉽게 알아내게 할 수 있는 내용이다.

② 대각선에 의해서 2개의 삼각형으로 분할된다는 것
이것도 쉽게 알아내게 할 수 있는 내용이다.

③ 4개의 내각의 합은 360도라는 것
이것은 각도기로 재어서 귀납적으로 알아내게 한다. 그러나 사각형을 대각선으로 2개의 삼각형으로 분할하고, 이 이전에 학습한 삼각

형의 내각의 합이 180도라는 것을 이용하여 연역적으로 밝히는 것은 바람직하다.

④ 특수한 모양으로서, 사다리꼴, 평행사변형, 마름모, 직사각형, 정사각형이 있다는 것

이에 대해서는 다음에 다시 고찰한다.

3. 삼각형·사각형의 구성

삼각형이나 사각형을 작도할 수 있기 위해서는 삼각형의 결정조건을 이용할 필요가 있는데, 이는 고학년에서 학습할 내용이지만, 그 전에 3, 4개의 대바늘을 사용해서 삼각형이나 사각형을 만들거나, 격자점과 같은 많은 점 가운데서 꼭짓점으로 삼을 점을 선정하여, 이것을 이어서 삼각형이나 사각형을 그리는 활동을 한다. 이때, 같은 모양이 만들어지는가의 판단이 중요하다. 이것은 포개본다는 활동을 통한다. 이리하여 삼각형, 사각형의 외연을 넓히는 것이다.

이런 활동은 삼각형, 사각형의 의미와 정확하게 포개질 때는 같은 모양이라는 기초적인 경험을 바탕으로 연역적인 생각을 하게 된다.

04 직사각형 · 정사각형 · 직각

1. 의미

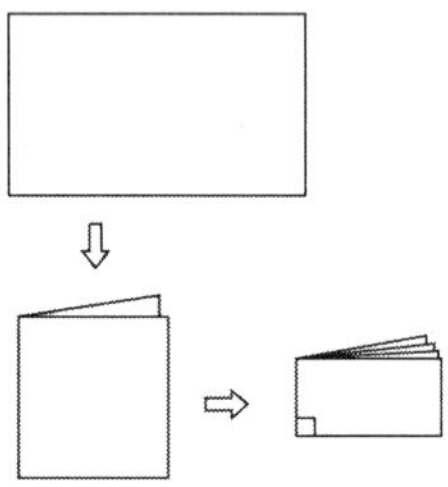

직사각형에 해당하는 모양을 고찰시키거나, 종이를 두 번 접어서 직각인 각을 만들거나 또는 삼각자의 가장 큰 각의 모양에 주목시키거나 하여, 직각의 개념을 이해시키고 '직각'이라는 용어를 가르쳐준다.

이 가운데 하나를 정의로 삼으면 다른 것은 정리가 된다.

직사각형 · 정사각형은 주변에 있는 네모 모양인 것을 분류하는 등의 활동을 통하여, 주변에는 직사각형이나 정사각형의 모양이 많이 있다는 것을 알게 하고, 그 의미 즉, 4개의 각이 직각인 사각형을 직사각형이라고 하며, 4개의 각이 직각이고, 4개의 변의 길이가 같은 사각형을 정사각형이라고 한다는 것을 가르쳐준다.

그리고 이런 것들을 바탕으로 하여, 주변에는 크기가 여러 가지인 직사각형, 정사각형이 있다는 것, 또 모양도 크기도 같은(정확하게 포개지는) 직사각형이나 정사각형이 있다는 것이나 다음과 같은 성질을 <u>귀납적으로 알아내게</u> 한다.

2. 직사각형·정사각형의 성질

(1) 직사각형의 성질

① 모양과 크기가 같은(합동인) 2개의 직각삼각형으로 분할된다.

② 마주보는 변은 길이가 같고, 각은 모두 같다(직각).

③ 대각선의 길이가 같고, 서로의 중점에서 만난다.

이 밖에 평행사변형에 있는 성질이 열거된다.

(2) 정사각형의 성질

① 2개의 대각선에 의해 4개의 합동인 직각이등변삼각형으로 분할된다.

② 대각선의 길이가 같고, 서로의 중점에서 만난다.

이 밖에 직사각형과 마름모에 있는 성질이 열거된다.

3. 정사각형·직사각형의 변별과 구성

(1) 직사각형이나 정사각형이라는 것의 연역적 판단

① 종이를 접어서 만든 직각이나 삼각자의 직각인 각을 사용하여 4개의 각이 직각이라는 것을 조사함으로써, 직사각형이라는 것을 판단할 수 있다.

② 역시 4개의 변의 길이가 같다는 것을 조사하여, 정사각형이라는 것을 연역적으로 판단할 수 있다.

③ 대각선의 길이가 같고, 각각의 중점에서 만나는가의 여부, 또는 대각선으로 분할되는 2개의 삼각형이 크기가 같은 직각삼각형인가의 여부를 조사하여, 직사각형이라는 것을 연역적으로 판단할 수 있다.

④ 그리고 대각선이 중점에서 수직으로 만난다는 것을 이용해서 정사각형이라고 연역적으로 판단할 수 있다.

(2) 정사각형 · 직사각형의 구성

① 합동인 직각삼각형 색판 2개를 배열하면 직사각형이 만들어진다는 것이다.

② 그리고 직각이등변삼각형 색판 2개를 배열하면 정사각형이 만들어진다는 것을 경험한다.

이런 것은 직사각형 · 정사각형의 성질이며, 직각삼각형의 넓이 구하기 등에도 도움이 된다.

③ 다음 그림이 암시하는 방법으로 종이를 접어서 직사각형, 정사각형을 만든다.

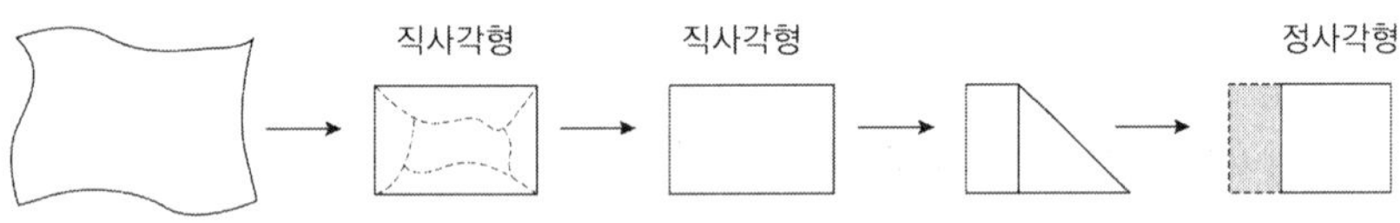

자와 컴퍼스를 사용하는 작도는 나중에 고찰한다.

4. 상호관계

직사각형과 정사각형에는 다음과 같은 관계가 있다는 것을, 의미나 성질을 바탕으로 하여 연역적으로 통합(종합 · 정리)한다.

- 직사각형의 변의 길이를 같게 하면 정사각형이 된다.
- 직사각형의 대각선이 수직으로 만나게 하면 정사각형이 된다.

05 이등변삼각형 · 정삼각형

1. 이등변삼각형 · 정삼각형의 의미

여러 가지 삼각형을 분류하거나 만들거나 하는 과정에서 다음의 수학적인 생각이 들도록 하는 것이 중요하다.

> M 수학적인 생각
> '변의 길이'나 '각의 크기'라는 **구성요소의 관계**에 주목하면 좋다는 것.

그리고 이 생각에 따라 변에 주목하여 두 변의 길이가 같은 삼각형이나 세 변의 길이가 같은 삼각형을 찾아내어, 무리(류)를 만들거나 다른 것과 변별하거나 한다.

또, 각에 주목하여 직각삼각형을 포착한다.

이와 같이 하여

- '두 변의 길이가 같은 삼각형'을 **이등변삼각형**이라고 한다.
- '세 변의 길이가 같은 삼각형'을 **정삼각형**이라고 한다.
- '하나의 각이 직각인 삼각형'을 **직각삼각형**이라고 한다.

라는 정의에 해당하는 것을 가르쳐준다.

2. 이등변삼각형 · 정삼각형의 성질

이등변삼각형이나 정삼각형을, 종이를 접어서 만들거나 고찰하거나 각의 크기를 재거나 하여 다음 성질을 귀납적으로 알아낸다.

(1) **이등변삼각형의 성질**

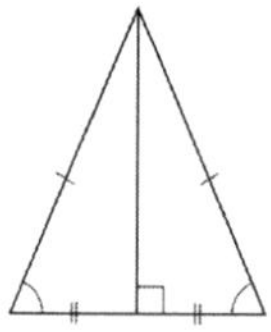

① 정확하게 포개지도록 접을 수 있다(2개의 합동인 삼각형으로 분할된다).

② 2개의 각(밑각)의 크기가 같다.

③ 꼭지각의 이등분선이 밑변의 수직이등분선이 된다(이등분선, 수직이등분선이라는 용어는 지도하지 않는다).

④ 이 이등분선에 의해서 합동인 2개의 삼각형으로 분할된다.

(2) **정삼각형의 성질**

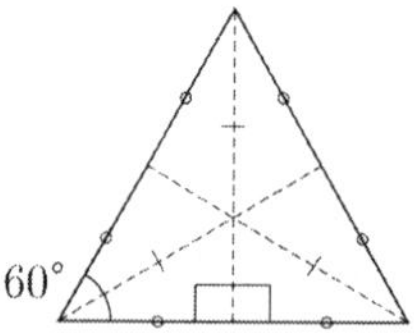

① 정확하게 포개지도록 접는 방법(2개의 합동인 삼각형으로 분할하는 방법)이 세 가지(접는 금이 3개) 있다.

② 3개의 각의 크기가 같다. 이 각의 크기는 60도이다.

③ 꼭지각의 이등분선이 맞변의 수직이등분선이 된다.

④ 각 꼭지각의 이등분선은 그 길이가 같다.

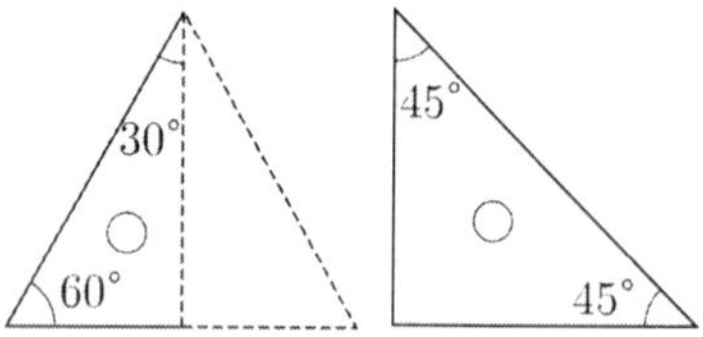

그리고 삼각자의 하나는 이등변삼각형이고, 다른 하나(삼각자)는 이것을 2개 사용하여 정삼각형이 만들어진다는 것을 귀납적으로 알아낸다. 그리고 이 사실에서 삼각자의 각은 90도와 45도 및 60도와 30도라는 것을 연역적으로 포착한다.

3. 이등변삼각형 · 정삼각형의 변별 · 구성

여러 가지 삼각형에 대하여, 이것이 이등변삼각형인지 정삼각형인지의 여부를, 각각의 정의나 성질을 바탕으로 하여 연역적으로 변별하거나, 또 종이를 자르거나 접어서 이등변삼각형 또는 정삼각형을 만들 수 있게 한다.

이는 아동들이 연역적으로 생각하여 이등변삼각형인가, 정삼각형인가, 직각삼각형인가의 여부를 변별하거나 이런 삼각형을 만들게 하는 것이다.

자나 컴퍼스를 사용하는 작도에 대해서는 나중에 다시 고찰한다.

4. 상호관계

이등변삼각형과 정삼각형의 상호관계로서, 이등변삼각형의 밑변을 등변과 같아지게 하면 정삼각형이 된다.

또, 이등변삼각형의 꼭지각의 크기를 밑각의 크기와 같아지게 하면 정삼각형이 된다는 것을 알아내고, 위에서 진술한 의미나 성질을 바탕으로 하여 연역적으로 설명할 수 있도록 한다.

06 평행사변형 · 마름모 · 사다리꼴

1. 평행사변형의 의미

주변에서 볼 수 있는 여러 가지 사각형 모양인 물건을 제시하고, 이것을 구성요소인 변의 길이나 관계에 주목시켜 분류시키거나 각각의 특징을 밝히게 한다. 또, 2개의 테이프를 여러 가지로 포개거나, 대바늘로 다양한 사각형을 만드는 활동을 통해서, **마주보는 두 쌍의 변이 각각 나란한 사각형**이 있다는 것에 주목하게 하고, 이것을 **평행사변형**이라고 한다는 것을 가르쳐준다. 나중에 진술할 마름모, 사다리꼴에 대해서도 똑같이 다룰 수 있다.

2. 평행사변형의 성질

평행사변형의 성질로는 다음과 같은 것이 있다.

- 마주보는 변의 길이가 각각 같다.
- 마주보는 각의 크기가 각각 같다.
- 대각선이 서로의 중점에서 만난다.

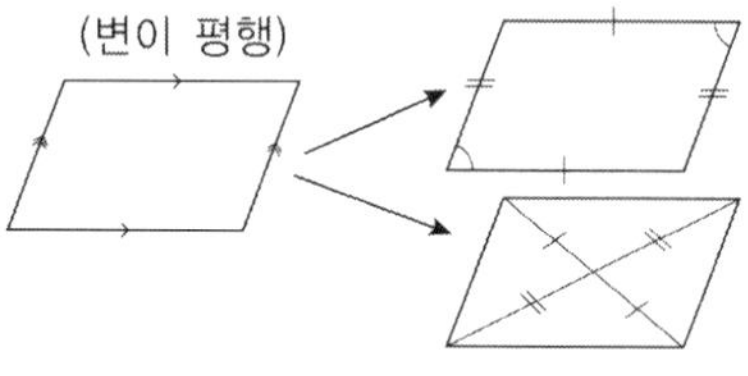

모양이나 크기가 여러 가지인 평행사변형에 대해서, 그 구성요소(변, 각, 대각선)의 크기나 위치의 관계를 조사하는 활동을 통하여 위의 성질을 <u>귀납적으로</u> 알아낸다.

3. 사다리꼴·마름모의 의미와 성질

사각형 가운데서, 정사각형, 직사각형, 평행사변형 이외의 특별한 모양인 것에 주목시켜, 그 특징을 포착시켰을 즈음에 다음과 같은 의미를 가르쳐준다.

① 사다리꼴·마름모의 의미

- **사다리꼴**은 '한 쌍의 마주보는 변이 평행인 사각형'이다.
- **마름모**는 '4개의 변의 길이가 같은 사각형'이다.

그리고 다시 이 마름모나 사다리꼴에 대하여 크기가 다양한 것을 고찰하는 활동을 통해 마름모의 성질을 귀납하게 한다.

② 마름모의 성질

- 마름모는 대각선이 서로 중점에서 만난다.
- 마름모는 대각선에 의해 4개의 각이 모두 이등분된다.

4. 사각형의 변별·구성

어떤 사각형이 평행사변형인가, 사다리꼴인가, 마름모인가 하는 것을, 변의 길이의 상등이나 평행성, 각의 상등, 대각선의 길이의 상등이나 대각선이 중점에서 만나는가 등의 관계를 조사하여, 각 도형의 의미나 성질에 비추어서 <u>연역적으로 변별</u>할 수 있게 한다.

그리고 종이를 접거나 테이프를 포개거나 대바늘을 이용하여, 의미나 성질을 만족하도록 이런 모양들을 만든다.

이런 것도 의미나 성질에 바탕을 둔 연역적인 활동이다.

5. 사각형의 상호관계

① 사다리꼴의 평행이 아닌 변을 평행이 되게 하면 평행사변형이 된다.

② 평행사변형의 각을 직각이 되게 하거나, 대각선의 길이를 같아지게 하면 직사각형이 된다.

③ 평행사변형의 변의 길이를 같아지게 하거나, 대각선을 수직으로 만나게 하면 마름모가 된다.

④ 마름모의 꼭지각을 직각이 되게 하면 정사각형이 된다.

⑤ 직사각형의 변의 길이를 모두 같게 하면 정사각형이 된다.

는 등의 상호관계를, 각 사각형의 의미나 성질에 비추어서 연역적으로 생각할 수 있게 한다.

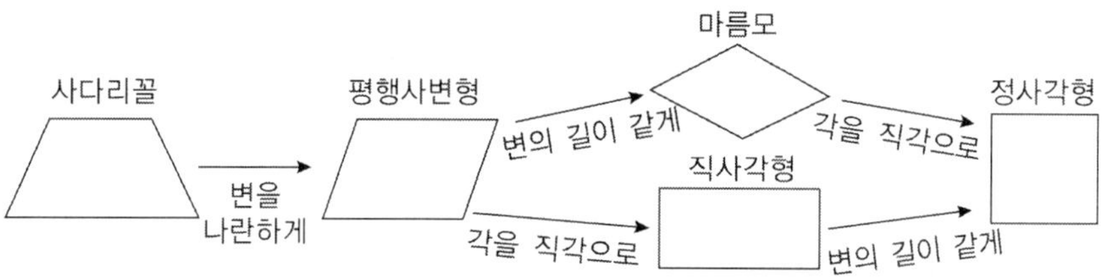

여러 가지 사각형의 의미나 성질을 알았을 때쯤에 이를 활용할 수 없으면 안 된다. 그러므로 여러 가지 사각형에 대해서, 이것이 어떤 조건을 만족하는가를 조사하여(길이를 재거나, 평행인가의 여부를 조사하거나), 이것이 평행사변형 등의 의미나 성질을 만족하는가의 여부를 확인하고, 어떤 사각형인가를 연역적으로 변별할 수 있는 것이다.

그리고 사각형의 의미나 성질을 사용하여 그 도형을, 종이를 접거나 테이프를 포개어 만들 수 있다. 이것도 연역적으로 생각할 수 있는 것(내용)이다.

역시, 자나 컴퍼스를 사용해서 도형을 그릴 수 있도록 하는 것도 필요하지만 이에 대해서는 나중에 다시 진술키로 한다.

뿐만 아니라, 도형끼리의 관계도 각각의 의미나 성질을 비교해 보면 연역적으로 판단할 수 있는 것이다.

07 다각형(발전적인 내용)

1. 의미

다음과 같은 **다각형, 모서리, 꼭짓점, 정다각형** 등을 주변에서 볼 수 있는 물건에서 찾아내게 하고, 이를 바탕으로 이것들의 의미를 가르쳐준다.

주변에 정육각형이나 정오각형 모양을 하고 있는 물건이 있다. 그래서 이런 모양인 물건을 제시하고, 이 모양의 특징을 조사하여 변의 길이가 같은 것, 각의 크기가 같은 것을 포착하게 한다. 이것을 바탕으로 다음과 같은 정다각형 등의 의미를 명확히 한다.

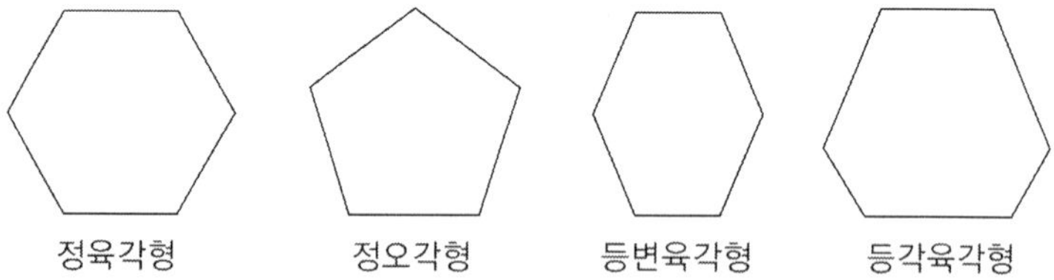

- **정다각형** : 변의 길이가 모두 같고, 각의 크기가 모두 같은 다각형을 정다각형이라고 한다.

변의 수가 5, 6, …인 정다각형을 각각 정오각형, 정육각형, …이라고 한다.

다각형에 대하여는 이것과는 별도로, 삼각형·사각형의 넓이 공식을 학습했을 때, 이것을 더욱 광범위하게 이용할 수 있도록 하기 위해 다각형을 다루는 것이라고 생각할 수 있다(도형의 넓이 구하기 참조).

그리고 다음과 같은 다각형의 의미를 지도한다.

- **다각형** : 삼각형이나 사각형과 같이 직선(만)으로 둘러싸인 도형을 다각형이라고 한다.

변의 수가 5, 6, …인 다각형을 각각 오각형, 육각형, …이라고 한다.

- **변, 꼭짓점** : 이러한 직선을 변, 변이 만나는 점을 꼭짓점이라고 한다.
- **사각형의 대각선** : 사각형의 마주보는 꼭짓점을 이은 직선을 대각선이라고 한다.
- **대각선(의 의미의 확장)** : 다각형에서 이웃하지 않는 꼭짓점끼리 이은 직선을 대각선이라고 한다.

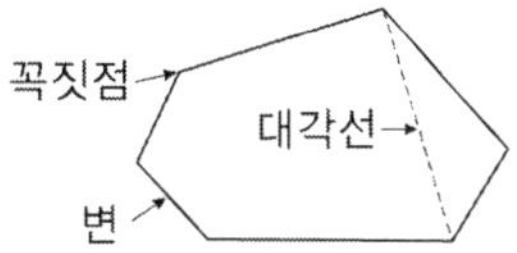

08 원·부채꼴

1. 기초적인 경험

원에 관한 기초적인 경험으로, 주변에서 볼 수 있는 다양한 물건에 대하여, 모양에 주목해서 같은 모양이라고 보이는 것을 모으는 활동을 하는 가운데 둥근 모양을 인지시킬 수 있다.

이때, '둥근 모양'을 '세모'나 '네모'의 모양과 구별하거나, 입체인 '공의 모양'과 구별한다. 이것은 입학하기까지의 경험을 정리하고, 둥근 모양을 모든 아동에게 공통으로 이해시키기 위한 것이다.

2. 원의 의미와 성질

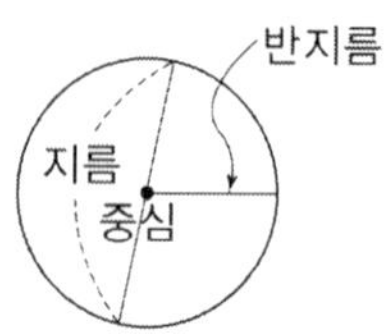

이 '둥근 모양'이라는 것을 받아들이고 그 의미를 명확히 하기 위해, 그 특별한 장점을 명확하게 밝힌다. 타원 모양이나 바퀴의 일부분이 끊어진 것 등을 제외하고, **한 점으로부터의 거리가 같은 점이 모여서 된 모양을 원**이라고 부르기로 한다.

이리하여, 그 바탕이 되는 한 점을 **중심**이라고 하며, 그 거리에 해당하는 것을 **반지름**, 중심을 지나는 직선의 원 사이에 있는 부분을 **지름**이라고 한다는 것을 가르쳐준다.

그리고 **부채꼴**은 2개의 반지름과 원의 일부로 둘러싸인 부분을 의미하며, 그 2개의 반지름으로 만들어지는 각을 **중심각**이라고 한다는 것도 가르쳐준다.

또, 원의 성질로서 다음과 같은 것이 있다는 것을, 원을 고찰하는 활동을 통해서 연역적으로 알아내게 한다.

① 지름이나 반지름은 무수히 많다. 지름은 반지름의 2배이다.

② 중심 주위의 각(중심각이라고 한다)은 360도이다.

3. 원의 구성

원의 의미를 학습한 다음에 그 구성(작도)을 할 수 있어야 한다. 그래서 원을 그리는 방법에 대하여 알아보게 한다. 이에 대해서는, 우선 원 모양인 것을 베끼려 들 것이다. 그런데 이래서는 충분하지 못하다는 것은 분명하며, 소정의 크기인(반지름이 정해진) 원은 그려지지 않는다.

임의의 길이를 반지름으로 하는 원을 그리기 위해서 컴퍼스를 사용한다는 것도 가르쳐줄 내용이다.

그리고 또 선분의 길이를 옮길 수 있다는 것도 컴퍼스의 중요한 기능이므로, 가르쳐줄 내용이다.

09 각

1. 각의 기초적인 경험

각(모퉁이)에 대해서는 일상생활에서 경험하고 있다. 거리의 '모퉁이'에 있는 가게라거나, '모퉁이'를 돈다거나, '모퉁이가 뾰족하다'라는 등의 말을 하곤 한다.

이 '각(모퉁이)'이라는 말은, 꼭짓점이라는 뜻으로도, 각이라는 뜻으로도 사용한다. 그리고 각의 모양으로서 경험하고 있는 것에는 직각인 모양이 많으며, 이것을 반듯한 각으로 인지해 왔다. 이를 바탕으로 하여 우리 주변에는 각이 있는 모양과 각이 없는 모양이 있다거나, '네모'에는 각(모퉁이)이 4개 있다고 말하듯이, 각(모퉁이)을 사용해서 모양의 특징을 포착한다.

2. 각의 의미

'직각'에 대해서는 '직사각형'의 항목에서 언급하였다.

'각'의 의미에 대해서는, 이등변삼각형의 두 각 등, 여러 가지의 각을 포개어서 크기를 비교해 본 활동을 바탕으로, 다음과 같이 포착시킬 수 있다.

각은, 한 점에서 출발하는 2개의 직선으로 되는 모양이다.

그리하여 다시 각의 의미를 확장한다. 이것은 **회전각**이다.

180도보다 크게 벌릴 수 있는 부채 등의 교구를 사용해서, 회전각을 포착할 필요성을 느끼도록 한다. 이때 벌어진 크기를 조사하거나 비교하는 것으로부터, 회전한 크기를 명확히 하기 위해서 회전각을 생각할 필요성을 포착시키고, 그 회전각과 그 크기의 의미를 가르쳐준다. 즉,

회전각이라는 것은, 점 O의 둘레를 직선 OA가 회전해서 되는 모양이며 그 회전의 크기가 각의 크기이다.

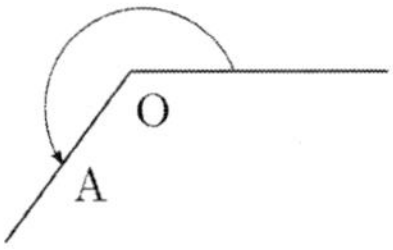

10 평행·수직

1. 평행·수직의 의미

주변에 있는 직사각형 모양인 물건 또는 평행이나 수직을 이루는 물건을 제시하고, 이것이 수직이나 평행이 아닌 2개의 직선과 (위치관계의 관점에서) 어떤 차이가 있는가를 고찰시켜, 다음과 같은 특징을 알아차리게 하고 수직과 평행의 의미를 가르쳐준다.

① 수직의 의미 : 2개의 직선이 직각으로 만날 때, 이 2개의 직선은 **수직**(이라는 관계에 있다)이라고 한다.

② 평행의 의미 : 1개의 직선에 수직으로 만나는 2개의 직선은 **평행**이라고 한다.

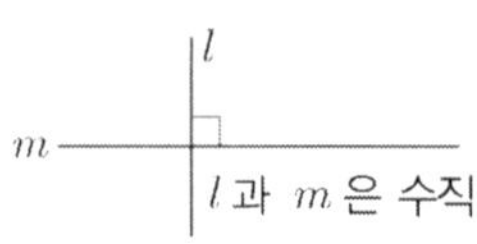

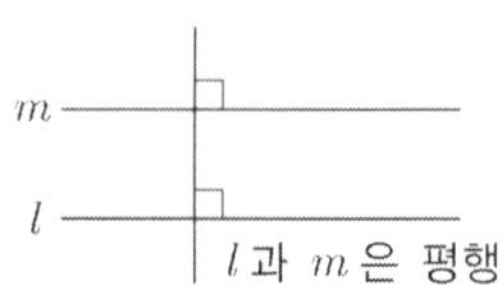

2. 평행선의 성질

평행선의 성질로 다음과 같은 것을 이해시킨다. 이를 위해 여러 가지 상태의 그림에 대해서, 길이나 각을 측정하여 조사하고 이를 바탕으로 귀납하게 한다.

① 평행인 두 직선은 만나지 않는다.

② 평행인 직선에 수직인 직선의 평행선 사이에 있는 부분은 모두 그 길이가 같다.

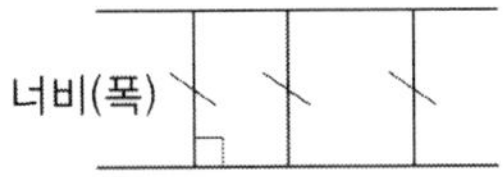

③ 평행인 직선은 다른 직선과 같은 각도로 만난다.

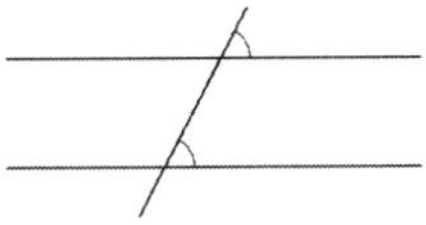

④ 평행선의 폭(너비) : 평행선에 수직인 직선의 평행선 사이에 있는 부분의 길이

3. 평행·수직의 판단·작도

위에서 언급한 평행이나 수직에 대한 의미 또는 성질을 써서 평행인가의 여부나 수직인가의 여부를 아래 그림과 같이 삼각자를 사용하여 판단하거나, 평행선 또는 서로 수직인 직선을 그릴 수 있게 한다. 이는 평행·수직의 의미나 성질을 사용하여 연역적으로 생각하면 알 수 있는 내용이다.

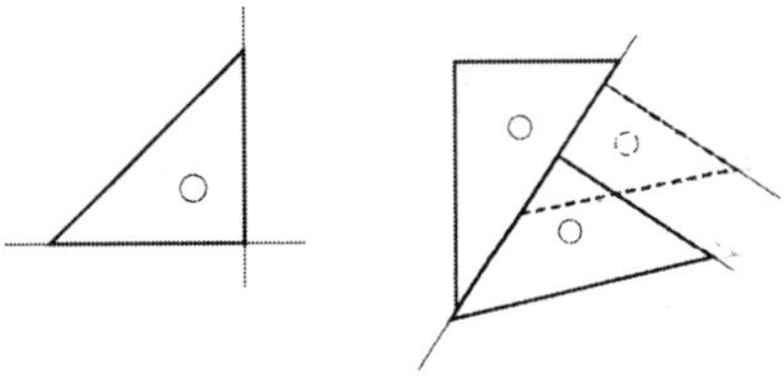

11 직육면체 · 정육면체

1. 입체의 기초적인 경험

주변에서 볼 수 있는 물건을, 모양이나 기능에 주목해서 같은 모양이라고 볼 수 있는 것으로 분류한다. 여기서의 기능이라고 하는 것은, 어떤 모양의 것은 쌓아 올리기가 쉽다거나 쌓는 면을 잘 고려하지 않으면 쌓기가 어렵다거나 자동차 바퀴처럼 굴리기가 쉽다고 하는 것과 같이 어떻게 활용될 수 있는가 하는 것이다.

그리고 어떤 것을 같은 무리로 보았는가를 알 수 있도록 그 무리에 상자 모양, 주사위 모양, 통(筒 : 속이 빈 기둥) 모양, 공 모양 등의 이름을 붙인다. 그리고 예컨대, 상자 모양을 같은 모양으로 보는 것은 아동들로서도 가능하다. 또, 그 이름을 붙이는 것도 아동들끼리 납득할 수 있도록 한다.

이 분류·정리는 앞으로의 직육면체, 정육면체, 원기둥 등의 개념을 학습하는 데에 기초가 되는 것(내용)이다.

2. 직육면체·정육면체의 의미와 성질

위의 기초적인 경험을 바탕으로, 입체의 특징을 구성요소에 주목하여 같다고 보이는 입체로 분류하고, 자주 접하게 되는 입체라는 관점에서 직육면체와 정육면체를 다룬다.

즉, 상자 모양이나 주사위 모양을 구성요소에 주목해서 다음과 같이 그 의미를 규정한다.

그리고 구성요소인 면, 모서리, 꼭짓점 등을 가리키는 이름도 가르쳐준다.

① 직육면체의 의미 : **직육면체**는 직사각형만으로 둘러싸인 모양, 또는 직사각형과 정사각형으로 둘러싸인 모양*

② 정육면체의 의미 : **정육면체**는 정사각형만으로 둘러싸인 모양.

③ 면 : 직육면체나 정육면체를 구성하는 직사각형이나 정사각형을 **면**이라고 한다.

④ 모서리 : 면과 면이 만나서 이루는 곧은 선을 **모서리**라고 한다. 3개의 모서리를 가로, 세로, 높이라고 한다.

⑤ 꼭짓점 : 모서리와 모서리가 만나서 이루는 점을 **꼭짓점**이라고 한다.

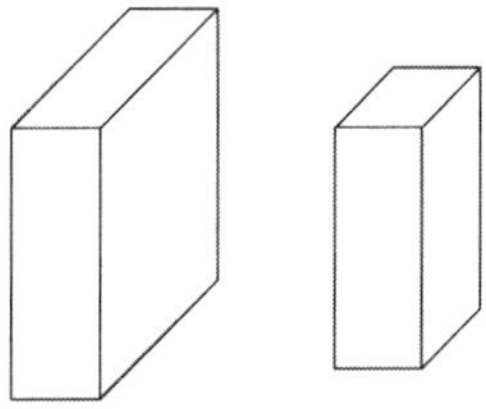
직육면체

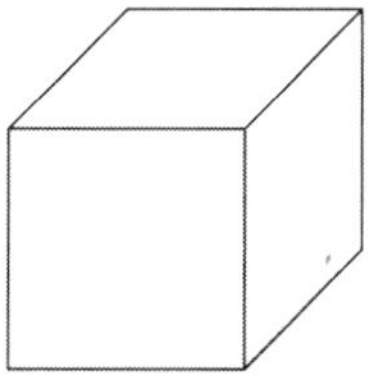
정육면체

그리고 이들 모양을, 모형으로 조사하거나 모형을 만들거나 전개도를 그리거나 하여, 구성요소나 그 관계를 고찰하는 활동을 통해 다음과 같은 성질을 귀납적으로 또는 유추적으로 찾아낸다.

직육면체에는 다음과 같은 성질이 있다.

㉮ 크기가 같은 면이 2개씩 3쌍 있다.

㉯ 길이가 같은 모서리가 4개씩 3쌍 있다.

㉰ 꼭짓점은 8개 있다.

* 역자주 : 이 단계에서는 직육면체와 정육면체의 개념의 포섭관계를 고려하지 않고, 이들을 서로 별도의 대상으로 본 것이다.

㉣ 꼭짓점에는 3개씩의 모서리가 모인다(가로, 세로, 높이).

㉤ 길이가 같은 4개씩의 모서리는 평행이다.

㉥ 꼭짓점에 모인 모서리는 서로 수직이다.

㉦ 같은 크기의 마주보고 있는 면은 평행이다.

㉧ 어느 면도 다른 4개의 면과 수직이다.

㉨ 어느 면도 4개의 모서리와 평행이다.

㉩ 어느 면도 4개의 모서리와 수직이다.

정육면체에는 다음과 같은 성질이 있다.

㉮ 면은 6개 있고, 크기가 같다.

㉯ 모서리는 12개 있고, 길이가 같다.

㉰ 꼭짓점은 8개 있다.

㉱ 꼭짓점에는 3개씩의 모서리가 모인다.

㉲ 모서리는 4개씩이 평행이다.

㉳ 꼭짓점에 모인 모서리는 서로 수직이다.

㉴ 평행인 면은 3쌍 있다.

㉵ 어느 면도 다른 4개의 면과 수직이다.

㉶ 어느 면도 4개의 모서리와 평행이다.

㉷ 어느 면도 4개의 모서리와 수직이다.

위의 성질을 고찰하는 과정에서, 면과 모서리의 평행·수직, 면과 면의 평행·수직의 의미를 가르쳐준다.

이것은, 하나의 직육면체를 보면서 직육면체의 이 모서리와 이 면은 수직이다, 이 면과 이 면은 수직이라고 가르쳐주기 십상이다.

면과 면(직선)의 수직·평행에 대해서는, 예를 제시하고 '……와 같은 것을 ……이라고 한다'라고, 예시한 것을 바탕으로 의미를 정하기 때문에, 그 의미·내용을 정확하게 포착하지 못할 가능성이 있다.

하지만 예를 들면

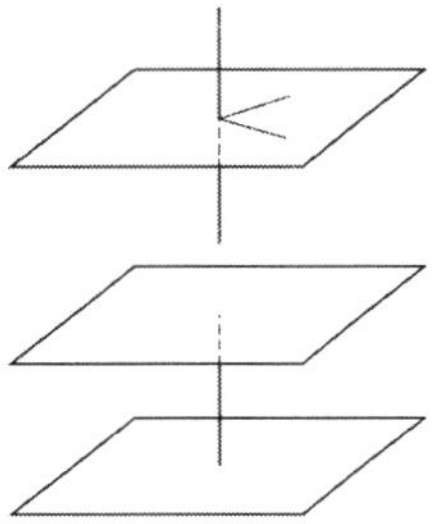

- '직선과 평면이 수직이라고 하는 것은 평면상의 두 직선이 그(처음의) 직선과 수직일 때'
- '2개의 면(평면)이 1개의 모서리(직선)에 수직일 때 이 2개의 면은 평행이라고 한다.'
- 직육면체의 '마주보는 면은 만나지 않는다. 이와 같은 관계에 있는 2개의 평면은 평행이다.'

라고 하듯이, 두세 가지의 관계에 대해서는 실험도 같이 해보면서 약간 논리적인 논조로, 일반적으로 포착시켜야 할 것도 있다.

3. 표현·구성

입체를 표현하는 방법으로서, 겨냥도와 전개도를 지도한다.

겨냥도와 전개도라는 말은 물론 가르쳐줄 것(내용)이지만, 이런 그림의 필요성(어떤 모양인가를 알아보기 쉽게, 보이는 모양을 나타내는 그림 … 겨냥도, 그 입체를 조립하기 위해 모서리를 따라 자르고 종이 위에 펼친 모양의 그림 … 전개도)을 포착시킨다. 그런데 이들 그림은 그리도록 하고 싶은 것(내용)이다.

이리하여, 그림을 보고 직육면체·정육면체의 겨냥도인가의 여부를 판별할 수 있게 하였으면 한다. 그리고 직육면체나 정육면체의 전개도를 두세 가지는 그릴 수 있게 하였으면 한다.

직육면체나 정육면체의 전개도를 보고 조립하면 일치하는 모서리나 마주보는 면 등, 모서리나 면의 위치 관계를 알 수 있는 수준은 되도록 하였으면 한다.

12 기둥 꼴(柱體)

1. 각기둥, 원기둥의 의미

각기둥과 원기둥을, 여러 가지 입체를 분류하는 과정에서 포착시킨다.

각기둥에 대해서는, 기초적인 경험으로서 **통(筒) 모양**을 인지하고 있다. 그래서 이것을 바탕으로 기둥 꼴의 모양인 몇 가지의 구체적인 물건을 제시하여, '이와 같은 모양을 각기둥이라고 한다'거나 '이와 같은 모양을 원기둥이라고 한다'와 같은 방법으로 의미를 부여한다. 그런데 이런 방법은, 그 의미를 바탕으로 각기둥인가의 여부를 논리적으로 판별할 수 있는 방법이 못된다. 그래서 가능하다면, 아동이 이해할 수 있는 수준에서 논리적인 의미를 부여하였으면 한다. 그 한 가지 방법으로 다음과 같은 것을 들 수 있다.

① **각기둥** : 2개의 합동인 다각형과 몇 개의 직사각형으로 둘러싸인 입체를 **각기둥**이라고 한다. 밑면의 모양에 따라 삼각기둥(밑면이 삼각형), 사각기둥, 오각기둥, …이라고 한다.

② **원기둥** : 2개의 합동인 원과 곡면으로 둘러싸인 입체를 **원기둥**이라고 한다.

그리고 이와 관련하여 입체의 구성요소인 밑면, 옆면, 모서리, 꼭짓점 등의 이름도 지도한다.

③ **각기둥·원기둥의 밑면, 옆면, 모서리, 꼭짓점, 높이** : 위의 다각형이나 원을 **밑면**, 둘레인 직사각형이나 곡면을 **옆면**, 면과 면이 만나서

이루는 직선을 **모서리**, 모서리와 모서리가 만나는 점을 **꼭짓점**, 2개의 밑면 사이의 거리를 **높이**라고 한다.

그리고 여기서 말하는 각기둥이나 원기둥은 **직각기둥**, **직원기둥**을 가리키는 것이다.

2. 각기둥과 원기둥의 성질

각기둥이나 원기둥을 고찰하거나 실제로 자르거나 잘라 펼치거나 하여, 다음 성질을 알아낸다. 이것은 실험을 수반하는 귀납적인 방법으로 다룬다.

(1) 각기둥·원기둥에서 볼 수 있는 공통인 성질

① 두 밑면은 평행이다.

② 옆면을 전개하면 세로가 높이, 가로가 밑면의 둘레(원기둥은 원둘레)인 직사각형이 된다.

③ 밑면과 평행인 면으로 자르면 잘린 자리는 밑면과 합동인 도형이 된다.

(2) 각기둥의 성질

① 옆면은 어느 것이나 밑면에 수직이다.

② 꼭짓점의 수는 밑면의 꼭짓점의 수의 2배,
모서리의 수는 밑면의 꼭짓점의 수의 3배, 그리고
면의 수는 밑면의 꼭짓점의 수보다 2만큼 더 많다.

3. 각기둥과 원기둥의 표현

각기둥과 원기둥의 겨냥도와 전개도를 그릴 수 있도록 한다. 뿐만 아니라, 전개도를 그려 각기둥과 원기둥을 만들 수 있도록 (아래 그림) 할 필요가 있지만, 이는 아동들에게 생각하게 할 수 있다.

• 각기둥과 원기둥의 겨냥도

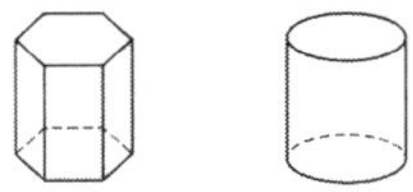

• 각기둥과 원기둥의 전개도

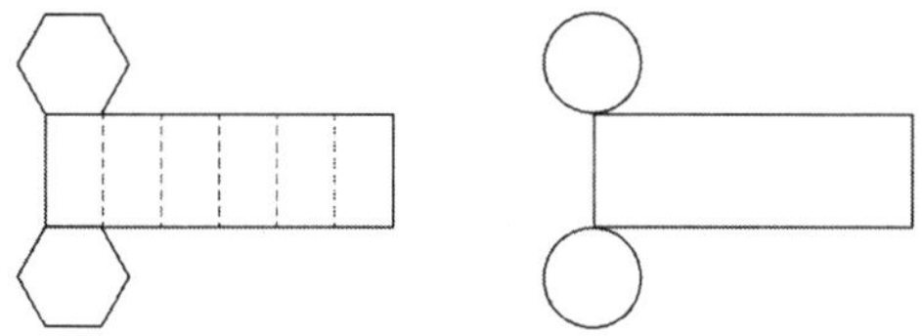

13 구(球)

구나 그 단면도의 모형을 보고, 구의 의미나 성질을 포착한다.

1. 구의 의미

어디서 보아도 원으로 보이는 모양을 구라고 한다.고 가르치게 되는데, 이는 어디까지나 관찰에만 의존한 것이지만, 대체로 이런 정도에 지나지 않을 것이다. 오히려 다음의 성질 ③이 구의 정의에 가깝다. 구의 성질은 고찰을 통해서 알아내게 할 것(내용)들이다.

2. 구의 성질

① 평면으로 어디를 잘라도 잘린 자리는 원이다.
② 정확하게 반이 되도록 잘랐을 때 잘린 자리가 가장 큰 원이 된다.
③ 구면 위의 점은 중심으로부터 같은 거리(반지름)에 있다.

구를 정확하게 반이 되도록 잘랐을 때의 잘린 자리인 원의 중심, 지름, 반지름을 '구의 **중심**, **지름**, **반지름**'이라고 하는 것도 지도한다. 이런 명칭은 원으로부터 유추적으로 포착시킬 수 있다.

14 점의 위치

점의 위치를 포착하는 방법에 대해서는 아래와 같이 생각할 수 있다.

1. 직선상의 점의 위치

한 줄로 배열된 것의 위치는, 어떤 것을 기준으로 삼고 위에서(아래에서) 몇 번째, 오른쪽(왼쪽)에서 몇 번째, 앞(뒤)에서 몇 번째라고 말하면 된다는 것을 안다.

이것을 일반화하여, 수직선상에서 점의 위치는 기준이 되는 점(원점)을 정하고 이 점으로부터의 거리를 나타내는 수로 표시할 수 있다는 것을 귀납적으로 알아내도록 할 수 있다.

2. 평면상의 점의 위치(발전적인 내용)

교실에서의 아동들의 좌석을 '앞에서 몇 번째, 오른쪽에서 몇 번째'라고 하듯이, 평면상에 배열되어 있는 것의 위치를 나타낼 방법을 다루고, 평면상의 점의 위치는 기준이 되는 점으로부터 두 방향으로의 거리로 정해진다는 것을 포착시킨다.

15 빈틈없이 깔기

직사각형, 삼각형, 사각형의 학습과 관련지어, 이것을 평면상에 배열하는 조작을 통해서 다음 사실을 귀납적으로 알아내게 하고, 삼각형의 내각의 합이 180도, 사각형의 내각의 합이 360도라는 것을 사용해서 연역적으로 명확히 한다.

합동인 삼각형 또는 사각형으로, 평면을 빈틈없이 메울(깔) 수 있다.

이에 따라, 평면이 어디까지라도 넓게 펼쳐 있다는 것을 알아차리게 한다(공간 개념).

16 도형에 관한 수학적인 생각

이상에서 살펴본 도형에 관한 학습을 통해서, 다음과 같은 도형에 관한 생각을 배양하고, 이를 이용할 수 있도록 하는 것이 도형 학습의 목표이다.

① 도형을 전체적으로 또는 직관적으로 보려는 것(개괄적 파악의 생각)

② 도형의 구성요소나 그 관계에 주목하려는 것(단위의 생각)

③ 개형을 포착하여, 전망을 세우려는 것(개괄적 파악의 생각)

④ 각 도형의 의미를 명확하게 포착하고, 이에 따라 정확한 그림을 그리며, 이것을 바탕으로 판단하려고 노력하는 것(조작의 생각)

⑤ 도형 사이의 관계에 주목하려는 것(기본성질의 생각)

⑥ 작도 또는 전개도나 겨냥도 등, 표현의 규칙을 바탕으로 적절하게 그림으로 나타내거나, 이것을 이용하려고 하는 것(표현의 생각)

기본적 성질은 유추적, 귀납적으로 알아내며, 나아가 이에 바탕을 두고 논리적으로 생각한다는 사고방법이 중요하다.

Chapter 8

지도내용 식의 체계화

이 장의 '식'과 다음 장의 '함수의 생각' 및 '통계'의 내용은, 학습지도 요령(우리나라의 교육과정)에서는 수량관계라는 관점에서 통합하여 제시하고 있으며, 이 내용을 논리적 체계적으로 명확하게 구성하기란 쉬운 일이 아니다. 이는 그 내용이 다른 영역과 밀접하게 관련되어 있다 보니 다른 영역에서 다루게 되는 내용도 많이 있기 때문이다. 뿐만 아니라, 수학적인 생각에 관련되는 것도 포함되어 있기 때문이다.

먼저, 지식이나 기능적인 내용에 대하여 다른 영역과 다소 중복이 된다는 것을 전제로 하여 종합·정리하고, 이어서 사고방법의 측면과 관련되는 내용을 고찰하기로 한다.

01 식에 관한 기습 사항
– 연산기호와 =의 사용 방법 –

식은, 계산 기호를 이용하는 식이 중심을 이룬다. 그리고 이것은 저학년부터 **수와 계산**이라는 영역에서 지도해 왔다. 그래서 수와 계산 가운데 **식**에 관한 것을 이전에 학습한 사항으로 제시해 둔다. 물론 이에 관련되는 상세한 것은 수와 계산에서 고찰하였다.

(1) 사상(事象)을 식으로 나타낸다.

기호 $+$, $-$, $\times$, $\div$를 이용해서 덧셈, 뺄셈, 곱셈, 나눗셈이 이용되는 경우를 $a+b$와 같은 식으로 나타낸다.

그리고 연산을 2개 이상 사용하여 $5+(6-4)=7$과 같이 식으로 나타낼 수 있다.

(2) 연산을 실행한 결과(답)를 $a+b=c$와 같이 나타낸다.

여기서의 '='은, 식에 제시된 조작을 하면 결과가 …이 된다는 의미이다.

(3) 미지수를 □으로 나타낸다.

$5+\square=8$, $6\times\square=24$와 같이 식으로 나타낼 수 있다.

02 등호의 의미

5+3이나 3+5가 모두 8이 되기 때문에 5+3과 3+5는 같다. 그리고 이것을 5+3=3+5라고 쓰면 되지 않을까 하는 것이나, 12−(3+8)은 12−3−8과 같다는 것을, 12−(3+8)=12−3−8과 같이 등호를 이용해서 나타내면 될 것이라는 것을 알아차리게 하고 싶다.

그리고 이를 바탕으로 기호 '='을 등호라고 한다는 것을 지도한다.

또 한 번에 5점씩 세 번 땄을 때의 총점은 5×3이라고 나타내는 것처럼 구체적인 사상을 하나의 식으로 나타낼 수 있도록 하는 것이나, 3×5로 나타나는 구체적인 경우를 읽을 수(문제를 만들 수) 있게 한다. 그리고 50원짜리 우표 10장의 값과 100원짜리 우표 5장의 값은 같다.라는 구체적인 관계를, 등호를 사용해서 50×10=100×5라는 식으로 나타낸다. 또 역으로, 이와 같은 등식으로 나타낸 관계를 읽을 수 있도록 한다. 이는 등호의 의미를 바탕으로 생각하여 연역적으로 알아낼 수 있는 것이다. 또, 이 등호의 의미를 확실하게 포착시키기 위해서 더 크다와 더 작다를 나타내는 부등호 <, >을 지도하는 것이 좋다.

이상의 고찰에서 알 수 있듯이, 식은 3에 5를 더하다 또는 3에 5를 더한 크기를 3+5로 나타내는 것과 같이 조작과 결과를 나타낸다. 이와 같은 사상을 나타내는 식과 두 사상(을 나타내는 2개의 식)의 관계를 나타내는 식이 있다. 예를 들면, 3+5가 8과 같다는 관계를 3+5=8이라고 나타내며, ○×□와 □×○가 같다는 관계를 ○×□=□×○이라고 나타낸다. 이런 것이 관계를 나타내는 식이다.

03 사상이나 관계를 나타내는 식 읽기

앞의 2절에서의 식으로 나타내기를 잘 이해할 수 있도록 하기 위해서나 식의 의미를 더욱 잘 이해할 수 있도록 하기 위해서도 식 읽기가 중요하다.

예컨대, 5×3이라는 표현 방법을 알고 난 후에 이런 식으로 나타나는 장면을 생각하게 한다. 예를 들면 1주일에 5일 학교에 간다. 3주일에는 며칠 학교에 가게 되는가., 고리 던지기에서, 1회에 5점씩 딴다면 3회에는 몇 점을 따게 되는가.라는 등의 문제를 만들게 한다. 이것은 이 식이 구체적인 장면의 어떤 경우에 사용되는 것인가라고, 이 식을 읽은 것이다. 이와 같이 식을 읽음으로써, 식이 어떻게 이용되는가에 관한 이해가 심화된다. 5나 3과 같은 수는 양의 종류와는 무관하다는 것을 알게 되며, 곱셈의 의미에 대한 이해가 확실해지는 것이다.

그리고 5×3이라는 식을 1개분의 크기가 5일 때 3개분의 크기를 구하는 것, 또 그 크기를 나타낸 것이라고 일반적으로 읽는다. 나아가서는, 5를 1개분의 크기, 3을 그 몇 개분이라고 보고, 1개분의 크기와 몇 개분에서 전체를 구할 때에 곱셈을 사용한다.라고 읽음으로써, 곱셈이 사용되는 경우를 더욱 일반적으로 포착하게 된다.

또한, 3×5=5×3에 대해서도, 이 식의 좌변을 한 열에 3개씩 5열이 배열된 ○의 수로, 이 식의 우변은 한 열에 5개씩 3열이 배열된 ○의 수로 보고, 오른쪽 두 그림의

○○○○○
○○○○○
○○○○○

○○○
○○○
○○○
○○○
○○○

○의 수가 같다는 것을 의미한다고 읽는 것이다.

나아가서는, 5와 3이라는 수에 구애됨이 없이 일반적으로 **곱셈에서는 두 수를 맞바꾸어도 된다**라고 읽는다. 이와 같이 식에 대하여 구체적인 장면이나 모델에 비추어서 읽거나, 더욱 일반적으로 식을 읽는 것이 중요하다.

이런 것은 모두 다 아동들에게 알아차리게 할 수 있는 것(내용)이다.

04 말의 식이나 공식으로의 표현과 그 식 읽기

말의 식은 앞 절에서 언급한 식 읽기의 활동을 통해서 얻어지는 것이다.

예컨대 1개 20원짜리 물건 6개의 대금은 20×6,

1개 25원짜리 물건 8개의 대금은 25×8

과 같이 나타난다는 사실에서, 일반적으로

1개분의 값×개수=대금

이라는 말의 식을 만든다. 이것은 위의 두 식을 일반화하여 읽은 것이다.

그리고 이런 말의 식이나

1다발의 장수×다발의 수=전체의 장수

와 같은 몇 개의 말의 식을 종합하여, 더욱 일반화된 말의 식

1개분의 크기×몇 개분=전체의 크기

를 만든다. 이리하여 이것을 이용하거나 한다.

예를 들면, 6분 동안 수도꼭지에서 물을 받았더니 24L가 되었다. 1분 동안에 몇 L의 물이 나오는가.라는 문제에서, 구하는 수량을 □L라고 하면, 위의 말의 식의 1개분이 □가 되고 몇 개분은 6이 되어서, 전체의 크기는 24가 되므로(라고 식을 읽어),

$$\square \times 6 = 24$$

라는 식으로 나타낸다.

이와 같이, 수량의 관계를 일반적으로 나타내기 위해 이런 말의 식으로 나타낸다. 이 일반화와 이때 이용하는 말은 생각하게 할 내용이다. 다시 말해, 이때 이용하는 말이 이 경우에 한정되는 것이라고 정해져 있는 것은 아니고, 아동들과 함께 정하면 되는 것이며 몇 개의 구체적인 수를 이용한 경우에서 귀납해야 할 것이므로, 이는 생각하게 할 것(내용)이다.

또, 몇몇 수량의 관계에 대해서는 이를 공식으로 나타내고, 이 공식을 이용하게 하는 것이다.

즉, 정사각형, 직사각형, 평행사변형, 삼각형, 사다리꼴, 원 등의 넓이 공식, 원둘레의 공식, 속도에 관한 공식 등을 들 수 있다. 다시 계산 법칙(교환법칙, 결합법칙, 분배법칙) 등도 공식으로 종합할 수 있다.

그리고 이를 이용하여 넓이나 변의 길이 등을 구하거나, 어떤 것의 크기를 구하려면 무엇의 크기를 알아야 하는가를 생각하거나 한다. 이런 공식과 그 구하는 방법이나 이용 방법은 '수와 계산', '도형' 등의 각 영역에서 언급한 바 있지만, 여기서 맨 먼저 다루게 되는

공식 : 직사각형의 넓이=가로×세로

는 가르쳐주게 되지만, 이 이외의 공식은 이것에서 유추하면서 귀납시켜야 할 것이다.

또한, 이전에 학습한 공식이 정수일 때만이 아니라, 수 범위가 소수나 분수로 넓어져도 이용된다는 것을 곱셈이나 나눗셈의 의미의 확장과 더불어 이해시킨다. 이는, 예컨대 직사각형의 넓이 공식에서는 길이가 소수일 때도 이용할 수 있다는 것의 설명을 시키는 것이 바람직하다. 그러나 많은 공식에 대해서는 특별히 설명 없이 이용하게 한다.

05 사칙이 혼합된 식이나 괄호를 이용한 식

예컨대 1개 85원짜리 과일을 7개 사고 1000원을 지불했다. 얼마 거슬러 받아야 하는가.라는 문제를

1개 85원짜리 물건을 7개 사면 대금은 $85 \times 7 = 595$(원)

595원어치 사고 1000원을 내면 거스름돈은 $1000 - 595 = 405$(원)

이와 같이 각 단계별로 세운 식을 분해식이라고 한다.

이에 대하여, 위의 문제의 식을

$$1000 - 85 \times 7$$

과 같이 세운다. 이것은 종합식이다.

분해식으로 세우는 식에서는, 문제의 조건을 몇 단계로 나누고 각 단계별로 식을 세우게 되므로, 문제가 어려운 경우는 분해식으로 세우는 편이 알기 쉽다는 장점이 있다.

이에 비하여 종합식은 문제 전체의 구조를 포착하고 이것을 하나의 식으로 나타내므로, 계획(식 세우기)과 실행(계산)을 구분해서 처리할 수 있다. 이런 의미에서 사고 노력을 절약할 수 있으며, 해답이 어떤 수량에 의존하는가가 명확해진다(함수적인 생각)는 좋은 점이 있다.

이 종합식으로 식을 세울 수 있기 위해서는, $3+5$나 $12 \div 6$ 등의 식이 하나의 양을 나타낸다는 것을 파악할 수 있어야만 한다. 이것은 사칙의 의미에서 연역적으로 생각하여 알게 되는 것이다.

그런데 종합식을 활용할 수 있게 되려면 시간을 들여 이해가 확실해지

도록 하여야만 한다.

예컨대 모래밭에 남자 어린이 3명, 여자 어린이 4명이 놀고 있다. 그리고 여자 어린이 2명이 그네를 타고 있다. 어린이는 모두 몇 명인가라는 문제에 대해서,

모래밭에 있는 어린이+그네를 타고 있는 어린이

를 생각했다면

① $(3+4)+2$

라는 식을 세우며, 남자 어린이+여자 어린이를 생각했다면

② $3+(4+2)$

라는 식을 세운다. 이때, 모래밭에 있는 어린이의 수나 여자 어린이의 수를 한 무더기의 수량으로 본다. 이런 것을 나타낼 때 괄호를 사용한다. 이와 같이, 식이 하나의 수량을 나타낼 때는 괄호를 사용한다.

이것이 괄호의 의미이며, 약속으로서 가르쳐줄 내용이다.

마찬가지로 한 사람당 사과와 감귤을 1개씩 6명분을 준비하려고 한다. 사과는 1개 80원이고, 감귤은 1개 50원이다. 돈이 얼마 있어야 하는가라는 문제에서는

1명분×사람 수

를 구하면 된다. 이렇게 생각하려면 80+50을 1명분이라고 보아야만 한다.

그래서 괄호를 사용하여

③ $(80+50)\times 6$

이라는 식을 세운다.

그리고 1000원으로 1개 80원짜리 사과를 7개 산다면 거스름돈은 얼마가 되는가라는 문제에 대해서는,

거스름돈=낸 돈의 액수−대금

이라는 식이 세워지므로, 이 식을 이용하려면 대금을 하나의 수량으로 보아야만 하기 때문에 이를 괄호로 표시하여,

④ $1000-(80\times7)$

이라고 생각한다.

또 12개들이 사과 한 상자에 1140원이라면, 1개 100원짜리 사과보다 1개당 얼마가 싼가라는 문제의 경우는 다음과 같은 식으로 나타낸다.

⑤ $100-(1140\div12)$

그리고 이런 것을 학습한 다음에, ×나 ÷를 사용해서 나타낸 식은 1개의 수량을 나타낸 것이라고 정한다.

이것은 약속으로서 가르쳐줄 내용이다.

그러면, 위의 ④ $1000-(80\times7)$과 ⑤ $100-(1140\div12)$는

$1000-80\times7$과 $100-1140\div12$

라고 나타내어도 된다(괄호 앞에 ÷가 올 때는 괄호를 떼어낼 수 없다).

- 종합식의 계산 순서 : 위에서와 같은 괄호나 곱셈·나눗셈을 이용한 식의 의미를 정하면, 그 결과로서 다음과 같이 계산해도 된다는 것을 알 수 있다.

$15 \times (6+4)$나 $1000-85 \times 7$과 같이, 하나의 수량을 나타낼 때에 괄호를 이용한 것이나 ×, ÷로 나타낸 식은 하나의 수량을 나타낸다는 사실에서, 괄호 안을 먼저 계산하면 되고, 곱셈·나눗셈은 덧셈·뺄셈보다 먼저 계산하면 된다는 것을 알 수 있다.

- 계산은 왼쪽부터 차례로 하지만,

  괄호가 있는 식에서는 괄호 안을 먼저 계산하고,

  곱셈·나눗셈은 덧셈·뺄셈보다 먼저 계산한다.

라는 계산 순서는, 위에서와 같은 괄호나 곱셈·나눗셈의 의미로부터 연역적으로 생각하여 알아낼 내용이다. 약속으로서 가르쳐줄 내용은 아니다.

06 ○나 △를 사용한 식, 문자를 사용한 식

이것은 발전적인 차원에서 다루면 좋은 내용이다.

미지수를 나타내는 □의 사용 방법에서, 장면에 따라서는 □, △나 ○ 등 두 가지를 사용하면 될 것이라는 것은 알아차릴 수 있을 것이다. 이러한 활동을 바탕으로, □나 △를 사용하여 수량의 관계를 나타낼 것을 약속으로서 가르쳐주게 된다.

예를 들면 다음과 같이 한다.

> 동경에서 올림픽이 개최된 것은 소화(昭和) 39년이다. 이것은 서기 몇 년일까. 평성(平成) 15년이 서기(西紀) 2003년이다. 그리고 소화 64년이 평성 원년이다.

라는 문제에 대해서, 먼저 평성 15년은 소화가 계속되었다고 하면, 64 + 14 = 78(년)이다. 이것에서 다음과 같은 표로 정리된다는 것을 알 수 있다.

소화	78	77	76	75
서기	2003	2002	2001	2000
차	1925	1925	1925	1925

이것에서 '서기'는 '소화'보다 '1925' 크다는 것을 알 수 있다.

이로부터

소화를 □년이라고 하면 서기는 □ + 1925라는 것을 알 수 있으므로,

서기를 △년이라고 하고, △ = □ + 1925

라고 나타내면 된다는 것을 알 수 있다. 이와 같이 □나 △를 사용할 것

을 약속으로서 가르쳐준다.

또, 소화 39년은 위의 식의 □에 39를 넣으면 $39+1925=1964$이므로 서기 1964년이라는 것을 알 수 있다.

이와 같이 하여, □(△)에는 어떤 범위의 여러 가지 값을 대입하면, △(□)에 해당하는 수가 구해진다는 것을 알 수 있다. 일반적으로, △(□)에 해당하는 수를 구할 때 □(△)에 여러 가지 값을 대입하면 된다는 것을 알 수 있다.

07 식으로 나타내려는 생각·식을 읽으려는 생각

지금까지 고찰했던 것(내용)을 이용해서 적극적으로 식을 활용할 수 있도록 해야 한다.

식은 상황을 나타낼 때 또는 관계를 나타낼 때 이용한다는 것을, 식을 이용하는 가운데서 점진적으로 포착할 수 있게 하는 것이지만, 식으로 나타낼 수 있도록 하기 위해서는 식으로 나타낸다는 것의 좋은 점을 느끼도록 해야 한다.

식으로 나타낸다는 것의 좋은 점으로는 다음과 같은 것을 들 수 있다.

① 사상이나 관계가 간결하고 명확하게 나타난다.

② 사상이나 관계가 일반적으로 나타난다.(일반화하기 쉽다)

③ 사고 과정이 간결하고 명확하게 나타난다.

④ 식 자체를 형식적으로 처리하기 쉽다.

이런 좋은 점을 알고 적극적으로 식을 이용할 수 있도록 노력한다. 더욱이 이런 좋은 점을 알고 활용하기 위해서는 식을 읽는 능력을 길러야 한다.

여기서 말하는 식을 읽는다는 것에는 다음과 같은 여러 가지로 식을 읽는(간파하는) 방법이 있다.

① 식에 해당하는 구체적인 장면이나 모델을 읽는다.

② 일반적인 사상이나 관계를 읽는다.

③ 의존관계·함수관계를 읽는다.

뿐만 아니라,

④ 식의 모양을 읽는 경험도 한다.

식이나 식을 변형하는 과정에서, 이와 같이 식의 의미를 읽고(간파하고) 식을 적극적으로 활용하려고 애쓰는 수학적인 생각이 중요하다.

Chapter 9

지도내용 함수의 체계화

앞의 장에서와 같이, 관계를 식으로 나타내거나 식을 읽거나 하는 것은 모두 다 관계에 관한 것이므로, 함수에 관한 내용이라고도 볼 수 있다.

여기서는 이런 것을 포함해서 다시 한 번 함수와 함수적인 생각에 관한 지도내용에 대하여 고찰한다. 초등학교 수학에서는 함수의 내용이라고 볼 수 있는 것은 비례관계뿐이며, 이 밖에는 대부분이 함수적인 생각에 관한 것이다. 따라서 지도내용을 각 학년에 배당해 놓았으나, 이는 그 학년에서만 지도하는 것으로 보기보다 그 학년을 중심으로 하여, 그 밖의 학년에서도 반복적으로 지도하는 것이 바람직한 것이다. 생각(사고)이라고 하는 것은 어떤 한 학년에서만 다루면 되는 것은 아니다. 학년과는 관계없이 유효하게 작용하기 때문에 생각(사고 방법)인 것이다.

먼저 지도내용으로서 각 학년에 제시된 내용을 고찰하고, 그 후에 다시 함수의 생각에 관해서 종합하기로 한다.

01 관계를 나타내는 표

구슬 넣기 등의 게임을 하면서, 8개를 던졌을 때 들어간 것의 수와 들어가지 아니한 것의 수를 조사한 결과를 8은 4와 4, 6과 2, 3과 5, …등과 같이 나타낸 것을 보고, 이것을 순서 바르게 배열하여 들어간 것의 수가 1씩 커지면, 들어가지 아니한 것의 수는 1씩 작아진다는 사실을 알아낸다. 그리하여 이것에서 한쪽 수를 알면 다른 쪽 수를 알 수 있다라는 사실을 알 수 있다. 이것은 두 수로 되는 쌍 사이의 함수관계를 알아낸 것이라고 볼 수 있으며, 또한 의존관계를 명확히 한 것이라고 볼 수도 있다.

그리고 곱셈구구의 단을 구성할 때

$$4 \times 3 = 4 + 4 + 4 = 12$$
$$4 \times 4 = 4 + 4 + 4 + 4 = 16$$
$$4 \times 5 = 4 + 4 + 4 + 4 + 4 = 20$$

등에서, **곱하는 수가 1씩 커지면 답이 4씩 커진다**라는 규칙을 찾아낸다. 그리하여 이것을 이용해서 구구의 단을 솜씨 좋게 구성한다.

이는, 표의 형식은 갖추지 않았지만 곱하는 수와 답으로 되는 수의 쌍을 몇 개인가 구하고, 이들 쌍 사이에서 볼 수 있는 함수관계를 알아내어 이 함수관계를 사용하겠다는 생각이다.

나아가, 학습이 발전해나가면 더욱 복잡한 문제에 대해서도 구하는 수량이 어떤 수량에 의존하는가를 알아보거나, 데이터로서, 대응하는 두 변수의 값의 쌍을 모아 대응 규칙을 알아내고, 이것을 이용하게도 된다. 이와 같이, 어떤 수량이 어떤 수량에 의존하는가를 생각해보는 것이 중요하지만, 이에 대해서는 함수의 생각으로 마지막에 종합하여 다시 제시하겠다.

표의 작성 방법과 이것에서 규칙을 알아낼 수 있다는 것은 처음에는 가르쳐주지 않으면 모를 것이다.

그러나 일단 이것을 실행한 다음에는 표를 만들거나 이로부터 규칙을 알아내고, 활용하는 것은 생각하게 하고 싶은 것(내용)이다.

02 관계를 나타내는 꺾은선그래프

대응하는 두 변수의 값의 쌍을 모았을 때, 이 관계를 더욱 잘 포착하기 쉽게 하거나, 이 관계를 더욱 명확하게 나타낼 필요성을 바탕으로 하여, 이것을 그래프로 나타내기도 한다. 이 함수관계를 나타내는 그래프로서는 꺾은선그래프를 들 수 있다.

이것이 함수관계를 나타내는 꺾은선그래프의 학습이지만, 이 꺾은선그래프의 표현 방법과 **꺾은선그래프**라는 용어는 약속으로서 가르쳐줄 내용이다. 막대그래프에서 그 각 막대의 꼭짓점을 이어서 나타내는 활동을 통하여 가르쳐주거나, 꺾은선그래프를 보여주기부터 시작하는 지도를 하기도 한다.

그리고 이를 바탕으로 꺾은선그래프의 변화에 관한 특징 등, 그래프를 읽는 방법을 알아차리게 한다. 뿐만 아니라 또, 변수 x가 변함에 따라 y가 변하는 모습(증감하는 모습 등)이나, x와 y가 대응하는 방법(x가 얼마일 때 y가 최대가 되는가 등) 등을 포착시켜나간다.

나아가서는, 함수관계를 포착하거나 데이터 집합에서의 특징을 더욱 잘 나타내기 위해서 그래프의 이용 방법을 궁리한다.

이런 안목이나 이용 방법은 꺾은선그래프의 의미에서 알아차릴 수 있는 내용이다.

03 관계를 나타내는 식

두 수량 사이의 관계를 알아볼 때는

① 값의 쌍의 대응 방법이나 두 변수의 대응 방법을 식으로 나타낸다.

② 함수관계를 나타내는 적절한 식을 알아본다.

③ 식에서 의존관계에 있는 수량을 간파한다(읽는다).

④ 식에서 대응방법의 특징을 알아챈다.

라는 것이, 함수관계의 고찰에서 식의 좋은 점을 반영하는 데에는 중요한 구실을 한다.

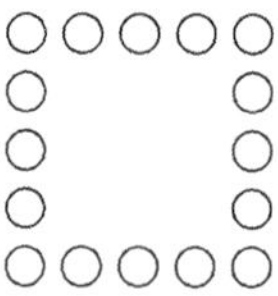

예를 들면 오른쪽 그림과 같이 정사각형 모양으로 바둑돌을 배열한다. 한 변에 100개를 배열하려면 바둑돌이 몇 개 있어야 하는가. 또, 정삼각형으로 배열하는 경우는 어떤가. 라는 문제에 대하여 한 변의 개수가 2개, 3개, …와 같이 개수가 적은 경우부터 조사하고,

한 변의 돌의 개수	2	3	4
둘레의 전체 개수	4	8	12

이 값의 쌍에서 대응 방법을

① 한 변의 개수×4−4라고 나타낸다(100×4−4가 된다).

그리고 이 식은 그림으로도 구할 수 있다(오른쪽 그림).

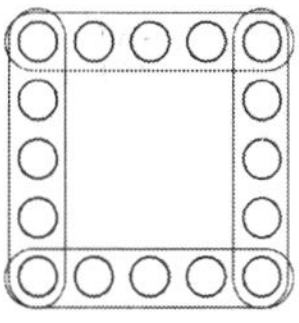

$5\times4-4$

똑같은 방법으로 생각하면, 삼각형 모양으로 배열하는 경우는 한 변의 개수$\times3-3$이 된다.

이로부터 일반적으로 정n각형 모양의 배열인 경우는

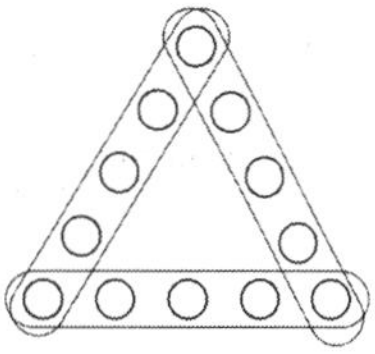

$5\times3-3$

② 한 변의 돌의 개수× 변의 수− 꼭짓점의 수가 된다.

③ 이 식에서, 둘레에 놓인 전체 돌의 개수는 변의 수와 꼭짓점의 수에 의존한다는 것을 알 수 있다.

④ 게다가, 꼭짓점의 수는 변의 수와 같다는 사실에서, 이 식은 한 변의 돌의 개수× 변의 수− 변의 수라고 나타낼 수 있으며, 변의 수에만 의존한다는 것을 알 수 있다.

⑤ 또다시 이 식은

(한 변의 돌의 개수− 1)× 변의 수

라고 볼 수 있으므로, 둘레에 놓인 전체 개수는

(한 변의 돌의 개수− 1)

에 비례한다는 것도 알 수 있다.

이것이 앞의 첫머리에서 제시한 네 가지(①~④)이다.

04 비

관계를 비율로 포착하기도 한다. 이때 비의 개념이 사용된다. 이것은 다음과 같은 것이다.

① 2개의 수량의 비율을

$$a : b$$

라고 나타낸다. 이것을 **비**라고 한다.

② 비 $a : b$에 대해서 $\frac{a}{b}$를 **비의 값**이라고 한다.

는 것을 가르쳐준다. 물론 이 이전에 예컨대, 2장 다다미방에 3명, 8장 다다미방에 12명, 10장 다다미방에 15명이 든다는 것 등은 모두 붐비는 정도가 같다는 것을 알 수 있었다. 이와 같이, 붐비는 정도가 같다는 것을 나타내는 방법이 여러 가지 있다는 것을 알게 됨과 동시에, 이는 2장 다다미방에 3명이나 1장 다다미방에 1.5명이라는 비율, 또는, 이 비율을 $\frac{3}{2}$이라고 분수로도 나타낼 수 있다는 것을 알아낼 수 있을 것이다. 이것을 받아 위에서 진술한 바와 같은 비나 비의 값에 대한 의미를 정한다.

그리하여, 다시 다음과 같은 비의 성질을 귀납적으로 알아내게 한다.

- 표현은 달라도 같은 관계를 의미하는 비가 있다는 것

  위의 예에서는, 사람 수와 다다미 장수의 비율이 $3 : 2$, $12 : 8$, $15 : 10$, $1.5 : 1$, $\frac{3}{2} : 1$이고, 이는 모두 같은 비율을 나타낸다.

- 비 $a : b$에서 a와 b의 양쪽에 같은 수를 곱해도, 같은 수로 나누어도, 비는 $a : b$와 같다.
- $a : b$에서, 특히 b가 1일 때의 비의 값은 a이다. 이것은 $\frac{a}{b}$라는 뜻이다.

05 비례

함수관계로서 가장 간단한 경우인 비례에 대한 지도를 한다. 지금까지는 단가와 개수와 대금의 관계라거나 시간과 실제로 나아간 거리와 속도의 관계, 삼각형의 밑변과 높이와 넓이의 관계, 원의 반지름과 넓이의 관계 등등, 여러 가지 관계를 학습하였다. 이를 다시 검토하고 그 가운데서 가장 간단한 함수관계로서의 비례에 대하여, 그 특징을 고찰하는 활동을 통해 함수에 관한 것을 포착하는 방법에 대한 기초적인 경험을 시킨다. 위에서 언급한 바와 같은 여러 가지 관계를 고찰할 때 포착했던 함수관계의 포착 방법을 여기서 종합하게 되기도 한다. 그러므로 비례관계의 포착 방법은 생각해낼 수 있는 것(내용)이다. 다만, 여기 등장하는 용어는 가르쳐준다.

이 비례의 의미나 알아내게 할 성질은 다음과 같다.

(1) 비례의 의미

두 수량 x, y에 대하여 x가 2배, 3배, …가 되면, 이에 따라 y도 2배, 3배, …가 될 때, y는 x에 **비례한다**고 말한다.

(2) 비례의 성질

① y가 x에 비례하면 x도 y에 비례한다.

② 이 경우 y와 x는 비례한다고도 말한다.

③ x와 y가 비례할 때, $y=$(일정하게 정해진 수)$\times x$라고 나타낼 수 있다.

④ x와 y가 비례할 때, 대응하는 x와 y의 비 $\frac{y}{x}$는 일정하게 정해진

수가 된다.

⑤ x가 $\frac{1}{2}$, $\frac{1}{3}$, $\cdots$이 되면, 이에 따라서 y도 $\frac{1}{2}$, $\frac{1}{3}$, $\cdots$이 된다.

이런 성질은 몇몇 예에서 귀납적으로 알아내게 할 것(내용)이다.

06 함수의 생각

'함수적인 생각'에 해당되는 것으로서 다음과 같은 것을 지도한다.

① 간단한 경우에 대응하는 수량을 알아본다(의존관계에 주목한다).

② 대응하는 수량에 관하여 값의 쌍을 표 등으로 나타내고 관계를 조사하려고 한다.

③ 대응하는 수량에 관하여 관계를 표로 나타내려고 한다.

④ 대응하는 수량에 관하여 관계를 그래프로 나타내어 본다(위의 ②~④는 함수관계의 표현을 궁리하는 것이다).

⑤ 표나 식이나 그래프에서 대응하는 두 수량 사이의 관계의 특징을 읽는다.

특히, 한쪽 수량을 1씩 늘리거나, 2~3배로 변화시키면 다른 쪽 수량이 어떻게 달라지는가, 대응하는 두 수량의 값에는 어떤 관계가 있을까 등의 대응 방법에 관한 것을 포착한다(함수적인 규칙을 읽는다)는 것이다.

⑥ 대응하는 수량 사이의 관계의 특징을 이용해서 문제를 해결한다.

이런 것은 어느 학년에서도 그 학년의 수준을 고려하여 알아보게 하고 정착시킬 사항이다.

Chapter 10

지도내용 통계의 체계화

01 기초적인 경험

통계에 관해서는, 그 기초적인 경험으로 1, 2학년에서 간단한 사상을 정리하고, 이를 표나 그래프의 모양으로 나타내거나 이런 것을 읽거나 하는 것을 경험시킨다.

이는, 예컨대 구슬 넣기와 같은 자주 접하는 사상을 제시하고 그 사상이 몇 가지로 구분될 수 있을 때, 항목별로(점수가 5, 4, 3, 2, 1점과 같이) 각각 몇 번 들어갔는가(몇 점에 몇 개 들어갔는가)를 정리하고, 표의 모양으로 나타내거나 들어간 수만큼 ○를 그린 차트 그래프의 모양으로 정리한다. 이렇게 함으로써, 어디에 몇 개 들어갔는지, 어디에 가장 많이 들어갔는지 알아보기 쉬워진다는 것을 경험시킨다. 마찬가지로, 생일 등을 조사했을 때 태어난 날짜별 인원수의 결과나 책을 종류별로 나누고 각각의 권수를 조사했을 때 그 결과를, 차트 블록과 같은 그래프 모양으로 나타낸다. 이때, 블록 하나하나의 크기를(수량을) 정해 두는 편이 좋다는 것을 경험시킨다.

이것은 함수적인 고찰과 통계적인 고찰에 관한 기초적인 경험이다. 이 경험에 의해서 자료를 표나 막대그래프 또는 꺾은선그래프 등으로 나타낼 생각이 우러나오기 쉬워지며, 함수적 그리고 통계적 고찰로 발전될 수 있다.

02 표

위에서 언급한 경험을 바탕으로 하여, 예컨대 학교 교문 앞의 교통량을 조사할 경우, 교문 앞을 지나가는 자동차의 수를 그 종류별로 조사하거나 시간대별로 구분해서 조사한다.

그 결과를

자동차의 종류	
대수	

몇 시부터 몇 시	
대수	

와 같은 표로 나타낸다.

그리하여, '자동차의 종류와 시간대'라는 두 가지 관점에서 정리하고 2차원의 표로 나타낸다.

예를 들면, 아래와 같이 나타낸다.

O시부터 O시 / 자동차 종류	8시~9시	9시~10시	10시~11시	……
승용차				
트럭				
버스				
오토바이				
⋮				

그리고 이것을 읽는 활동을 통해 교문 앞의 교통 상황이나 특징을 포착한다.

(1) 1차원 표와 2차원 표

앞의 예에서와 같이,

① 1차원 표는 한 가지 관점에서 자료를 분류한 표로서 그 형식은 표의 제목이나 합계를 쓰는 것, 자료에 따라서는 '기타'의 항목을 설정하는 것 등을 생각할 수 있다.

이것은 기초적인 경험을 바탕으로 궁리하게 할 것(내용)이지만, 이 궁리를 바탕으로, 표의 형식은 가르쳐준다.

② 2차원 표의 형식과 각 항목의 소계나 총계의 의미 등은 약속으로 가르쳐준다.

두 가지 관점에서 자료를 정리하고 이를 2차원 표로 종합하는 것은 충분히 궁리하게 하면, 이와 같이 정리한다는 것의 좋은 점을 알아차리게 될 것이다.

이 2차원 표의 작성 방법은 자료가 모아졌을 경우의 작성 방법이었다. 그러므로 이 경우는 자료를 모으기 전에 항목을 설정해 둔 것은 아니었다. 실제 통계적인 활동에서는, 자료를 모으기 전에 2차원의 각 항목으로서 어떤 것이 필요한가 하는 것을 생각해 둘 필요가 있다.

그래서 다음으로

③ 두 가지 관점에서 일어날 수 있는 경우를 생각하여 2차원의 항목을 정한다.

이것을 바탕으로 하여 자료를 모으고 정리할 수 있게 한다.

이와 같이 하여, 다음과 같은 활동을 할 수 있도록 하는 것이다.

(2) 분류 활동

목적을 명확히 하고 그 목적을 바탕으로, 다음과 같은 점들을 고려해서 자료의 항목을 정하여 자료를 모으고 정리한다.

① 어떤 범위의 것을 모을 것인가, 무엇을 단위로 하여 모을 것인가.

② 목적에 맞는 분류 관점을 정하고, 그 관점에서 몇 개의 류(class)를 설정한다. 이때 그 류는 다음 두 가지를 만족하도록 한다.

- 어떤 자료도 반드시 어느 류에 들어갈 수 있게 한다(누락이 없다).
- 2개의 류에 공통으로 들어가는 데이터가 생기지 않게 한다(중복이 없다).

③ 데이터를 모으거나 이를 분류할 때, 누락되거나 중복되는 데이터가 생기지 않도록 한다(빠트리고 세거나 이중으로 세는 일이 생기지 않도록 한다).

④ 각 류의 조건을 명확히 하고, 적절한 이름을 붙인다.

03 막대그래프

모은 자료를, 그 특징을 잘 알 수 있게 나타내기 위하여, 다음과 같은 약속에 따라 **막대그래프**로 나타낸다는 것을 기초적인 경험을 바탕 삼아 가르쳐준다.

- 가로축에 항목의 눈금을, 세로축에 도수의 눈금을 매긴다. 그리고 각 항목의 크기를 막대의 길이로 나타낸다.

그리고 막대그래프를 작성하거나 고찰한 경험에 의하면, 막대의 길이가 긴 쪽이 도수가 크다. 그래서 막대의 길이로 도수의 대소를 쉽게 알 수 있다고 하는 막대그래프를 보는 안목이나, 항목에 순서가 없을 때는 도수의 크기 순서로 배열하면 좋다는 표현방법의 좋은 점을 알아차리게 한다.

04 꺾은선그래프

정리된 자료의 변화하는 모습을 알아보는 데에 편리한 그래프로 꺾은선그래프가 있다는 것을 가르쳐준다. 즉, 항목에 순서가 있을 때, 항목 x의 자료의 크기가 y인 경우, 점 (x, y)를 찍어나간다. 이 점들을 선분으로 잇는다.

이와 같이 하여 만들어지는 그래프를 **꺾은선그래프**라고 말한다는 것을 가르쳐준다. 그리고 꺾은선그래프의 선분이 오른쪽 위로 향할 때는 증가, 오른쪽 아래로 향할 때는 감소, 수평을 이룰 때는 변화 없음, 기울기가 클수록 변화가 크다는 사실을 알아내게 하고, 이를 이용해서 자료를 꺾은선그래프로 나타내거나, 꺾은선그래프에서 자료의 특징을 읽을 수 있게 한다.

이것은 생각하도록 시킬 내용이다.

05 백분율

비율은 소수로 나타내어지는 경우가 많은데, 이를 정수로 나타내면 그 크기를 포착하기 쉽다. 그래서 비율 0.01을 단위 1로 보고 나타내는 방법인 퍼센트(%)를 이용한다. 또, 0.1을 단위로 보고 나타내는 방법인 보합(할, 푼, 리)이라는 것도 있다(이것은 0.1을 1할, 0.01을 1푼이라고 한다). 이의 좋은 점을 알아보고 적절하게 이용할 수 있도록 가르쳐준다.

백분율로 나타내면, 비율이 정수로 나타나는 경우가 많으며 크기를 포착하는 데에 편리하고(보합도 마찬가지), 일상생활에서 곧잘 쓰인다고 하는 백분율이나 보합의 좋은 점을 생각하여 알아차리게 한다. 그리고 이를 적극적으로 이용할 수 있게 한다.

백분율이나 보합은 통계적인 사상의 고찰에만 쓰이는 것이 아니라는 것(예를 들면 이율이나 할인율 등)도 물론이다.

06 내역그래프

전체에 대한 각 부분의 비율이나 부분끼리의 비율을 알아보기 쉽도록 하는 목적에서 만든 것으로는 띠그래프와 원그래프가 있다.

① **띠그래프**는, 전체에 대한 각 부분의 비율을 구하고, 직사각형 전체의 길이를 100%로 나타내며 각 부분의 길이는 그 비율에 비례하도록 나타낸다.

② **원그래프**는, 원 전체를 100%로 나타내고 각 부분은 그 부채꼴로 나타내는데, 그 중심각 또는 넓이를 각 부분의 비율에 비례하도록 나타낸다.

이와 같은 의미와 그 표현 방법을 가르쳐주고, 이런 것들이 각 부분의 비율에 관한 특징이나 경향을 고찰하기 쉽다는 장점을 알아차리게 한다. 그리고 띠그래프, 원그래프를 그리거나 읽을 수 있게 한다.

07 평균

자료를 정리하여 특징을 포착하는 한 가지 방법으로서, 자료 전체의 대표치를 구한다는 것이 있다. 특히 대표치의 하나인 **평균**(각 항목의 크기가 같아지도록 자료 전체를 고르게 했을 때의 그 크기)을 구하여, 이것으로 자료의 특징을 어느 정도 파악할 수 있다는 것을 알게 한다.

그리고 이것을 구하는 방법은, 예를 들어 5회의 테스트의 득점이, 85점, 75점, 80점, 95점, 85점일 때, 그 평균은 이들 모두를 크기가 같아지게 고른 것의 크기이므로, 이들의 합계와 평균의 5배는 그 크기가 같게 마련이다. 이 사실에서, 평균은

$$(85+75+80+95+85)\div 5$$

와 같이 하면 구해진다는 것을 알 수 있다. 이와 같이 하여,

① **평균의 의미** : 자료 전체를 크기가 같아지도록 고른 것의 크기를 **평균**이라고 한다.

이것을 가르쳐주고, 그 의미로부터

② **평균을 구하는 방법** : 자료 전체의 합계를 자료의 개수로 나누면 평균이 구해진다.

는 것을 생각해내게 한다.

발전적인 취급으로서, 어떤 값을 임시의 평균(가평균)이라고 보고, 각 데이터와 이것과의 차의 평균을 구한다.

위의 예에서는, 예컨대 75를 가평균이라고 하면, 각각의 값과 75의 차는 (10, 0, 5, 20, 10)이 되므로, 이것의 평균은 $(10+0+5+20+10) \div 5 = 9$이고, 따라서 구하려는 평균은 $75+9=84$가 된다.

08 통계적인 생각

이 통계의 지도를 통해서, 다음과 같은 통계적 활동을 정착시키는 것과 이의 뒷받침이 되는 통계적인 생각이 길러지도록 해야 한다. 이런 활동의 과정과 생각은 교사의 의도적인 지도를 필요로 하지만 주입할 것은 아니다. 통계 학습을 지도하는 가운데서 이런 것을 알아차릴 수 있도록 하여야만 한다. 보통은 적당한 '종합·정리'의 단계에서 확실한 모양으로 종합해 줄 필요가 있을 것이다.

(1) 통계적 활동

① 문제가 통계적으로 해결하는 것이 타당한가의 여부를 변별한다.

② 목적에 알맞은 적당한 데이터를 수집한다.

③ 데이터를 목적에 맞게 적절한 관점에서 정리한다.

④ 데이터의 적절한 해석을 한다.

⑤ 데이터에서 타당한 추측을 한다.

그리고 이런 활동을 통해서 다음의 생각이 배양되도록 한다.

(2) 통계적인 생각

① 문제의 해결방법을 자진해서 검토하고, 통계적으로 해석하는 것이 적당한가의 여부를 변별하려고 한다.

② 목적을 생각하고, 목적에 맞는 데이터를 적극적으로 수집하려고 한다.

③ 데이터를 적절한 관점에서 분류·정리하려고 한다.

④ 데이터를 해석하려고 한다.

⑤ 데이터로부터 문제해결에 도움이 되는 것을 추측하려고 한다.

Chapter 11

초등학교 수학과의 평가

평가라고 하는 말은 제2차 세계대전 이전에는 없었던 말이다. 고사(考査)라고 말했었다. 이 두 가지 말의 차이점은, 고사가 학습 과정의 한 단계로서 결과를 알아보기 위한 것인데 비해, 평가는 지도를 위한 것이라는 사실이다. 평가라고 할 경우에는, 항상 그 평가를 통해서 지도를 반성하고 개선한다는 것이 수반되는 것이다.

이런 평가에는, 자기 평가와 남을 대상으로 실시하는 평가가 있으며, 시기에 따라 **진단평가**, **총괄평가**, **형성평가**가 있고, 이 밖에 **지도 과정에서의 평가**가 있다.

그리고 평가를 다른 사람과 비교하기 위해서 하는가, 어떤 기준을 정하고 그 기준에 비추어보기 위해서 하는가에 따라 **상대평가**와 **절대평가**로 나누어진다.

또한, 평가와 유사한 것으로 **평정**과 **측정**이라는 것이 있는데, 이것은 종종 혼동해서 사용되기도 한다. 그리고 지도요록(교육과정 해설)에 평가의 항목이라는 것이 있는데, 이것을 실시함에 있어서도 여러 가지 문제점이 나타난다. 이와 같이 평가에 관한 문제점은 한두 가지가 아니다. 이 점에 대해서 지금부터 고찰하고자 한다.

이제부터 진술해 나가듯이, 평가 중에서도 가장 중요한 것은 지도 과정에서의 평가이므로, 이에 대하여 먼저 상세하게 고찰하기로 한다. 이어서 진단평가, 총괄평가, 형성평가의 의미 및 측정과 평정의 의미에 대해서도 고찰키로 한다.

01 지도 과정에서의 평가

1. 지도 과정에서 평가의 의미와 그 중요성

더 나은 그리고 더욱 적절한 지도를 하기 위해서는, 지금 지도하고 있는 것에 대하여 그 지도가 적절한가, 어디에 문제가 있는가를 판단하고, 이 판단을 바탕으로 하여 지도방법을 반성하며 개선해 나가야만 한다. 이 판단이 평가이다. 그러므로 원래 평가는 지도할 때마다 실시하고, 이것이 지도에 반영되어야 한다. 이런 의미에서, 지도가 이루어지고 있는 그때그때에 실시하고, 이를 바탕으로 지도의 추진방안을 생각하는 평가가 가장 중요하다. 이것이 **지도 과정에서의 평가**이다.

여기서 지도라고 한 말을 학습이라는 말로 바꾸면 **학습자의 학습과정에서의 자기평가**라는 말이 된다.

수업에서는 지도자가 어떤 질문을 한다거나 힌트를 준다거나 문제를 낸다는 등, 무엇인가의 지도를 한다면 이에 대하여 아동이 반응을 보인다. 아동은 여러 명이 있으므로 다양한 반응이 나온다. 이런 반응들을 지도자는 파악하여야만 한다. 파악한 그 반응을 바탕으로 하여, 이 아동은 **이런 식으로 생각하였겠다거나 이 정도의 이해를 하고 있었기에 그런 반응을 했겠다**라는 등, 추측·판단을 한다. 즉, 평가를 한다. 이 평가를 수용하여 계획해두었던 후속 지도 방안이 적당한가의 여부를 검토하고 지도를 조정한다. 이 조정에 따라서 다음 지도를 하는 것이다. 이와 같이, 학습·지도의 전개는 다음과 같은 주기(cycle)로 이루어지는 것이다.

지도 ➡ 반응의 파악 ➡ 평가 ➡ 조정 ➡ 지도 ➡ …

이 주기는 한 시간 동안에 몇 번이고 반복되게 마련이다. 그리고 반응을 파악하는 단계에서, 아동끼리의 소통과 토의가 이루어지기도 하며, 아동의 자기 평가가 이루어진다.

이 경우의 평가는 지도자의 마음속에서 이루어지며, 이것이 지도 과정에서의 평가이다.

続有恒은 "이른바 총괄평가라고 하는 것은 평가가 아니다. 평가라고 하는 것은 evaluation이다. 이에 비해, 총괄평가는 valuation(평정)이다. 이것은 가치를 매기는 것이다. 지도, 반응, 평가, 조정이라는 주기야말로 소중한 것이다. 이와 같은 주기 안에서 이루어지는 것이야말로, 평가 중에서도 가장 중요한 것이다"(続有恒 『교육평가』 제일법규, 1970, pp. 11, 21)라고 주장하였다.

그리고 橋本重治도, "수업 도중에 하는 평가란, 지도·학습 장면 하나하나가 진행됨에 따라 지도와 평가가 표리일체가 되어 추진하는 평가로서, 지도나 학습과 직결되고 섬세한 교사의 지도와 학생의 학습을 조정한다는 의미에서 온갖 평가 중에서도 가장 중요하고 가장 기본적인 평가이다."(橋本重治 『신교육평가법 총설 하』 金子書房, p. 14). 라고 주장하였다. 이 중에서, '장면 하나하나' 및 '온갖 평가 중에서'라는 대목이 중요한 것이다. **장면 하나하나가 진행됨에 따라 지도와 평가가 표리일체가 되어 추진하는 평가가 지도 과정에서의 평가이다.** 그리고 여러 평가 중에서 가장 중요하고 가장 기본적인 평가이다.

그런데 문제는, 그 장면 하나하나에서의 평가는 어떻게 하는 것인가에 대하여 진술된 것은 거의 전무하다는 사실이다.

지금까지의 고찰에서도 알 수 있듯이, 이 지도 과정에서의 평가는 어느 아동이 반응을 보였을 때, 이 아동은 이런 생각을 했을 것이다거나 이 정도의 것은 알고 있을 것이다라는 적절한 추측을 하는 것이다. 학급에서 처음 수업을 하는 자로서는 아동 개개인의 사정을 모르기 때문에 그와 같은 추측은 하기가 어렵다. 학급담임처럼 아동 개개인의 실태를 잘 알고 있지 못하고서는 이런 평가를 적절하게 실행할 수 없다.

계획을 수립하는 단계에서의 평가에 관해서는 이런 반응은 이런 생각을 했던 것일 것이다거나 이 정도의 것은 알고 있다고 볼 수 있다라는 것은 생각할 수 있다. 그러나 실제의 수업에서는, 사전에 예상했던 반응을 보인 아동이 얼마나 되는가 하는 것은 알 수 있어도, 그 아동들을 예상했던 대로 평가해도 괜찮은가의 여부는 아동을 잘 알고 있는 담임이 아니고서는 알 수 없는 일이다. 그러므로 진정한 의미에서의 지도 과정에서의 평가를 하는 것은 담임이라야 가능한 것이다.

이 지도 과정에서의 평가에 관해서는 현재도 지극히 불충분하지만, 1951년의 학습지도요령(우리나라의 생활단원학습 시대의 교육과정)에 예를 들어서 이것을 제시해 놓았으므로, 이것을 소개하여 지도과정에서의 평가에 대한 의미와 그 교육적 가치를 더욱 구체적으로 밝히기로 한다.

산수와 중학교 수학의 양쪽에 제시되어 있는데, 여기서는 산수의 예를 들기로 한다.

[예 1] 우선 다음과 같이 언급하고 있다.

'매일 하는 학습지도를 전개함에 있어서, 교사는 끊임없이 아동들의 행동을 관찰하여 어려워하거나 혼란스러워 하는 것을 찾아내고, 즉시 지도 계획을 수정하거나 지도 방법을 개선하여, 목표 달성에 진력하지 않으면 안 된다. 이것이 일상의 학습지도에서의 평가이며 가장 중요한 것이다.

이것이 이루어졌을 때, 비로소 평가 자료를 정당하게 해석할 수 있다고까지 말할 수 있기 때문이다.'라고, 지도 과정에서의 평가가 가장 중요한 것이며 이에 따라 평가가 바르게 이루어질 수 있다는 것을 말하고 있다.

그리고 예를 들면, '두 자리 수+두 자리 수'의 계산을, 구매 장면에서 물건을 사고 돈을 지불하는 장면으로 학습할 경우를 다음과 같이 제시하고 있다.

'아동은 자기가 마련한 돈으로 재미있는 듯이 두 물건 값의 합을 계산하고 지불할 때, 받아 올림이 있는 계산에서는 한 가지씩의 값을 따로따로 지불하며, 합을 계산한 다음에 지불하는 것 등은 생각하지 않았다.

그래서 교사는 10원짜리나 100원짜리를 사용해 합계 금액을 쉽게 지불할 수 있는 방안을 궁리해보라고 하면서, 돈을 사용하여 받아 올림에 관한 것을 지도하였다고 하자.

그러나 아동 가운데는, 아직 10씩 묶어서 이를 윗자리의 1로 보는 것을 확실하게 알지 못해(1) 곤란을 느낀 것처럼, 아동의 표정이 밝지 못하였다(2). 그래서 산가지 등의 사용으로 세어서 구하기부터 시작하여 받아 올림이 있는 계산 지도에 성공을 거두었다.

이와 같이, 교사는 끊임없이 아동의 반응을 관찰하고 평가하면서 지도해 나가고, 만약 지도에 무리가 있거나 곤란을 느끼는 아동이 있다는 것을 알게 되었으면, 즉시 계획을 수정하고 아동 개개인의 발전에 상응하는 조치를 취하지 않으면 안 된다. 이때, 지도계획을 수정만 하는 것이 아니라, 교구·교재에 대해서도 평가하여 지도 방법의 개선을 도모하여야 한다는 것은 말할 것도 없다.

어쨌든, 지도 과정에서의 평가에 있어서는 학습활동, 특히 조작하는 모습을 면밀하게 관찰하거나 아동들이 사용하는 학습장을 조사하거나 하여,

적절하게 지도해 나가도록 ……. 이와 같은 평가는 임기응변적인 조치를 필요로 하기 때문에 이루어내기가 상당히 어려울지도 모른다. 그러나 이것이 이루어질 때, 비로소 아동의 학습 효과를 높일 수 있다.'(문부성 『소학교 학습지도요령 산수과 편(시안)』 1951년 개정판, pp. 288~289)

(위의 밑줄은 필자가 친 것임. 그리고 아래 첨자 (2)는 아동의 반응의 파악이며, 아래 첨자 (1)은 그 평가이다)

2. 지도 과정에서의 평가를 반영하는 지도의 유의점

평가를 반영하는 학습지도를 해나가려면 어떤 점에 주의하여야 하는가에 대해서 언급하기로 한다.

(1) 목표를 구체적으로 명시하는 것

시간마다 목표를 구체적으로 제시하지 않으면 안 된다. 무엇 무엇이 ……이라는 것을 알게 한다거나, 무엇을 할 수 있게 한다라는 지식·기능만이 아니라, 수학적인 생각의 이런 측면을 경험시킨다거나, 이러이러한 생각을 신장시킨다라는 요령으로, 수학적인 생각에 대하여 구체적으로 제시하지 않으면 안 된다. 뿐만 아니라 문제에 도전하려는 의욕이 우러나오게 한다라고 하는 것처럼, 관심·의욕·태도에 관한 목표도 제시하도록 한다.

이와 같이 목표를 구체적으로 제시함으로써, 그 목표에 비추어 아동들이 바람직한 방향으로 발전하고 있는가, 만약 그렇지 못할 때는 어째서 그런가를 평가하고, 어떻게 지도하여야 하는가를 생각하게 되는 것이다.

(2) 반응을 바르게 파악하는 것

아동들의 반응을 바르게 파악하지 못하면 평가도 제대로 할 수 없다.

그래서 지도도 아동의 활동과는 동떨어져버리는 일이 생기게 된다.

아동들의 반응을 파악하는 것은, 아동이 하고 있는 조작이나 말하고 있는 것을 파악하는 것이므로 어렵지 않게 그리고 틀림없이 파악할 수 있을 것 같이 생각되지만, 실제는 그렇게 되지 않았다는 경우를 곧잘 접하게 된다. 그 예를 들어본다.

[예 1] 반응을 바르게 파악하지 못한 예

문제 : 1m에 200원짜리 리본을 0.3m 샀을 때의 대금은 얼마인가?를 알아보게 하고, 아동에게 발표시켰더니 어느 아동이 다음과 같이 발표하였다.

'식은 200×0.3이 된다. 왜냐면 $200 \div 10 \times 3$을 계산하여 대금이 얻어진다. 이는 $200 \times \frac{1}{10} \times 3$이라는 뜻이다. 그리고 $\frac{1}{10} \times 3 = \frac{3}{10}$이니까 $200 \times \frac{3}{10}$이 되고, 200×0.3이다.'

이에 대해서 지도자가 "그건 이상하다. 아직 소수의 곱셈 방법은 이렇게 하는 것이라는 것을 학습하지 않았으니까 이상하다."라고 말하였다. 지도자는 이와 같이, 그 아동의 반응을 밑줄을 친 부분과 같이 파악하였기 때문에 그것을 수용하지 않았던 것이다. 이는 평가의 전 단계의 반응에 대한 파악 방법이 옳지 못했던 예이다.

이 아동은, 이 문제는 1m의 0.1의 값을 알 수 있으면 풀 수 있다. 이것은 $200 \div 10$이므로 $200 \div 10 \times 3$을 계산하면 구해진다. 그래서 이 식을 0.3을 이용해서 나타내려고 생각하였다. 이것이 그 다음에 하게 되는 식의 변형인 것이다. 그러므로 이것은 조금도 이상할 것이 없다는 것이다.

이와 같은 경우, 지도자는 자기의 가치 기준으로 판단해서는 안 된다. 아동의 생각을 중시한다면 "이상하다"는 등의 말을 할 것이 아니라, "어째서 그렇게 생각하였는가"라고 물어보았어야 한다. 이렇게 한다면 적어도 그와 같은 판단은 하지 않았을 것이다.

(3) 아동의 반응을 섬세하게 예상하는 것

아동의 반응을 바르게 파악하지 못하는 일이 생기는 원인의 하나는, 그와 같은 반응이 나올 것이라는 것을 지도자가 예상하지 못했기 때문이라는 것을 들 수 있다. 그래서 예상되는 반응을, 아동의 입장에 입각해서 섬세하게 생각해둘 필요가 있다. 섬세하게 파악해 두지 않으면 적절한 조치 방법이 떠오르지 않는다.

[예 2] 반응의 예상이 충분하지 못한 예

12개의 감귤을 한 사람 앞에 3개씩 나누어준다면 몇 사람에게 나누어줄 수 있는가?라는 문제를 제시하고, "오늘은 이 문제를 생각해보자."라고 말한 다음, 아래와 같은 그림을 보여주며 "이것을 보고 생각해보아라."라고 말하면서 생각하게 하였다. 이것은 아동들의 반응을 바르게 예상하지 못하는 수법이라고 볼 수 있다.

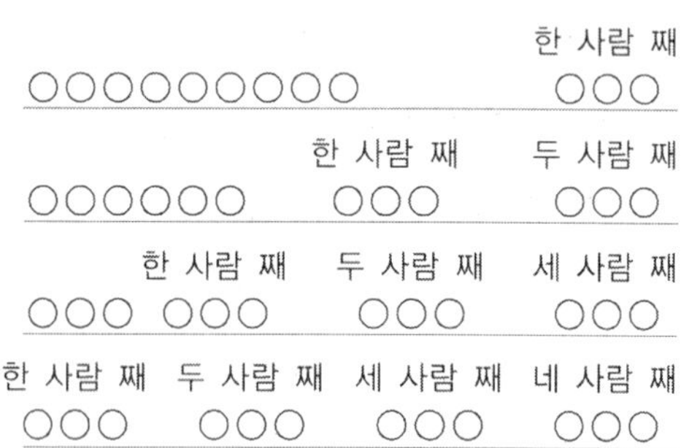

이 문제를 제시했을 때 아동의 반응을 예상해보면, 그림과 같은 것은 생각하지 않고 계산으로 구해보려거나 식으로 나타내려는 아동도 있을 것이라고 하기보다는, 오히려 이와 같은 생각을 하는 아동이 많을 것이다. 그러므로 이 그림을 보여준다는 것은, 이와 같은 생각을 하는 아동이 없을 것이라는 적절하지 못한 예상을 한 데서

비롯된 처사이다.

아동 개개인의 반응에 상응하는 지도가 중요하므로, 그들의 반응을 충분히 예상해 보는 일이 중요하다.

[예 3] 반응의 예상이 틀린 예

문제 : 오른쪽 그림과 같이 성냥개비를 배열한다. 정삼각형을 50개 만들려고 한다. 성냥개비는 몇 개 있어야 하는가.

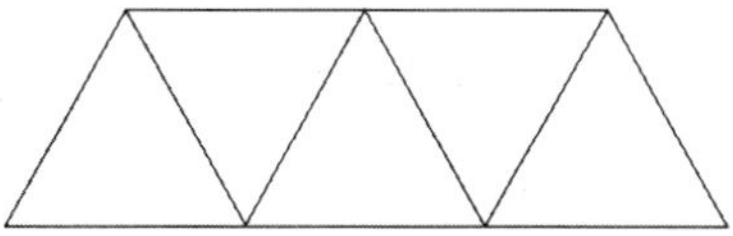

이 문제를 제시하고는 표를 만들라고 지시하기도 한다. 이것은 표를 만들지 않으면 안 된다고 예상했기 때문이다. 그러나 표를 만들지 않고 생각하려는 아동이 있을지 모른다. 만약에 있었다면, 교사의 이 예상은 옳은 예상이 될 수 없다. 그러므로 먼저 마음대로 생각하게 하여야 한다.

그리고 표를 만들어서 알아보게 할 때도, 오른쪽과 같은 표를 제시하고서, 삼각형의 수를 늘려가면서, 그때그때의 성냥개비의 수가 어떻게 달라지는가, 성냥개비는 몇 개씩 많아지는가?를 알아보게 하기도 한다.

(1) 삼각형의 수	1	2	3
(2) 성냥개비의 수			
(3) 늘어나는 수			

이는, 표를 만들어 알아보게 할 때 이런 표를 만드는 것이 아동에게는 자연스러울 것이라고 예상했기 때문이다. 그런데, 이와 같은 항목을 제시하지 않고 아동에게 표를 만들게 하면, 아동의 대부분은 먼저 삼각형의 수를 정하고, 삼각형이 1개인 경우로부터 2개인 경우를 만들려면 성냥개비가 몇 개 더 있어야 하는가를 알아본다. 그리하여, 2개가 더 필요하다는 것을 알고 나서, 성냥개비의 수 $3+2=5$(개)를 구한다. 표를 만들어서 성냥개비의 수가 2개씩 많아진다는 것을 알아내지는 않는다.

따라서, 앞에서와 같은 표를 만들지 않고, 오른쪽과 같은 표를 만든다.

(1) 삼각형의 수	1	2	3	4
(3) 늘어나는 수	3	2	2	2
(2) 성냥개비의 수	3	5	7	9

더구나, 삼각형을 자기가 차례로 만들어나가는 경우에는, 더더욱 2개씩 추가 배열하면서 만들어 가므로, 필연적으로 이런 표를 만들게 마련이다.

따라서, 앞에서 언급한 표를 만들게 하려고 생각한 지도는 아동의 반응을 잘못 예상한 셈이 된다.

이와 같은 예는 얼마든지 볼 수 있다. 교사의 교재 연구도 아동을 보는 안목을 충분히 연마하여, 아동 개개인의 반응을 충분히 고려한 예상이어야만 하는 것이다.

(4) 평가와 조치를 고안해 두는 것

여러 가지 반응을 예상하는 것과 함께 또 하나 중요한 것은, 여러 가지 반응에 대하여 그 평가 방안을 충분히 고안해 두는 일이다. 이는, 어떤 반응에 대한 평가가 한 가지만으로는 충분하지 않기 때문이다. 따라서 어떤 반응에 대한 지도도 한 가지의 방안만 생각해 두어서는 안 되는 것이다.

[예 4] 나눗셈의 필산에서, 오른쪽과 같은 오류를 범하였다고 하자.

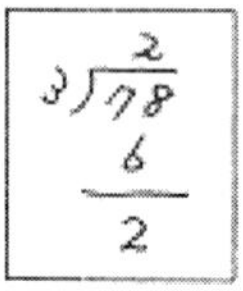

이에 대하여 다음과 같이 여러 가지 평가를 생각할 수 있다.

- 곱 6을 쓰는 위치를 잘못 생각하였다.
- 곱 6을 쓰는 위치를 허둥대서 틀렸다(실제로는 알고 있다).
- 곱 6을 바르게 쓴다고 썼는데, 글씨를 난폭하게 썼기 때문에 뺄셈이

틀렸다.

• 곱셈과 혼동하고 있다.

그래서 조치를 취하는 방법이 달라진다. 두 번째나 세 번째와 같이 평가할 수 있는 경우라면 "다시 한 번 잘 써보아라"라고 지도하면 될 것이다. 그런데, 부분 곱을 쓰는 위치를 잘못 이해하고 있을 경우에는 "다시 한 번 잘 써보아라"라는 조언을 주어도 지도가 될 수 없다. 그렇기 때문에, 여러 반응에 대하여 아동 개개인에게 상응하는 평가를 하는 일이 중요한 것이다.

(5) **평가에 대한 평가를 한다.**

또 하나 중요한 것은, 평가에 대한 평가를 어디서 어떻게 할 것인가를 생각해 두는 일이다. 지도 과정에서의 평가는 아동이 반응을 보였을 때, 교사가 마음속에서 즉시 평가하여야만 하는 가치 판단이므로, 적절하지 않을 수도 있다. 그래서 평가가 적절하였는가의 여부를 점검할 장을 생각해두어야 한다. 예컨대 이어지는 지도에 대한 아동의 반응을 보고, 아동이 그 지도에 대해서 어째서 그런 말을 하는 것일까라는 태도를 보인다면, 그 평가는 적절하지 못했다고 평가하고 수정한 다른 조치를 취한다. 그리고 직접 어째서 그렇게 하는가, 그런 생각을 하는가를 듣고, 이에 대한 아동의 반응에 따라 점검하여야 한다. 이와 같이 전개해나가면 차츰 적절한 평가가 이루어지게 될 것이다.

아동의 반응을 적절히 파악하고, 그것을 적절하게 평가하는 자세가 중요한 것이다.

02 평가의 종류

지도과정에서의 평가는, 수업이 전개됨에 따라 지도하는 도중에 자주 하게 되는 평가로서, 지도에 즉시 영향을 미치는 평가이었지만, 어느 정도 마무리(종합·정리)된 수업 내용을 되돌아보는 평가로는 진단평가, 형성평가, 총괄평가 등이 있다. 이것은 평가의 목적과 시기에 의해서 구별된다.

진단평가, 형성평가, 총괄평가에 대해서는 Bloom이 상세하게 서술하였지만, 여기서는 橋本重治의 『新敎育評價法總說 上』에 제시된 다음과 같은 표를 바탕으로 각각의 의미를 고찰키로 한다. 이 표는 Bloom의 것과 큰 차이가 없다.

단원의 첫머리 등에서 지금부터 새로운 내용에 들어가려고 할 때, 그 학습을 전개하는 데에 필요로 하는 이전에 학습한 사항(기습사항)이 어느 정도 정착되어 있는가를, 아동도 지도자도 알고 있는 것이 바람직하다. 이것이 전제조건이다. 그래서 충분하지 못한 점, 즉 학습 곤란과 그 원인을 진단하는 것이다. 이것이 진단평가이다.

[시기·목적에 따르는 평가의 세 가지 유형의 비교]

	형성평가	총합평가	진단평가
시기	• 지도·학습활동의 진행 도중	단원의 말미, 학기 중간, 학기 말, 학년말	단원 첫머리, 학기 및 학년 시작, 수업 진행 도중
목적	• 학생의 습득 여부 • 수준 및 결함의 발견 • 교사·학생에의 feedback • 치료적 지도 방침의 확립	• 지도계획의 반성과 개선 • 학생의 성적 결정과 기록 통지의 증명	1. 적절한 배려 • 전제조건, 학력수준 확인 등 2. 학습곤란 및 그 원인 진단
용구	(Bloom은 test만) • 구두 질문, 구두 답변 • 간단한 교사 자작 test • answer checker 등	• 교사 자작 test • 표준학력검사	• 자작 예비 test • 표준학력검사 • 각종 심리진단 검사 • 관찰, 평정, 면접
방법	• 절대평가 중심	• 상대평가 중심 절대평가에 의할 때도 있다	• 절대 또는 상대평가

橋本重治『新教育評価法 総説 上』1976, 金子書房, p. 328

따라서 이 표에 제시된 것처럼 테스트에 의하는 경우가 많다. 또, 앙케트를 실시하는 경우도 있다. 그리고 **자작 예비테스트**라는 것이 있듯이, 레디니스 테스트(readiness test)는 그 일종이라 할 수 있다.

그리고 **진단평가**는 이에 의해 알아낸 곤란한 점을 치유해 두려는 치료가 이어지는 것이 보통이며, 이것이 특징이라고 말할 수도 있다.

이와 같은 맥락에서 보면, 진단평가는 불가결의 것인 것처럼 생각된다. 그러나 실제로는 이것을 실시하는 데에 문제가 없는 것은 아니다.

미리 진단하기 위해 테스트를 하게 됨으로써, 이제부터 학습할 새로운 내용에 대하여 이전에 학습한 어떤 것이 이용되는가가 제시되어버리기 때문이다. 진정한 문제해결에서는 사전에 무엇을 이용하면 되는가 하는 것은 모르는 것이 보통이다. 하물며, 이것이 사용될 수 있도록 말끔하게 정비되어 있는 경우는 거의 없다.

문제가 있고, 이를 해결하기 위해 어떤 생각 또는 지식이나 기능을 필요로 할 때, 비로소 그것을 사용할 상태가 조성되어 있는가의 여부를 알게 되는 것이며, 충분하지 못한 것이 있으면 문제의 해결 도중에 그것을 보완하게 되는 것이다. 이렇게 함으로써 비로소 이전에 학습한 사항을 평가할 필요성이나 보완해 둘 필요성을 알게 되며, 이것을 적극적으로 실행하게 되는 것이다.

예를 들면 소수의 곱셈에 들어가기 전에, 정수의 곱셈이 이용되는 경우의 문제에 대한 식 세우기나 340×210 등의 계산을 할 수 있는가의 여부를 평가하기 위해, 테스트를 하거나 이에 관한 치료를 하게 됨으로써, 지금부터 알아볼 새로운 학습에서 구체적인 문제가 제시되고 나면, **곱셈을 하면 되는 것**이라는 것을 미리 제시하는 셈이 되어 버린다. 그리고 지금부터 공부할 곱셈은 340×210의 경우와 같이 생각한다거나, 이것을 이용해서 생각해보면 된다는 것을 제시해주는 셈이 되고 만다. 이래서는 아동이 생각하기 전에 가르쳐주는 꼴이 되어버려, 문제해결의 학습으로서는 지극히 부자연스러운 것이 되고 말며, 곱셈인가의 여부를 생각한다는 것의 좋은 점이 사라지고 만다.

차라리, 새로운 내용을 학습하는 도중에 진단할 수 있는 계획이 필요하다.

총괄평가는, 단원이나 학기, 학년의 말에 지금까지 학습한 것이 전체적으로 어느 정도 정착되었는가를 보는 데에 목적이 있다. 그러므로 이는 다음 절에서 언급하는 평정에 해당하는 것이다. 그리고 되도록 객관적인 평정으로 측정하는 것이 바람직하다.

형성평가는, 지도나 학습활동이 진행되는 도중에 하는 것이므로, 지도 과정에서의 평가와 같은 것으로 볼 수 있다. 그러나 Bloom은 이에 관해서 "한 가지 유용한 절차는, 과정(課程)이나 교과의 작은 단위로 분해하는 것이다. 이 단위는 교과서의 장 또는 어떤 과정의 확실히 정해진 일부, 그 과정의 특정의 시간 단위와 일치할지도 모른다. 우리들은 이 단위를 1~2주간의 학습활동이 포함되는 것으로 생각하는 경우가 많다."(Bloom 저, 渋谷외 역 『교육평가 hand book』 제일법규, pp. 79~)고 진술하고 있으며, 더구나 이 책에서는 '형성적 테스트는 적당한 학습 단위를 일단락 지은 다음에 실시한다. 진도 테스트를 어느 정도로 빈번히 실시하느냐 하는 것은, 그 과정(過程)의 진행 단계에 따라 다르지만, 한 과정의 첫머리의 단계에서는, 이 이후의 단계보다도 빈번하게 형성적 테스트를 필요로 할 것 같다. 기본적인 몇 개의 학습 단위가 있고, 그 한 단위가 다른 단위의 전제조건이 되는 경우, 이에 관한 교재의 완전한 습득이 확실해지도록 몇 번이고 테스트할 필요가 있다.'라고 했듯이, 도중에 하는 평가는 형성적 평가가 아니라, 형성적 테스트라고 진술되어 있다. 이런 맥락에서 보면, 이것은 지도 과정에서의 평가는 아니다. 지도 과정에서의 평가는, 대개의 경우, 테스트로는 불가능하다. 그리고 여기에 기술되어 있는 것과 같은 시간 단위가, 1~2주간의 학습활동을 포함한다고 보는 것과는 전혀 다르다. 때에 따라서는 지도과정에서의 평가는 1~2분 단위로 하게 되는 경우도 있다.

물론, 작은 규모로 적당하게 마무리할 때마다 실시하는 형성평가는, 그 다음의 마무리 지도를 잘 하기 위해서는 필요로 한다.

03 평가와 평정, 측정

1. 평가, 평정, 측정의 의미

평가와 유사한 것으로 평정(評定)과 측정(測定)이 있는데, 이것들에는 어떤 차이가 있다는 것일까. 있다면 어떻게 다른 것일까. 또 테스트와 평가는 어떻게 다른 것일까. 이런 점에 관해서 살펴보기로 한다.

평가는 앞 절에서 살펴보았듯이, 지도나 학습을 위한 것으로, 반응을 보고 어떻게 이해하고 있는가, 어느 정도로 이해하고 있는가, 어떻게 생각하고 있는가 하는 것의 가치 판단인 것이다. 이 판단을 바탕으로 하여 지도 방법이나 학습 방법을 어떻게 수정하면 좋은가를 생각한다.

이에 비하여, 평정은 지도나 학습의 등급(grade)을 매기는 것이다. 성적을 정하는 것이다.

측정은, 평정이나 평가의 자료를 얻기 위해 실시하는 이해나 기능, 생각 등의 정도(수준)를 수량화하는 것이다. 여기서 얻어진 수량적 데이터를 바탕으로 성적 순위를 정하는 것이 평정이고, 어떻게 이해하고 있는가, 어떤 생각을 하고 있는가를 추측 판단하여 지도에 반영하려는 것이 평가이다.

2. 평가, 평정, 측정의 다른 점과 같은 점

(1) 측정과 테스트

평가활동의 변천을 살펴보면, 처음에는 학생의 학습 발전상황을 면접이나 구두시문(口頭試問)으로 측정하였다.

그런데 평가 대상자의 수가 증가함에 따라 한 사람 한 사람을 구두시문할 수 없게 되었다. 그래서 필기시험이 보급되었다. 이는 논문 형식의 시험이었다. 그런데 논문 형식의 시험에 대한 교사의 평점에 신뢰성이 없다는 것이 문제로 대두되었다. 채점자에 따라서 채점 결과가 현저하게 다르다는 것이 밝혀진 것이다.

이런 일로 인하여 객관적인 테스트에 의한 교육 측정이 활발해졌던 것이다. 이 교육 측정 운동이라고 일컬어지는 객관적 테스트의 개발·실시에 관해서, 가장 유명한 사람이 연합심리학의 Thorndike이다. 그 이전에도 이 측정에 공헌한 학자가 여러 사람 있었지만, Thorndike가 가장 유명하여, 교육 측정의 대부라고까지 일컬어졌다. 특히, Thorndike의 **존재하는 것은 모두 다 무엇인가의 분량으로 존재한다. 이것을 완전하게 안다는 것은 그 질을 알게 됨과 동시에 그 양을 안다는 것이 포함된다.**는 주장은 교육 측정의 중요성을 단적으로 나타낸 것이다.

여기서 **측정**이란 어떤 것인가에 대해서 알아보기로 한다.

측정이라는 것은 대개의 경우 테스트에 의해 실시하게 된다. 예를 들면, 10문제를 출제하고 그 결과를 ○와 ×로 표시하기로 했다고 하자. ○가 7개인 것은 7점, 5개인 것은 5점을 준다고 하자. 이는 마치 1점씩의 눈금이 새겨진 자에 각 답안지를 갖다 대어 정답이 7개인 것은 자의 7이라는 눈금과 일치하고, 정답이 5개인 것은 5라는 눈금과 일치한다고 생각하는 것과 똑같다. 이와 같이, 각각의 결과를 자로 재는 것과 같은 것이다. 그래서 이것을 측정이라고 하는 것이 지극히 사리에 합당하다는 것이다.

각 문제의 해답이 중간까지 맞았을 때 이것을 절반이라고 본다면, 이것은 0.5의 눈금이 새겨진 자로 재는 것과 똑같은 것이다.

이와 같이, 교육 측정은 관찰하고 싶은 대상을 양적으로 파악하고, 이것을 수화하는 것이라고 말할 수 있다. 이러기 위해서는 위에서 진술한 바와 같이, 단위의 크기를 정하고, 그 몇 개분이나 이에 대응되는 비율로 나타내는 것이다.

한편, 테스트는 객관적이라는 것이 특징이므로 객관적인 테스트가 되기 위해서는, 제시한 답이 참인가 거짓인가를 대답하게 하거나, 제시된 몇 개의 보기 중에서 옳은 것을 선택시키거나, 문장의 빈칸을 메우게 하는 객관적인 방법이 개발되었다.

(2) 평정과 측정

입학시험에서 테스트한 것을 채점하여 득점 결과를 내는 것은 측정이다. 그 얻어진 측정치에서 몇 점 이상을 합격으로 정하고, 몇 점 이상을 보류로 정하며, 그 미만을 불합격으로 정하는 것은 각 득점의 가치를 매긴 것이라고 볼 수 있다. 이것은 평정이다.

학년말에, 초등학교 수학에 관해서 이때까지 실시한 테스트에 의한 측정, 또는 리포트나 면접에 의해서 얻은 질적인 데이터나 양적인 데이터를 종합하여, 각 개인의 초등학교 수학의 능력에 관한 가치를 매기는 것이 평정(valuation)이다. 이는 총괄평가이다.

평정할 때는 일반적으로 상대평정을 한다. 그러나 개인의 발전 상황의 파악을 중심으로 하는 경우에는 절대평가를 한다. 그리고 평가의 관점에 관해서도 특징이 있는 것을 포착하려는 것일 때는 절대평가를 한다.

(3) 평가와 평정

평정은, 어느 기간 동안에 아동이 정착시킨 수학적 능력의 가치를 판단하여, 예컨대 학급이나 학년에서의 위치를 정하는 것이지만, 평가는 아동을 격려하고 신장시키며 그 결점을 찾아내고 그것을 치료하여, 더욱 나은 것이 되게 하는 지도에 도움이 되도록 하기 위해서 실시하는 것이다. 따라서 평가는, 앞으로 지도할 내용에 관한 수정 방안을 생각하거나(피드백 기능), 앞으로 어떤 행동을 하면 좋은가 하는 것을 결정하기(decision making) 위한 것이다.

그래서 평가(evaluation)에 있어서는 언제나 아동의 반응을 파악하고 이를 해석하며 그 평가를 내리지 않으면 안 된다. 즉, 그 반응의 가치를 판단하여 지도에 반영하지 않으면 안 된다. 이를 바탕으로 다음 지도를 생각하는 것이다. 이 점은 진단적 평가에서도 형성적 평가에서도 마찬가지이다.

언제 평가를 실시할 것인가 하는 것과 그 결과를 언제 어떻게 지도에 반영하느냐에 따라 각각의 특징이 나타나는 것이다.

04 수학적인 생각과 관심·의욕·태도의 평가

1. 수학적인 생각의 평가

제1권 《수학적인 생각의 구체화와 지도》에서, 수학적인 생각을 기르기 위한 발문에 대하여 상세하게 제시하였다. 이것이 실은 평가의 근거이기도 한 것이다.

각 단계에서의 발문에 대하여 적절한 반응을 보였는가, 나아가, 아동이 스스로 자기 자신에게 그와 같은 발문을 하는가(즉, 그 질문에 해당하는 생각을 하는가)를 살펴보는 것이 수학적인 생각의 평가인 것이다.

2. '관심·의욕·태도'의 평가란

관심·의욕·태도의 의미와 그 지도법에 관해서는, 제 1 권의 제 8 장 또 하나의 학력 관심·의욕·태도에서 상세하게 진술하였다. 이것이 관심·의욕·태도의 평가를 생각할 때의 근거가 될 것으로 생각하기 때문에, 우선은 이것을 읽어주기 바란다. 그리고 그 제 1 권에서 고찰한 바와 같이 관심·의욕·태도라고 하는 것은 관심의욕태도라는 한 덩어리의 것이 아니라, '관심과 의욕과 태도' 또는 '관심이나 의욕이나 태도'를 뜻하는 것이다.

관심을 가지게 하는 것과 의욕을 고조시키는 것, 태도를 정착시키는 것은 서로 다른 것이다.

지도에서는, 그때그때에 지도하고 싶은 것에 관해서 관심을 가지게 하는 것을 목표로 삼을 것인가, 의욕을 고조시키는 것을 목표로 삼을 것인가, 태도로서 정착시키는 것을 목표로 삼을 것인가 하는 것을 생각해서 지도하지 않으면 안 된다.

즉, 먼저 관심을 가지도록 한다는 지도에 노력을 기울여야 한다.

그리하여, 그 위에 그 관심을 심화시켜 간직하게 하고, 의욕까지로 승화시키는 지도를 한다.

나아가서는, 그 의욕을 반복적으로 가지게 하는 지도를 하여, 어떤 장면에 접하게 되면 반드시 의욕적으로 임하려고 한다는 습관까지 형성·정착시킨다. 이것이 태도를 형성시키는 지도인 것이다.

예를 들면 어떤 문장제의 해결에 관심을 가지는가라든가, 발표의 단계에서 자기와는 다른 계산 방법의 설명에 대하여 관심을 가지는가하는 것을 평가하는 것이 관심의 평가이다.

그리고 문장제의 해결에 끝까지 계속적으로 또는 자기가 알아낸 계산방법의 설명과는 다른 설명 방법에, 의욕적으로 도전하는가를 평가하는 것이 의욕의 평가이다.

나아가서는, 문장제를 접하게 되면 언제나 의욕적으로 임하려고 하는가, 의욕적으로 도전하지 않고서는 견디지 못 하는가를 평가하는 것이 태도의 평가이다.

이상의 어느 단계를 평가할 것인가 하는 것은, 지도의 목표와 대상인 아동에 따라 결정해야 할 사항이다.

그런데 현재 곧잘 보게 되는 지도안의 단원의 목표나 평가 규준 등에 진술된 관심·의욕·태도의 평가에서는, 이 세 가지를 구별하지 않고, 한 덩어리인양 관심의욕태도를 평가의 목적으로 삼는 것이 있다(더욱이, 이것이 무엇을 뜻하는 것인가를 알고 있다고는 도저히 볼 수 없는 것이 대부분이다)

3. 지도요록에서의 '관심·의욕·태도'의 자리매김

역시, 관심·의욕·태도에 관해서는, 전번의 개정 때에 이를 강조하기 위하여 평가의 관점에서 첫째 위치에 두었다고 진술하고 있다. 그런데, 지도요록(교육과정 해설)의 **평가 관점의 변천**이라는 대목을 보면, 최초의 지도요록에서 이미 **관심 태도**를 평가관점의 첫 번째에 들고 있다. 즉, 1949년 9월에, 문부성이 소학교의 '학적부'의 명칭을 '아동 지도요록'이라고 개정하였다.

그 가운데 **산수의 소견의 관점**은 다음과 같이 구성되어 있다.

수량에의 관심·태도
수량적인 통찰
논리적인 사고
계산·측정의 기능

과 **관심·태도**를 첫 번째에 제시하고 있다. 그러므로 이를 이번 것처럼 첫 번째에 제시한 것은 희귀한 것이 아니다.

역시, 그 의견의 관점에 관해서는 초·중·고를 통해서 예시적으로 약간의 해설이 기술되어 있다. 산수·수학에서는 다음과 같이 진술되어 있다.

수량에 대한 관심·태도(소학교) '수량에 적극적인 관심을 가지며, 수량을 즐겨 이용하여 문제를 처리하려고 한다. 수량적 처리에 있어서 끊임없이 창의 연구한다.'

이것의 전반은 '관심'이며, 후반의 '끊임없이 창의·연구한다'는 것이 태도이다.

찾아 보기

ㅂ

ㅅ

ㅇ

초등학교 수학의 지도내용 체계화와 평가

- 수학적인 생각을 기르기 위하여 -

지은이 카타기리 시게오
옮긴이 이용률 · 정동권
펴낸이 조경희
펴낸곳 경문사
펴낸날 2015년 9월 1일 1판 1쇄
등 록 1979년 11월 9일 제313-1979-23호
주 소 121-818, 서울특별시 마포구 와우산로 174
전 화 (02)332-2004 팩스 (02)336-5193
이메일 kyungmoon@kyungmoon.com

값 16,000원

ISBN 978-89-6105-843-8

★ 경문사 홈페이지에 오시면 즐거운 일이 생깁니다.
http://www.kyungmoon.com

한국과학기술출판협회 회원사